职业教育城市轨道交通专业教材

城市轨道交通车辆电气结构与检修

李怀俊　曾颖委　主　编

电子工业出版社
Publishing House of Electronics Industry
北京·BEIJING

内 容 简 介

本书是"职业教育城市轨道交通专业教材"之一，是根据城市轨道交通人才培养方案编写的项目式教材。本书共有 9 个项目，38 个任务，结合国内城市轨道交通车辆的最新状况，比较全面地介绍了城市轨道交通车辆电气基础知识、常用低压电器、列车牵引系统设备（受流器、高速断路器、接触器、制动电阻器、蓄电池）的检修、列车主牵引电路、列车控制电路、辅助逆变器的检修、列车照明系统及控制回路和 110V 电源电路等方面的内容，以及部分车辆电气设备的操作运用案例。

本书可作为职业院校的城市轨道交通专业及相关专业的教学用书，也可作为从事城市轨道交通行业职工的参考资料和培训用书。

本书还配有电子教学参考资料包（包括电子教案、教学指南及习题答案），详见前言。

未经许可，不得以任何方式复制或抄袭本书之部分或全部内容。
版权所有，侵权必究。

图书在版编目（CIP）数据

城市轨道交通车辆电气结构与检修 / 李怀俊，曾颖委主编. —北京：电子工业出版社，2014.7
职业教育城市轨道交通专业教材
ISBN 978-7-121-23879-6

Ⅰ. ①城… Ⅱ. ①李… ②曾… Ⅲ. ①城市铁路－铁路车辆－电气设备－构造－高等职业教育－教材 ②城市铁路－铁路车辆－电气设备－维修－高等职业教育－教材 Ⅳ. ①U239.5

中国版本图书馆 CIP 数据核字（2014）第 169060 号

策划编辑：徐　玲
责任编辑：靳　平
印　　刷：北京虎彩文化传播有限公司
装　　订：北京虎彩文化传播有限公司
出版发行：电子工业出版社
　　　　　北京市海淀区万寿路 173 信箱　邮编　100036
开　　本：787×1 092　1/16　印张：13.25　字数：339.2 千字
版　　次：2014 年 7 月第 1 版
印　　次：2021 年 7 月第 6 次印刷
定　　价：28.00 元

凡所购买电子工业出版社图书有缺损问题，请向购买书店调换。若书店售缺，请与本社发行部联系，联系及邮购电话：（010）88254888，88258888。
质量投诉请发邮件至 zlts@phei.com.cn，盗版侵权举报请发邮件至 dbqq@phei.com.cn。
本书咨询联系方式：xuling@phei.com.cn。

职业教育城市轨道交通专业教材编审委员会

主 任 委 员： 吴　晓　浙江师范大学工学院原系主任
副主任委员： 赵　岚　西安铁路职业技术学院
　　　　　　张　莹　湖南铁道职业技术学院系主任
常 务 委 员： （排名不分先后）
　　　　　　施俊庆　浙江师范大学工学院
　　　　　　王瑞萍　浙江师范大学工学院
　　　　　　郑丽娟　浙江师范大学行知学院
　　　　　　李一龙　湖南铁路科技职业技术学院系主任
　　　　　　程　钢　湖南铁路科技职业技术学院教研室主任
　　　　　　吴　冰　湖南铁道职业技术学院教研室主任
　　　　　　唐春林　湖南铁道职业技术学院专业负责人
　　　　　　刘　奇　西安铁路职业技术学院交通运输系教研室副主任
　　　　　　王　敏　西安铁路职业技术学院
　　　　　　魏仁辉　西安铁路职业技术学院
　　　　　　申　红　西安铁路职业技术学院
　　　　　　刘婷婷　西安铁路职业技术学院
　　　　　　李怀俊　广东交通职业技术学院轨道交通实训部主任
　　　　　　奉　毅　柳州铁道职业技术学院系副主任
　　　　　　蓝志江　柳州铁道职业技术学院教研室主任
　　　　　　马成正　柳州铁道职业技术学院
　　　　　　王丽娟　柳州铁道职业技术学院
　　　　　　卢德培　杭州万向职业技术学院教研室主任
　　　　　　李殿勋　沈阳铁路机械学校
　　　　　　丁洪东　沈阳铁路机械学校教研室主任
　　　　　　李显川　沈阳铁路机械学校
　　　　　　姬立中　北京铁路电气化学校副校长
　　　　　　王建立　北京铁路电气化学校科长
　　　　　　尹爱华　江苏省无锡交通高等职业技术学校系副主任
　　　　　　陈　波　无锡汽车工程学校专业负责人
　　　　　　谭　恒　广州市交通运输职业学校
　　　　　　余鹏程　广州市交通运输职业学校
　　　　　　宋　锐　武汉市教育科学研究院教研员
　　　　　　蔡海云　武汉铁路司机学校系主任
　　　　　　欧阳宁　武汉市交通学校系主任
　　　　　　江　伟　广东交通职业技术学院
　　　　　　曾颖委　广州市交通运输职业学校
　　　　　　余　浩　广州市交通运输职业学校
行 业 委 员： （排名不分先后）
　　　　　　吴维彪　浙江省杭州市地铁集团有限责任公司高级工程师
　　　　　　牟振英　上海申通集团运营四公司总工程师
　　　　　　娄树蓉　南京地铁有限责任公司客运部部长
　　　　　　吕春娟　浙江省杭州市地铁集团运营分公司高级工程师
秘 　书 　长： 徐　玲　电子工业出版社

总序

随着国民经济持续的快速发展，人流、物流、信息流以前所未有的密度涌向大城市，并向周边辐射。城市化进程加快，城镇人口迅速增长，我国市区常住100万人口以上的大城市已达40多个，超过200万人口的特大城市已有14个。目前，我国城镇人口比例已经达到45%左右，城市规模的扩大、城市人口的增长，带来了城市交通需求的高速增长。为了解决大、中城市交通紧张的问题，我国已有越来越多的城市把发展城市轨道交通列入城市发展计划。截至2010年，北京、天津、上海、广州、深圳、南京、重庆、武汉、大连、长春10个城市已经开通运营的城市轨道交通线路总长已近1000 km，加上沈阳、成都、杭州、西安、苏州等城市的在建线路，城市轨道交通线路总长将会超过1200 km。此外，还有青岛、宁波、郑州、厦门、东莞、昆明、长沙、乌鲁木齐、南宁、济南、兰州、太原、福州、合肥、无锡、贵阳、烟台、石家庄、温州等诸多城市都在进行轨道交通规划或建设工作。中国城市轨道交通建设正在进入快速有序的发展阶段。预计在2015年前后，我国将建设79条城市轨道交通线路，其总长将达到2260 km；到2020年，我国城市轨道交通线路总长有望突破3000 km。随着城市轨道交通的快速发展，各类城市轨道交通人才需求量急剧增加，从城市轨道交通的专业人才用工需求看，城市轨道交通每公里需要50~60人。对于这个技术密集型行业来说，各城市的轨道交通都需要大批应用型人才，才能保证正常的运营和管理。因此，城市轨道交通行业具有广阔的人才需求空间。

城市轨道交通发展给职业教育的人才培养带来良好契机，为适应城市轨道交通人才培养需求，更好地服务国民经济建设，2010年5月，电子工业出版社在武汉组织召开了"职业教育城市轨道交通专业教学研讨会"，成立了"职业教育城市轨道交通专业项目式教材"编审委员会，确定了"职业教育城市轨道交通专业项目式教材"编写方案。根据专业教学研讨会议精神，经过主编、参编老师的共同努力，"职业教育城市轨道交通专业教材"终于与大家见面了。本套教材基本涵盖了"城市轨道交通专业"的主要课程和内容，满足了专业建设与教学需要；为适应职业教育的改革与发展，教材力求体现当代职业教育新理念、新思路；为紧跟城市轨道交通行业发展，尽量使教材保持一定的知识与技术领先。本套教材编写以职业能力为主线，以职业生涯为背景，以工作结构为框架，以岗位能力为依据，以工作情境为支撑，以工作过程为基础。教材体系结构力求从学科结构向职业工种技能结构转变；教材内容组织力求根据城市轨道交通专业学生今后从事职业工作岗位要求及标准

出发，突出典型岗位的工作过程，满足职业标准的要求，贯穿主要规章和作业标准。本套教材具有以下特点。

（1）教材体例符合职业教育教学改革和发展方向。

教材内容选择以《国家职业标准》规定的岗位（群）需求和职业能力为依据，以工作任务为中心，以理论知识为基础，以实践技能为依托，以工作情景为支撑，以案例呈现为特点，以拓展知识为延伸，充分考虑城市轨道交通典型岗位的工作任务的工作过程特点和教学过程特点的有机结合，体现教材的职业性特点。

（2）教材内容凸显城市轨道交通专业领域主流应用技术和关键技能。

教材内容凸显城市轨道运营、行车组织、客运组织、机车车辆等设备运用与检修及作业组织方法等主体工种的专业知识和技术，包括车站站长、行车调度、车辆维修、客运服务等典型岗位的主流应用技术和关键技能。

（3）教材内容涵盖城市轨道交通行业和专业发展的"四新"内容。

教材内容组织保持一定的前瞻性，反映行业与专业最新知识、工艺、装备和技术。教材编写从现代教学理念和教学模式出发，体现城市轨道交通前沿的创新成果和经验。

（4）教材注重实践性，重视案例和实际动手场景的呈现。

教材组织通俗实用，融入和结合了轨道交通专业骨干教师多年的教学经验和体会，合理地取舍和反映城市轨道交通的基本专业知识和基本技能；通过具体模拟训练和情景实操，使学生加深对专业知识和技能的理解以及基本技能和基本方法的掌握，从而可以缩短学生到企业后的上岗时间。

本套教材不仅适用于职业教育各层次教学，也适合作为城市轨道交通行业相关人员在职进修提高和培训教学用书。

本套教材由浙江师范大学交通运输系吴晓主任担任丛书主编，西安铁路职业技术学院赵岚、湖南铁道职业技术学院张莹担任丛书副主编。吴晓负责本系列教材编写工作的整体策划与体例结构设计。教材在编写过程中，得到了许多城市轨道交通行业专家、电子工业出版社等领导和同仁的大力支持，在此表示衷心感谢！

在本套教材的编写过程中，编者们参考了大量的书籍、文献、论文等，也引用了许多专家学者的资料，编者已尽可能地在参考文献中详细列出，谨在此对他们表示衷心的感谢！同时，可能我们因为疏忽，有些资料引用了而没有指出资料出处，若有此类情况发生，深表歉意！由于城市轨道交通正处于快速发展期，资料收集很难达到齐全和最新，再加上编者水平所限，书中错误和疏漏在所难免，敬请大家谅解，也恳请读者在阅读后及时批评指正，我们将十分感谢。

吴　　晓

前言 *Introduction*

城市轨道交通是现代城市公共交通的主要形式。城市轨道交通不仅安全、快捷、正点，可以满足日益增长的城市居民出行需求，而且具有节能、省地、少污染等特点，更是一种节约资源、保护环境的城市公共交通系统，符合城市可持续发展原则。城市轨道交通种类繁多，有城市地下铁道、轻轨交通、有轨电车、单轨交通、市郊铁路、磁悬浮线路、机场联络铁路、全自动旅客捷运系统等。

本书为"职业教育城市轨道交通专业教材"之一。教材结合城市轨道交通专业人才培养方案和职业教育教材现状编写，涵盖城市轨道交通车辆电气部件的主要内容。为适应职业教育的需要，编者力求体现当代职业教育新理念；为紧跟城市轨道交通行业发展，尽量使教材保持一定的知识与技术领先。本书共分九个项目：项目一为常用低压电器结构认知与检修；项目二为受流器的结构认知与检修；项目三为高速断路器的结构认知与检修；项目四为接触器的结构认知与检修；项目五为制动电阻器的结构认知与检修；项目六为蓄电池的结构认知与检修；项目七为列车主电路；项目八为列车照明电路；项目九为辅助逆变器的结构认知与检修。九个项目下共分38个任务，全面介绍城市轨道交通车辆电气基础知识、常用低压电器、列车牵引系统设备（受流器、高速断路器、接触器、制动电阻器、蓄电池）的检修、列车主电路、列车控制电路、辅助逆变器的检修、列车照明系统及控制回路和110V电源电路，以及部分车辆电气设备的操作运用案例。

本书在体例设计上突破了传统教材的编写模式，理论与实际相结合，突出职业教育的实践性。项目中的每个任务下设有"学习目标"、"学习任务"、"工具设备"、"学习环境"、"基础知识"、"相关案例"、"拓展知识"等模块，并配置操作运用案例和思考练习题。教材注重实用，案例多、观念新，教材内容组织通俗，融入和结合了轨道交通专业骨干教师多年的教学经验和体会；为教师方便教学，特别增加教师教学工作活页，寓专业能力、方法能力和社会能力培养于情景教学；内容编排重点突出，反映城市轨道交通的基本专业知识和基本技能；为了使学生能学以致用，特别增加学生学习实操活页，让学生学习模拟城市轨道交通车辆电气设备的具体运用和维护，通过具体知识认知模拟训练、情景实操以及教学评价等环节，使学生加深对专业知识和技能的理解、基本技能和基本方法的掌握，从而使学生增强对城市轨道交通车辆电气设备知识的认知，为学生学习本专业的其他专业后续课程打下坚实的基础。本书适合作为职业院校的城市轨道交通专业及相关专业的教学用书，

或作为从事城市轨道交通行业技术人员的参考资料和员工培训用书，力求能为我国城市轨道交通事业的发展尽绵薄之力。

本书由李怀俊和曾颖委任主编，江伟和余浩任副主编。具体编写分工：李怀俊编写项目一、项目七，曾颖委编写项目二、项目三、项目四、项目五，江伟编写项目九，余浩编写项目六、项目八。全书由李怀俊负责编写体例设计，曾颖委负责统稿。教材在编写过程中得到了许多城市轨道交通行业专家和电子工业出版社的领导、同仁的大力支持，在此表示衷心感谢！

为了方便教师教学，本书还配有教学指南、电子教案及习题答案（电子版）。请有此需要的教师登录华信教育资源网（www.hxedu.com.cn）免费注册后再进行下载，有问题时请在网站留言板留言或与电子工业出版社联系（E-mail:hxedu@phei.com.cn）。

在本书的编写中，我们参考了许多专家学者有关城市轨道交通的书籍、文献、论文等资料，也引用了城市轨道交通设备制造企业和部分城市轨道交通企业的技术数据和图片，我们已在参考文献中详细地列出，谨在此对他们表示衷心的感谢！同时，也可能由于我们疏忽，有些资料引用了而没有指出资料出处，若有此类情况发生，深表歉意。由于城市轨道交通正处于快速发展期，技术装备日新月异，各城市城市轨道交通车辆也都有各自的特点，资料收集很难达到齐全和最新，再加上编者水平所限，书中技术资料和数据肯定存在不足和差异，错误和疏漏在所难免，在此敬请大家谅解，也恳请大家多提宝贵意见并批评指正，我们将十分感谢。

编 者

目录 / Contents

项目一　常用低压电器的结构认知与检修　1
　任务一　认知城市轨道交通车辆电气基础知识 1
　任务二　认知常用低压电器 6
　任务三　常用低压电器的结构认知与检修操作运用案例 16

项目二　受流器的结构认知与检修　21
　任务一　认知受电弓的作用类型和结构组成 21
　任务二　认知受电弓的工作过程 25
　任务三　认知受电弓的维护和调整 32
　任务四　受流器的结构认知与检修操作运用案例 36

项目三　高速断路器的结构认知与检修　44
　任务一　认知高速断路器的作用、特征和结构组成 44
　任务二　认知高速断路器的工作过程 49
　任务三　认知高速断路器的维护和故障处理 54
　任务四　高速断路器的结构认知与检修操作运用案例 59

项目四　接触器的结构认知与检修　67
　任务一　认知接触器的作用类型和结构组成 67
　任务二　认知接触器的工作过程 72
　任务三　认知接触器的维护与检修 74
　任务四　接触器的结构认知与检修操作运用案例 78

项目五　制动电阻器的结构认知与检修　87
　任务一　认知电阻制动基础知识 87
　任务二　认知制动电阻器的工作过程 93

任务三	认知制动电阻器的维护和检修	97
任务四	制动电阻器的结构认知与检修操作运用案例	99

项目六　蓄电池的结构认知与检修　107

任务一	认知蓄电池箱的结构特点和安装位置	107
任务二	蓄电池组的组装和拆卸	109
任务三	认知蓄电池的检修维护	117
任务四	认知蓄电池加水工艺	118
任务五	认知 110V 安全回路	123
任务六	蓄电池的结构认知与检修操作运用案例	129

项目七　列车主电路　133

任务一	认知列车主电路的组成及原理	133
任务二	认知列车交流传动主电路	139
任务三	列车主电路的认知及检查操作运用案例	149

项目八　列车照明电路　155

任务一	认知列车照明系统设备	155
任务二	认知列车照明电路	161
任务三	列车照明电路的故障诊断操作运用案例	166

项目九　辅助逆变器的结构认知与检修　171

任务一	认知辅助逆变器的作用和结构组成	171
任务二	认知辅助逆变器的组成部件	173
任务三	认知辅助逆变器的运行模式及操作流程	177
任务四	认知辅助逆变器的拆卸	180
任务五	认知辅助逆变器的安装	184
任务六	认知辅助逆变器的检查维护	187
任务七	辅助逆变器的结构认知与检修操作运用案例	192

附录A　广州地铁 A 型车车辆电器代号识别　196

项目一 常用低压电器的结构认知与检修

凡是根据外界特定信号,自动或手动接通和断开电路或非电对象起开关、控制、保护与检测作用的电工设备,通称为电器。

城市轨道交通车辆是从接触网或第三轨获得电能,由牵引电动机将电能转变为机械能而驱动车辆运行。如果要在既安全又简便的操纵下获得各种不同工况下的良好运行性能,就需要通过一系列各种不同性能、不同作用、不同型号的电气设备可靠地工作来满足。所以电气部件的工作贯穿于车辆整个操纵过程的始终。例如,对电路实行通、断;对电动机实行启动、制动、正转和反转控制;对用电设备进行过载、过压、短路等故障的保护;在电路中传递、变换、放大电或非电的信号,从而达到自动检测和调节的作用等。

任务一 认知城市轨道交通车辆电气基础知识

学习目标

（1）掌握车辆电气线路中的通用符号。
（2）掌握车辆电气电路图基本知识。

学习任务

认知城市轨道交通车辆电气基础知识,主要包括车辆电气线路中的通用符号、车辆电气电路图基本知识的认知。

工具设备

车辆电气线路中的通用符号挂图,城市轨道交通车辆电气电路图若干套,以及计算机多媒体设备、课件、图片、城市轨道交通车辆电路示教板等。

教学环境

轨道交通理实一体化教室。

基础知识

工程界要交流,就需要工程语言。电气工程语言就是电气技术领域的工程言语,通过它就可编制出电气信息结构文件,实现电气技术领域的国内外技术交流。

电气信息结构文件是交流电气技术信息的载体。按照新的国家标准规定,电气信息结构文件包括有概略图、逻辑图、电路图、接线图等电气简图及接线表、零件表、说明书等

设计文件。

电气简图用的图形符号是绘制电气简图的工程语言，电气信息结构文件编制规则与电气简图用的图形符号一样，同样是电气工程的语言，只有规范化才能满足国内外行业技术交流的需要。

一、城轨车辆电气线路中的通用符号

城市轨道交通车辆电气线路和其他电气线路一样，会用到各种符号来表示各个电气元件和电气设备，电气线路符号如表 1.1 所示。

各电气设备在电气线路图中除按表内符号表示外，在符号旁边还应标明相应电气设备在线路中的代号。如在接触器线圈旁注上 2K02 就表示为 2K02 号接触器的线圈，且在所有 2K02 接触器各连锁触点旁边也注明 2K02，说明是同一电器在线路中不同位置的控制关系。

导线也是电气线路图中的一部分，特别是一些重要的导线应在线路图中标明导线代号。

表 1.1 电气线路符号

序号	名称	符号	序号	名称	符号
1	接地		8	电阻	
2	受电弓		9	电容	
3	插座和插头		10	三相鼠笼式异步电动机	
4	火花间隙和避雷器		11	绕组	
5	电抗器和扼流器		12	电磁继电器	
6	双绕组变压器		13	延时断开型时间继电器	
7	熔断器		14	延时闭合型时间继电器	

项目一　常用低压电器的结构认知与检修

续表

序号	名称	符号	序号	名称	符号
15	直流电动机		22	断路器	
16	电流互感器		23	负荷开关	
17	电压互感器		24	继电器线圈	
18	一般开关常开连锁		25	按钮开关	
19	延时连锁		26	闪烁时间继电器	
20	常闭连锁		27	欠压继电器	
21	接触器触点				

二、城市轨道交通车辆电路图基本知识

城市轨道交通车辆电气电路图页面包括图框和内容两大区域，以图 1.1 所示的照明电路图为例。

1. 电路图页面结构

1）图框区域

（1）A 区：横向标记为 1、2、3、4、5、6、7、8；纵向标记为 A、B、C、D、E、F。

（2）B 区：版权说明和图纸项目。

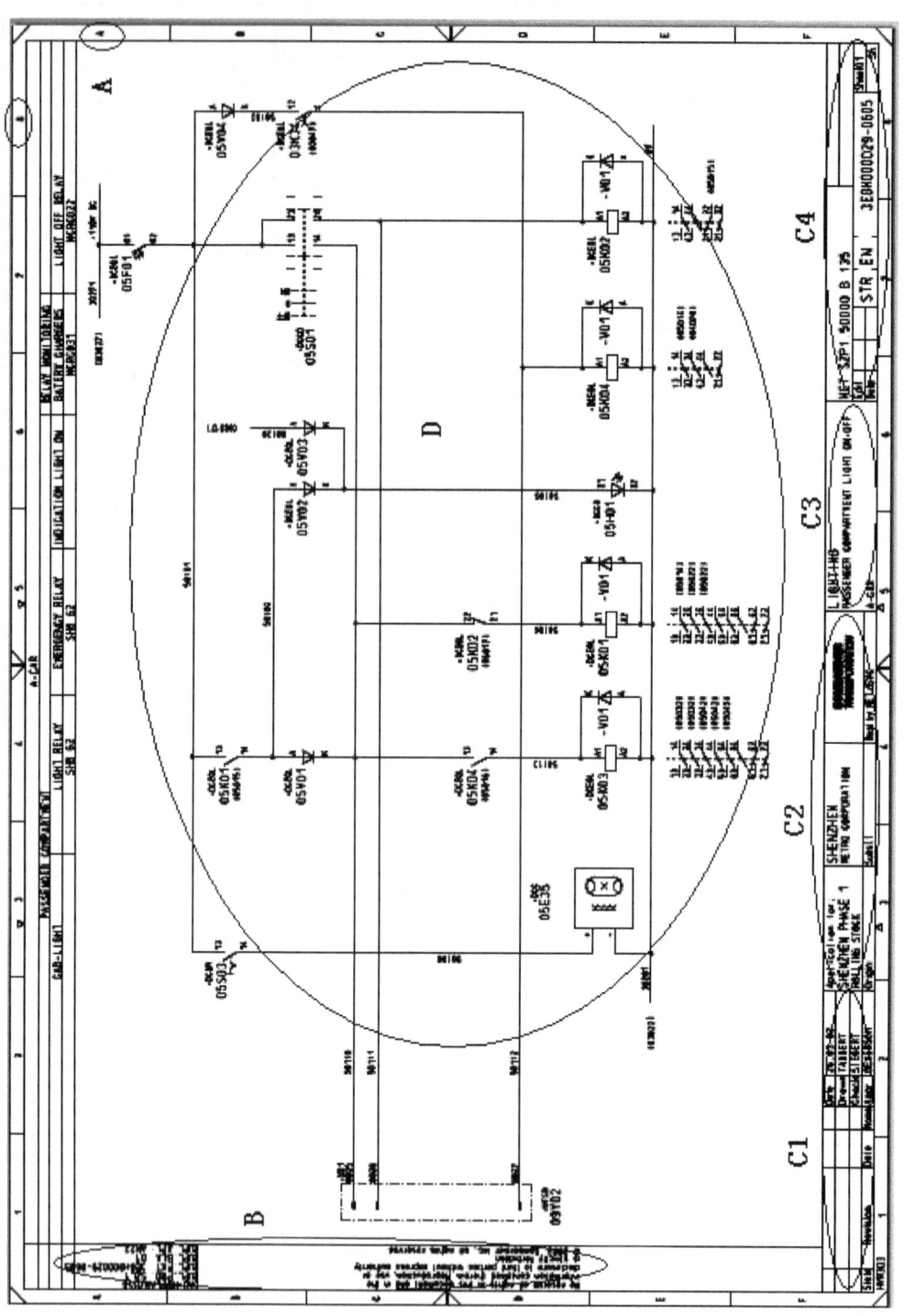

图1.1 电路图页面结构

（3）C1 区：图纸修订版本、日期、签名。

（4）C2 区：图纸项目、面向单位、绘图单位。

（5）C3 区：图纸标题。

（6）C4 区：图纸章节编号和页码。

2）内容区域

D 区：图页绘制的具体内容。

3）电路图的 10 个章节（以 A 车为例）

（1）3EGH000029-0600　　封面和目录。

（2）3EGH000029-0601　　主电路：网侧高压。

（3）3EGH000029-0602　　牵引/制动控制电路：牵引/制动控制、驾驶室指示灯。

（4）3EGH000029-0603　　辅助电路：蓄电池、充电器和紧急启动电池、充电器。

（5）3EGH000029-0604　　监测和信息电路：TCC/ATP/ATO、PA/PIS、MVB/IO/ATC/MMI。

（6）3EGH000029-0605　　照明电路：客室灯、紧急照明、加热、驾驶灯。

（7）3EGH000029-0606　　空调电路。

（8）3EGH000029-0607　　附属设备电路：扬声器、解钩装置、列车环线检测电源。

（9）3EGH000029-0608　　车门控制电路：车门控制、车门诊断。

（10）3EGH000029-0609　　特殊设备电路：车钩线路。

2．电路图阅图说明

1）电路图说明

电路图页面结构中 B 区上方如图 1.2 所示部分，3EGH000029-0605 是庞巴迪公司图纸号；前面的字串代表了工程项目，3EGH000029-06 表示深圳地铁一号线 A 车；最后 2 位数字代表了功能系统，与电路图的 10 个章节相对应，05 表示照明电路这一章。

```
CAD-RUPLAN/BSB
RUPL.PRO  SZL1
RUPL.FKT  3EGH000029-06D5
RUPL.BLA  01
RUPL.APL  AM22
```

图 1.2　电路图数字串

2）继电器

如图 1.3 所示，02K08 表示一个时间继电器，02 表示第 2 章（牵引/制动控制电路），K 表示继电器，08 表示序号。+DCEQL 表示驾驶室电气设备柜，02K06 继电器中的 A1 和 A2 表示线圈的两个接线柱，-V01 表示附属的二极管，A 和 K 表示二极管的两个引脚。一般情况下继电器常开触点的尾数用 3 和 4，常闭触点的尾数用 1 和 2。图 1.3 中 02K06 是电磁继电器，03K52、03K53、03K55 是时间继电器，03K05 是一个欠压继电器，电压低于设定值就断开。

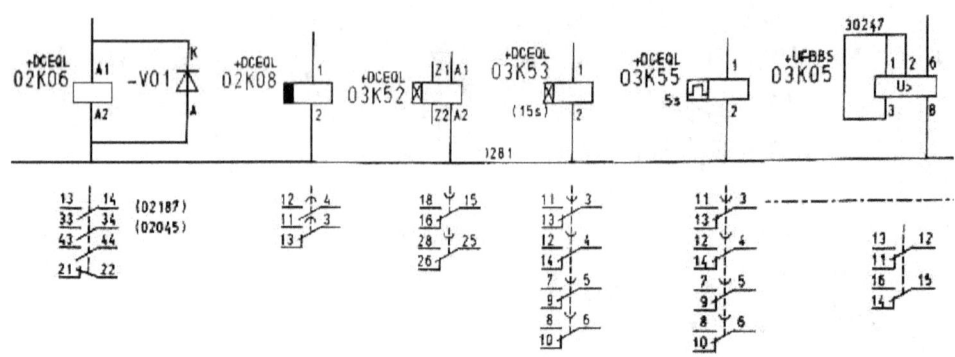

图 1.3 各种继电器电路符号

3）位置标识和线号标识

如图 1.4 所示，位置标识（03023）在第 3 章的第 2 页的第 3 列的位置；线号标识 30203 表示在第 3 章的第 2 页的 3 号线；屏蔽线标识 3014S 表示第 3 章的第 1 页的 4 号屏蔽线，S（SHIELD）就是屏蔽线的意思。

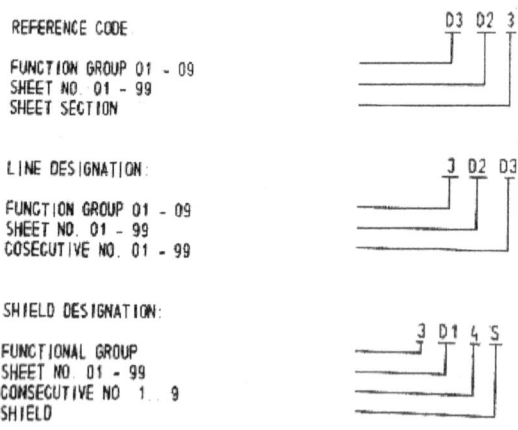

图 1.4 图位和线号

任务二　认知常用低压电器

学习目标

（1）掌握常用低压电器的作用、组成。
（2）掌握常用低压电器的工作原理、技术参数。

学习任务

认知常用低压电器：主要包括常用低压电器的作用、组成、常用低压电器的工作原理、技术参数的认知。

工具设备

城市轨道交通车辆常用低压电器若干个，以及计算机多媒体设备、课件、图片、示教板等。

教学环境

理实一体化教室或轨道交通综合实验室。

基础知识

城市轨道交通车辆在运行或检修的过程中,需要一些介质来完成指令的传送、电路的控制和信息的反馈等动作,低压电器常常充当着此类介质的功能。城市轨道交通车辆常用的低压电器一般包括直流电磁接触器、线路滤波器、继电器、浪涌吸收器(避雷器)、线路电感器、速度传感器、荧光灯电子镇流器、熔断器、司机控制器等。

一、直流电磁接触器

1. 直流接触器的作用

地铁车辆直流电磁接触器是一种用来频繁地接通和切断主电路的自动切换电器,它的特点是能进行远距离自动控制,操作频率较高,通断电流较大。

2. 直流接触器的分类

接触器按通断电路电流种类可分为直流接触器和交流接触器;按主触点数目可分为单极接触器(只有一对主触点)和多极接触器(有两对以上主触点);按传动方式可分为电空接触器和电磁接触器等。

在上海地铁一号线电动车辆主回路上使用的是型号为BMS.15.06型的单极直流电磁接触器,如图1.5所示。

3. 直流接触器的组成

电磁接触器一般由电磁机构、主触点、灭弧装置、辅助触点及支架和固定装置等组成。电磁机构由铁芯、带驱动杆的螺旋线圈、盖板组成。在电磁圈未通电时,衔铁在反力弹簧作用下保持在释放位置;通电后,电磁力带动驱动杆克服反力弹簧运动主触点用来通断电路。触点镀银,当动触点在驱动杆的带动下与静触点刚接触时,接触点为触点上部。随着驱动杆继续运动,触点上

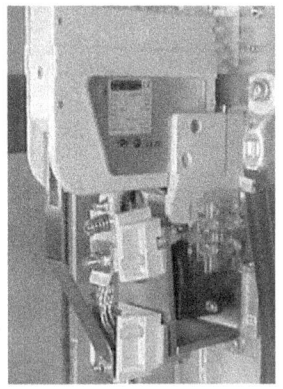

图1.5 直流接触器

压力不断增加,一直到电磁力与反力弹簧力平衡为止。运动过程中动触点在静触点上边滚动边滑动,使接触点移到触点下部。触点断开的过程则相反,这就使触点分断时所产生的电弧不致损坏正常接触点,而触点的滑动能将其表面的氧化物或脏物擦掉,减小接触电阻。

灭弧装置包括吹弧线圈和带电离栅的灭弧罩,电离栅将进入的电弧分割成一系列短弧,然后使电弧加速冷却,吹弧线圈确保快速和有效的灭弧。

在电磁线圈未得电时,衔铁在反力弹簧作用下保持在释放位置;当电磁线圈得电后,铁芯在电磁力作用下带动驱动杆克服反力弹簧运动。动触点与静触点闭合,辅助触点依靠驱动凹轮正常地打开或闭合,这样,主接触器就进入工作状态。失电后,电磁力小时,反力弹簧起作用,主触点分断,同时辅助触点的状态也跟着变化。

BMS.15.06型直流电磁接触器的电磁机构是由铁芯、带驱动杆的螺管线圈、盖板组成，常称为螺管式电磁机构。

反力主要由弹簧力产生，通常是圆柱螺旋弹簧。圆柱螺旋弹簧分为拉伸弹簧和压缩弹簧两种，BMS.15.06型直流电磁接触器采用的是压缩弹簧。直流接触器设计为模块结构，外壳材料阻燃、无毒、无环境污染。

4．直流接触器的技术参数

额定电压：DC 1500V；

最大工作电压：DC 1800V；

额定绝缘电压：DC 1500V；

额定电流：600A；

一小时电流：630A；

短时电流（5s）：800A；

最大整断电流（15ms）：2400A；

闭合时间：约100ms；

开断时间：约75ms；

机械寿命：3×10^6次；

电寿命：10^4次；

触点压力：54~72N；

控制电源：DC110V；

控制功率：30W。

二、线路滤波器

线路滤波器包括线路滤波电抗器和线路滤波电容器。

1．线路滤波器的作用

（1）滤平输入电压。

（2）抑制电网侧发生的过电压对逆变器的影响，如变电所的操作过电压、雷击过电压等。

（3）抑制逆变器因换流引起的尖峰过电压。

（4）抑制电网侧传输到逆变器直流环节的谐波电流，抑制逆变器产生的谐波电流对电网的影响。

（5）限制变流器的故障电流。

2．线路滤波电抗器

在直流回路中，为保证电感在任何电流值时均恒定，均采用空心线圈结构。

电抗器的电感量各生产厂家采用的值不同，须与线路电容器的电容量相匹配。电感与电容构成谐振电路。在确定这两个参数时，必须验算它们的谐振频率，要求谐振频率与信号系统的调制频率有一定的差值，以免造成对信号系统的影响。谐振频率按 $f = 1/(2\pi\sqrt{LC})$ 计算。

对于网压为DC 1500V的城市轨道车辆，逆变器容量在1 000kV·A以上的系统来说，电感量一般为 5~8mH。

3. 线路滤波电容器

线路滤波电容器是一种非常特殊的直流电容器。从功能上，由于它用于逆变系统的直流环节（DCLink），因此称作"支撑电容器"。从性质上，由于要求它能承受很大的谐波电流，因此称作"直流脉冲电容器"。在 IGBT 逆变器主电路中，为降低 IGBT 换流时在元件上产生的过电压，要求主电路各部分连线的杂散电感（或称寄生电感）尽可能小，为此在主电路布线中采用很多措施，如采用叠层母排等。而支撑电容器是与 IGBT 的换流紧密相关的，不仅要求它与 IGBT 模块的连线电感尽量小，而且要求电容器内部电感（自感）极小（国外已做到 40nH）。

4. 线路滤波电容器主要参数

国外某公司支撑电容器系列产品主要参数如下：

最大电流 I_{max}：最高达 600A；

额定电压 U_N：最高达 6kV；

自感 L_{self}：≤40nH；

额定能量 W_N：最高达 18kJ；

介质损耗因数 $\tan\delta_0$：2×10^{-4}；

最大峰值电流 $\hat{I}$：最高达 10kA；

最大浪涌电流 $\hat{C}_S$：最高达 100kA；

端子间直流试验电压 U_{TT}：$1.5U_N$，10s；

端子对外壳交流试验电压 U_{TC}：$2U_i$+1000V，50Hz，10s（U_i 为绝缘电压）；

自放电时间常数 $R_{is}C$：≥10000s。

单台电容器的电容量与电压 U_N 有关。U_N 越低，电容量可以做得越大。对应于不同的 U_N，电容量为从数百微法到数千以至上万微法。

三、继电器

继电器同接触器的共同点，都是一种自动控制电器。不同的是，继电器一般不直接控制主电路，负载较小。因此，同接触器相比，继电器没有灭弧系统、结构简单、接触容量小、动作的准确性要求高。如图 1.6 所示为欠压继电器，如图 1.7 所示为高速断路器的控制继电器。

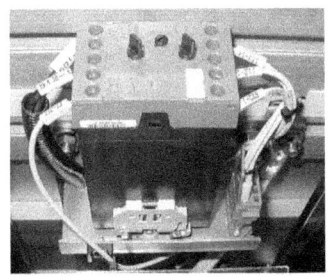

图 1.6 欠压继电器

图 1.7 高速断路器的控制继电器

1. 继电器的组成

继电器由测量机构和执行机构两部分组成。测量机构接收输入量，并将其转变为继电器工作所必需的物理量，如电压、电流、压力等；执行机构用以改变原来所处的状况，给被其控制的电器一定的输入量。

2. 继电器的工作原理

继电器的工作原理，如图 1.8 所示。以电磁式继电器为例，它的电磁机构就是测量机构，当输入量达到其动作参数时，就将转变为衔铁的吸合动作。它的触点是执行结构，当输入量达到动作参数时，它由原来的开断状态转变成闭合状态，并接通被其控制的电路，从而得到一个输出电压。

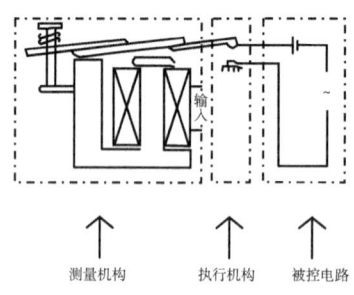

图 1.8 电磁继电器的测量机构和执行机构

继电器的输入量与输出量的关系称为它的输出—输入特性。设输入量为 X，输出量为 Y，当输入量 X 由零增加到动作参数 $X_{动作}$时，衔铁被吸合，触点闭合，接通被控电路，在输出端有电压输出，即输出量 Y 由零跃变到最大值 Y_{max}。衔铁吸合后，如果将输入量 X 减小到 $X_{释放}$，使反作用力大于电磁吸力，衔铁释放，触点开断，被控电路也断开，输出量由最大值 Y_{max} 下降到零。当输入量 X 由 $X_{释放}$继续减小时，输出量 Y 维持零值。通常 $X_{动作}$远大于 $X_{释放}$。继电器输入量的释放参数与动作参数之比称为返回系数 K，即 $K=X_{释放}/X_{动作}$。

继电器的触点通常接在控制电路中，因此，它通过的电流较小（一般在 20A 以下）。其结构多采用板式和桥式的点接触银质触点，双断点桥式触点银质触点焊在弹簧片上（磷铜片），弹簧片既产生触点压力，又作为传导电流的触点支架，但主要由圆柱螺旋弹簧产生触点压力，这种触点所通过的电流较大。

触点是继电器的执行机构，必须工作可靠。对继电器触点的主要要求是：耐震动和冲击，不产生误动作；触点接触电阻要小，以便接触可靠；耐机械磨损和电磨损，抗熔焊；使用寿命长等。

3. 继电器的技术参数

继电器的主要特征参数为额定电压、吸合电压、释放电压、吸合时间、释放时间、线圈消耗功率、触点接触电阻、绝缘电阻、触点负荷和寿命等。

上海地铁一号线车辆主要使用 SH 系列继电器，分别是：

SH 04.22E　　DC 110V，2 常开触点、2 常闭触点；

SH 04.40E　　DC 110V，4 常开触点；

SH　04.22E　　DC 380V，2 常开触点、2 常闭触点；
SH　08.44E　　DC 110V，4 常开触点、4 常闭触点；
SH　08.62E　　DC 110V，6 常开触点、2 常闭触点；
SH　08.80E　　DC 110V，8 常开触点；
SH　08.53E　　DC 110V，5 常开触点、3 常闭触点。

四、浪涌吸收器（避雷器）

1．避雷器的作用

浪涌吸收器用于防止来自车辆外部的过电压（如雷击等）和车辆内部的操作过电压对车辆电气设备的破坏。浪涌吸收器是与被保护物并联的一种设备，当出现危及保护物绝缘的过电压时它就放电，从而限制绝缘上的过电压值，它的保护值范围应与变电所过电压保护相协调。正常工作状态下，浪涌吸收器处于高电阻状态，当出现超出限制范围的过电压时，电阻急剧下降，电流通过浪涌吸收器与大地接通，避免各种过电压对车辆设备产生危害。

2．避雷器的安装及组成

如图 1.9 所示，浪涌吸收器一般安装于 B 车车顶，受电弓侧，一端与受电弓相连，另一端与大地接通。它包括一个火花间隙和一个非线性电阻，此部分被装配于一个陶瓷壳内，用一法兰盘密封。

图 1.9　避雷器

避雷器通常由火花间隙和非线性电阻两部分组成。在正常电压下，火花间隙是不会被击穿的，只有出现过电压时火花间隙才会击穿。过电压幅值越高，火花间隙击穿得越快，击穿电压的幅值同击穿时间的关系曲线称为伏秒特性。显然，要可靠地保护被保护物，避雷器的伏秒特性比被保护绝缘的伏秒特性低，即在同一过电压作用下避雷器先击穿。

非线性电阻的作用是利用电阻同电流间的非线性关系（即大电流时电阻值小，而小电流时电阻值大），一方面保证在击穿瞬间流过很大的冲击电流时，避雷器上的电压升降不高，不致损坏被保护物的绝缘；另一方面又可以限制在火花间隙击穿后接着由工频电压所引起的流过避雷器的电流数值，从而使火花间隙能很容易地切断它。

3．避雷器的主要技术参数

（1）额定冲击释放电流、冲击电流、持续释放电流、短路电流。
（2）阀座电压、冲击释放电压、直流放电电压。

（3）爬电距离、放电距离。
（4）特性曲线。

A 型车、网压 DC 1500V 使用的避雷器主要技术参数如下：

标称电压：DC 1500V；

最大电压：DC 2000V；

额定冲击释放电流：10kA；

冲击电流：100kA；

短路电流：20kA；

阀座电压：2kV；

直流放电电压：6kV；

冲击释放电压：7.1kV；

爬电距离：165mm。

五、线路电感器

车辆共有 6 个电感器，4 个在动车主回路中，另两个在辅助回路中。

B 车有两个线路电感器，分别提供 B、C 车 MCM 使用，其中一个在 PH 箱内，另一个单独悬挂在 B 车下，如图 1.10 所示。

图 1.10 线路电感器

PH 箱、PA 箱内的线路电感器采用强迫风冷，另一个线路电感器采用自然风冷，结构不同，性能指标一致，技术指标如下：

电感值：在 900A 时，5mH；

持续电流：475A；

最大电流：900A；

自通风冷却：2m/s。

C 车有一个线路电感器在 PA 箱内，供 ACM 使用，采用强迫风冷，技术指标如下：

电感值：在 350A 时，5mH；

持续电流：210A；

最大电流：350A；

自通风冷却：0m/s。

六、速度传感器

速度传感器安装于轮轴上,它提供控制系统信号的选取、转换和传输。装于电动车辆上的速度传感器要求性能可靠、精度要高、抗干扰性强,如图 1.11 所示。

上海地铁一号线电动车辆使用的速度传感器分为单信道速度传感器和双信道速度传感器两种。型号分别为 GID-E 和 GID5。它们在电动车辆上布置如图 1.12 所示。

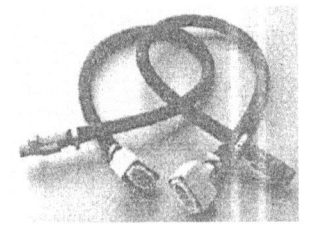

图 1.11　速度传感器

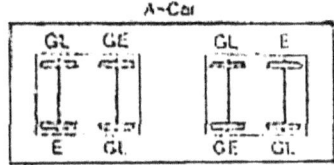 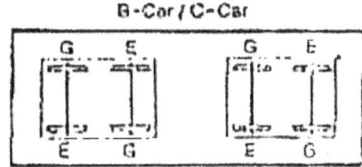

图 1.12　车辆速度传感器

电动列车 A 车上速度传感器的分布情况:GE-ATC 速度传感器;GL 防滑速度传感器;E 接地装置。电动列车 B、C 车上速度传感器的分布情况:E 接地装置;G 防空转防滑速度传感器。

传感器是一种测量装置,它能感受或相应规定的被测量,并按照一定规律转换成可用输出,以满足信息的传输、处理、储存、记录、显示和控制的要求。

微电子技术和微处理技术的发展,使传感器出现了新的突破,从实时处理进而发展到将获得的信息储存、数据处理和控制。近年来,在传感器智能方面获得了进展。轨道交通车辆的控制系统越来越复杂,自动化的程度也越来越高。为了满足控制系统的功能要求,需要检测有关部件、系统或整车的有关量,如温度、压力、应力、力矩、转速、加速度、风速、空气流量、真空度、震动以及噪声等,因此,传感器在轨道交通车辆上得到了广泛的应用。

这里介绍一种磁电式传感器,用于地铁一号线列车的速度检测。在车辆的轴端安装一台速度传感器,传感器的原理如图 1.13 所示。磁电式传感器的基本原理是电磁感应原理,将输入机械位移转换成线圈中的感应电势输出,它不需要外加电源。

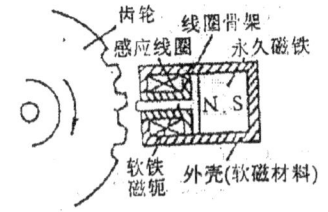

图 1.13　转速传感器原理图

永久磁铁,感应线圈和外壳为固定不动的,齿轮安装在轴端随车轴一起旋转。当齿轮随旋转体转动时,齿轮与软磁铁轭之间的气隙距离随之变化,从而导致气隙磁阻和穿过气隙的主磁通的变化,结果在线圈中感应出电动势。每转一圈传感器发出 110 个脉冲,其频率为

$$f = nN/60 \text{Hz}$$

式中　n——转速(r/min);

N——齿数(110)。

速度信号经脉冲整形放大后输出整齐的矩形波信号,将此信号送到计数器,把频率转换成转速。这种传感器结构简单,工作可靠。在地铁车辆的控制车(A 车)上每根轴装有一只单通道传感器,为空气制动的滑动保护系统提供速度信号;在动车(B 车、C 车)上,

每轴装有一只双信道式传感器，分别为牵引与电制动系统的空转与滑动保护系统及空气制动的滑动保护系统提供速度信号。

速度传感器主要包括脉冲发生器、磁轮、密封件和外盖。速度传感器的磁轮使用螺钉固定在轴箱端盖上。带有电缆接线的脉冲发生器安装在速度传感器的盖上。脉冲发生器与磁轮之间存在小气隙，要求气隙范围在 0.4～1.4mm 之间。

技术参数：

工作电压（U_g）：DC 12～20V；

信号输出电阻：1kΩ；

轴出电压：峰值≥（U_B-2.5）V；

低值≤0.6V；

负载电阻：≥2.2kΩ；

静态轴出电压：（7±1）V；

额定工作电压：DC 15V；

频率范围内：1～5kHz；

探头与磁轮间气隙：（0.90±5）mm；

工作环境温度：-40～+80℃。

七、荧光灯电子镇流器

在电源电压较低的情况下，灯管仍能可靠启辉，具有异常启动保护装置，工作稳定可靠、无噪声、无频闪、工作温度范围广、抗干扰、抗震动性能好、开关寿命达万次以上。

上海地铁一号线电动客车照明系统使用的镇流器为电子镇流器，使用在乘客车厢照明系统，司机室照明系统，头、尾灯信号照明，列车目的地显示，以及列车显示这四个部分。

乘客车辆照明使用三种类型地电子镇流器，其型号分别为 EVG220/50-136 型、TVG110-136 型、TVG110-118 型，提供乘客车厢内正常照明和故障时的紧急照明。

司机室照明系统使用 TVG110-136（双灯）型电子镇流器，提供司机室内的照明。

头、尾灯信号照明使用 TVG110-136（双灯）型电子镇流器，提供头灯照明和尾灯信号照明。列车目的地和列车号显示使用 SL 13W/30 型电子镇流器。

八、熔断器

1. 熔断器的作用

熔断器又称保险丝，它串联电路中，当该电路产生过载或短路故障时，熔断器先行熔断，切断故障电路，保护电路和电气设备。

2. 熔断器的分类

熔断器按结构可分如下三种。

（1）开启式熔断器。

（2）半封闭式熔断器。

（3）封闭式熔断器。在电客车辆上多采用的封闭式熔断器完全封闭在壳内，没有电弧火焰喷出，不会造成飞弧和危及人身安全及损坏电气设备，且可提高分断能力。

3．熔断器的组成

熔断器主要由熔体、熔管和插刀等组成。熔体是熔断器的主要部分，它受过载或短路电流的热作用而熔化，从而达到断开故障电路的目的。熔管用以控制电弧火焰和熔化金属粒子向两端喷出，插刀用来和外电路接通。

4．熔断器的特点

对熔化材料的要求是熔点低、易于熔断、导电性能好、不易氧化、容易加工和价格低廉。熔体的材料有铜、银、锌、铅等。

熔断器熔断过程一般可分为以下四个阶段。

（1）通过故障电流发热而达到熔化温度的阶段。这个阶段所需的时间与通过熔体的故障电流值关，故障电流越大，这个时间就越短。

（2）熔体熔化和蒸发阶段。熔体达到熔化温度后继续吸收热量而熔化和蒸发，这个阶段的时间与通过熔体的故障电流值有关，故障电流越大时间越短。

（3）间隙击穿和电弧产生阶段。熔体蒸发成金属蒸气后出现间隙，其中充满金属蒸气，金属蒸气很快被游离而出现电弧，这段时间极短。

（4）电弧燃烧和熄弧阶段。这个阶段时间的长短和电流的大小及熔断器的熄弧能力有关，熄弧力越强，则燃弧时间就越短。但电弧熄灭时不允许产生危害电气设备的过电压。

因此，熔断器的保护特性必须处于被保护电气设备的允许过载特性之下，才能起到可靠的保护作用。保护特性是熔断器的一个重要特性，另一个重要参数是分断能力，分断能力表示熔断器能断开的最大短路电流。

九、司机控制器

1．司机控制器的作用

如图1.14所示，司机室主控器手柄用于人工驾驶列车，由此牵引和制动的给定值可无级输入。"0"位和"快速制动"位都是凹槽位置。"0"向前推动手柄（远离司机），仅在位置后，感觉有一阻碍，表示已处于牵引模式，继续向前推动主控器手柄加速列车，最前端位置为最大牵引运行位，并且手柄在此停止。"0"向后拉动手柄（向司机方向），仅在位置前，感觉有一阻碍，表明已处于常用制动模式，继续向后拉动主控器手柄列车制动。在最大常用制动位置，仅在快速制动区域前感觉有一阻碍。快速制动在任何时候都能回"0"位，通过移动手柄到牵引位置或"0"位置来缓解快速制动。若尽可能向后拉动主控器手柄，能够产生仅利用空气制动的快速制动。快速制动位为带有限位的凹槽位置。

2．司机控制器的运用

只有当主控器"0"手柄已经到达位置时，方式方向手柄才可从向前或向后位置转换。只有当主控器钥匙开关移到位置且方式方向手柄处于向前或向后位置时，主控器手柄才可移至牵引或制动位置。

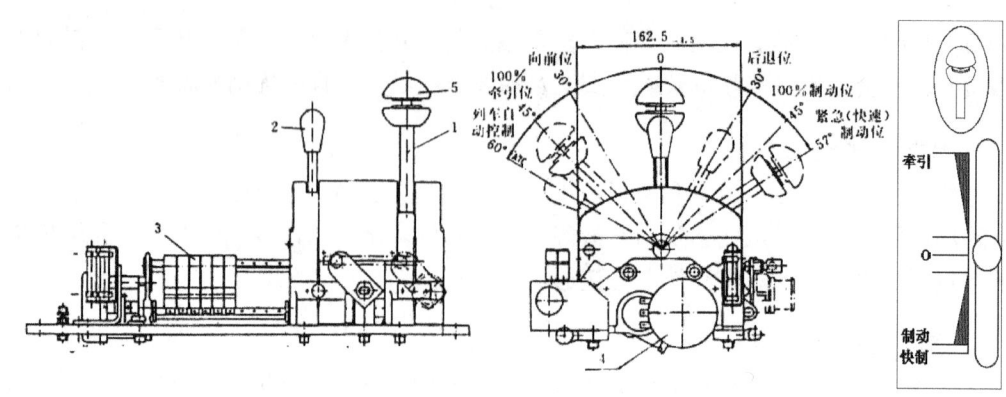

1—主控制手柄；2—方式/方向手柄；3—转换开关组；4—凸轮组；5—警惕开关

图 1.14 司机控制器结构

方式方向手柄用于选择驾驶方向。它有三个凹槽位置："ATO 向前位置"可通过手动控制主控器手柄或通过系统操作向前运行；"0"位置没有驾驶模式被激活；"向后"位置人工倒车模式。运行方向必须在旅行前选择，并且到下一站前保持有效。

仅当主控器手柄已经达到位置并且主控器钥匙开关移动到位置时，方式方向手柄才可从向前或向后位置转换。在列车的惰行期间，如果方式方向手柄移动到其他位置上，在驱动控制单元中驱动命令失效并且启动紧急制动。

主控器钥匙用于激活司机台，其位置如下：

"0"位置：关闭位置，只能在此位置可取出或插入钥匙。在此位置主控器手柄和方式方向手柄不能操作，并且都处于"0"位置。

"1"位置：如果列车上没有其他的司机台被激活，可通过转动此开关到激活司机台，然后在方式方向手柄"F""R"或 ATC 位置上驾驶列车。

为使车辆保持激活状态，钥匙开关必须先打到"1"位置，并且通过司机进一步操作其他开关激活车辆，然后钥匙开关不能被转换回"0"位置；然而为了关闭车辆，它必须打回到"0"位置，除非主控器手柄和方式方向手柄处于"0"位置，否则主控器钥匙开关不能从"1"位置移动到"0"位置。

任务三　常用低压电器的结构认知与检修操作运用案例

【操作运用案例】　常用低压电器的认知与检修

1. 实训项目教师工作活页

实训项目教师工作活页　　　　　　　　NO：_____

实训项目	常用低压电器的认知与检修		
学　时	2	班　级	略
实训场所	车辆电器实验室或地铁车辆电器检修基地现场		
工具设备	城市轨道交通车辆常用的低压电器若干个，城市轨道交通车辆车厢一节（含有常用低压电器），以及计算机多媒体设备、课件、图片、示教板等。		

项目一　常用低压电器的结构认知与检修

续

教学目标	专业能力	（1）能识别城市轨道交通车辆电气线路中的通用符号。 （2）能解释城市轨道交通车辆电气电路图相关内容。 （3）能指认城市轨道交通车辆常用低压电器。 （4）能说出城市轨道交通车辆常用低压电器的组成及原理。 （5）能解释城市轨道交通车辆常用低压电器的主要技术参数。 （6）能按照检修规程进行城市轨道交通车辆常用低压电器的检修作业。
	方法能力	（1）能综合运用专业知识，通过利用专业书籍、多媒体课件和图片资料获得帮助信息。 （2）能根据实训项目学习任务确定实训方案，从中学会表达及展示活动过程和成果。
	社会能力	（1）能在实习训练活动中保持积极向上的学习态度。 （2）能与小组成员和教师就学习中的问题进行交流沟通。 （3）能与他人共享学习资源，具有较好合作能力和团队协作精神。
教学活动	略（详见教学活动设计）		
教学评价	学生活动：① 以 5~7 人小组为单位开展实训活动，根据本组同学在实训过程中的能力表现及结果进行自评组内互评；② 根据其他小组同学在成果展示活动中的表现及结果进行互评。 教师活动：① 教师组织学生开展评价活动和总结；② 对学生在本实训项目单元中的成绩做出综合评价。		
教学资料	（1）城市轨道交通电气结构与检修教材。 （2）城市轨道交通车辆检修等参考书。 （3）实训项目学生学习活页（附页）。		
指导教师		教学时间	年　　月　　日

2. 实训项目学生学习活页

实训项目学生学习活页　　　　　　　　　　　　NO:_____

实训项目	常用低压电器认知与检修

班级：_____　姓名：_____　学号：_____　时间：_____

一、实训目标

1. 专业能力目标

（1）能识别城市轨道交通车辆电气线路中的通用符号。
（2）能解释城市轨道交通车辆电气电路图相关内容。
（3）能指认城市轨道交通车辆常用低压电器。
（4）能说出城市轨道交通车辆常用低压电器的组成及原理。
（5）能解释城市轨道交通车辆常用低压电器的主要技术参数。
（6）能按照检修规程进行城市轨道交通车辆常用低压电器的检修作业。

2. 方法能力目标

（1）能综合运用专业知识，通过利用专业书籍、多媒体课件和图片资料获得帮助信息。
（2）能根据实训项目学习任务确定实训方案，从中学会表达及展示活动过程和成果。

3. 社会能力目标

（1）在实习训练中保持积极向上的学习态度。
（2）能与小组成员和教师就学习中的问题进行交流沟通。
（3）能与他人共享学习资源，具有较好合作能力和团队协作精神。

续

二、知识总结

（1）简要列举出城市轨道交通车辆电气线路中的通用符号。

（2）简要说出以下的城市轨道交通车辆电路图中 A、B、C、D 区表示的含义。

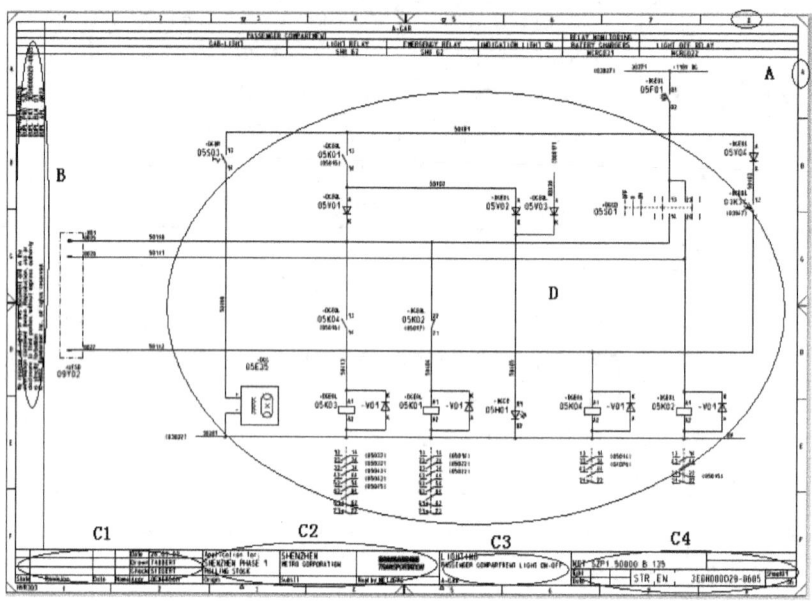

（3）简要说出城市轨道交通车辆常用的低压电器。

三、操作运用

根据给出的城市轨道交通车辆常用低压电器检修作业指导，进行城市轨道交通车辆常用低压电器技术状况检查并填写检查结果。

作业项目、内容	作业标准及要求	检查手段	检查结果
检查接触器单元	（1）接触器单元安装紧固 （2）各电气连接线紧固，紧固螺钉防松标识线清晰无错位，无放电痕迹 （3）打开分离接触器灭弧罩，检查分离接触器主动、静触点无烧损现象 （4）分离接触器灭弧罩安装到位，紧固 （5）分离接触器手动闭合正常 （6）电气连接插头安装紧固	目视检查、手动检查	
检查、清洁 MCM/ACM 外部电抗器	（1）检查 MCM/ACM 外部电抗器安装螺钉紧固 （2）MCM/ACM 外部电抗器安装支架无变形、裂纹，电抗器绝缘无破损、变色 （3）对灰尘厚度>1mm 用压缩空气进行吹扫	目视检查	

续

作业项目、内容	作业标准及要求	检查手段	检查结果
检查控制继电器	控制继电器安装紧固	手动、目视检查	
检查速度传感器状态	轴箱速度传感器各紧固件无松动、防松标记清晰无错位，状态良好	目视检查	
检查速度传感器固定螺钉紧固状态、电缆外观、外壳和插座套外观。	各固定螺钉紧固，电缆、外壳和插座套外观良好	目视检查	
检查辅助熔断器和充电机熔断器	熔断器安装螺钉紧固，防松标识线清晰无错位，无放电痕迹 熔断器的烧损标识装置无凸出	目视检查	
司机控制器			
检查司机控制器手柄	手柄胶帽紧固良好，无变形，胶帽外观无裂纹，手柄不能相对金属杆有转动	目视、手动检查	
检查司机控制器标识的状态	司机控制器"向前"、"向后"、"牵引"、"制动"标识符号应齐全、完整、清晰、正确	目视检查	
检查司机控制器动作状态	控制手柄在各个挡位之间应转动灵活，无机械卡阻现象	目视、手动检查	
检查司机控制器手柄互锁状态	当方向手柄在"0"位时牵引手柄被锁定。当方向手柄在"向后"或者"向前"位置时，牵引手柄可以在"牵引"、"制动"和"快速制动"位移动 当方向手柄在"0"位时，机械锁应转动灵活，机械锁在锁定位置的时候钥匙方可拔出	目视、手动检查	
偶数次三月检查司机控制器的零部件	无变形、松动，电气连接可靠、无过热痕迹，钢丝绳无断股	目视检查	
偶数次三月检查司机控制器所有的连接螺栓	安装紧固牢靠	目视检查	
偶数次三月检润滑齿轮啮合、弹片定位及连锁	加注 RS251-317222 型润滑脂	手动检查	
偶数次三月检润滑传动部位、钢丝绳与外套、滚轮架轴芯处	加注 6 号机油（型号 GB485-72）	目视、手动检查	
检查司机控制器输出状态（有电操作）	通过 HMI 检查界面，确认司机控制器在牵引、制动、快制不同状态下的输出	操作检查	

四、实训小结

_____

_____

_____

续

五、成绩评定

1. 学生评价

评价等级	A—优	B—良	C—中	D—及格	E—不及格
学生自评					
组内互评					
他组互评					

2. 教师评价

评价等级	A—优	B—良	C—中	D—及格	E—不及格
专业能力					
方法能力					
社会能力					
评价结果					

3. 综合评价

评价等级	A—优	B—良	C—中	D—及格	E—不及格
评价结果					

注：按照学生自评占10%、组内互评占10%、他组互评占20%、教师评价占60%比例计分，其中：A—100分、B—85分、C—75分、D—60分、E—50分。

4. 评价量规

等级	行为表现描述
A	能圆满高效地完成实训任务的全部内容
B	能顺利完成实训任务的全部内容
C	能完成实训任务的全部内容，但需要一些帮助和指导
D	自己只能完成实训任务的部分内容，但在现场的指导下，能完成任务的全部内容
E	不能完成实训任务的全部内容

思考与练习

（1）城市轨道交通车辆电气线路中的通用符号有哪些？

（2）城市轨道交通车辆常用低压电器有哪些？

（3）直流电磁接触器的作用、组成及工作原理是什么？

（4）线路滤波器的作用、工作原理是什么？

（5）继电器的作用、组成及工作原理是什么？

（6）浪涌吸收器的作用、工作原理是什么？

（7）线路电感器的技术指标是什么？

（8）速度传感器的作用、工作原理是什么？

（9）荧光灯电子镇流器的作用、工作原理是什么？

（10）熔断器的作用和组成是什么？

（11）司机控制器的作用、组成及操作方法是什么？

项目二 受流器的结构认知与检修

受流设备是城市轨道交通列车将外部电源引入车辆电源系统的重要设备。根据线路供电方式的不同，列车受流设备分为集电靴和受电弓两种形式。集电靴装置应用于第三轨方式供电的线路，而受电弓装置主要应用于以接触网方式供电的线路。由于接触网方式可以实现长距离供电，受线路变化的影响较小，并且能适应列车高速行驶的需要，所以，较多的地铁线路采用接触网与受电弓受流方式。

任务一 认知受电弓的作用类型和结构组成

学习目标

（1）理解受电弓的用途和类型。
（2）掌握受电弓的安装位置和结构组成。
（3）了解受电弓的主要技术参数。

学习任务

认知受电弓的作用类型和结构组成，主要包括受电弓的用途和类型、受电弓的结构组成、受电弓的主要技术参数的认知。

工具设备

带受电弓的城市轨道交通车辆车厢一节，城市轨道交通车辆各类受电弓模型一套、城市轨道交通车辆受电弓模型及实物各一套，以及多媒体设备课件、图片、示教板、计算机多媒体设备等。

教学环境

理实一体化教室或轨道交通综合实验室。

基础知识

电力牵引机车从接触网取得电能的电气设备，安装在机车或动车车顶上。受电弓可分单臂弓和双臂弓两种，均由滑板、上框架、下臂杆（双臂弓用下框架）、底架、升弓弹簧、传动汽缸、支持绝缘子等部件组成。菱形受电弓，也称钻石受电弓，以前非常普遍，后由于维护成本较高以及容易在故障时拉断接触网而逐渐被淘汰，近年来多采用单臂弓。负荷电流通过接触线和受电弓滑板接触面的流畅程度，它与滑板和接触线之间的接触压力、过

渡电阻、接触面积有关，取决于受电弓和接触网之间的相互作用。

一、受电弓的用途及类型

1. 受电弓的用途

受电弓的主要功能是从额定电压 DC 1500V 接触网上获取电源，向整个列车电气系统供电，同时还通过列车的再生制动系统将列车的动能转换为电能，回馈给接触网供给其他在线列车的使用，起到双向传递枢纽的作用。

2. 受电弓的类型

受电弓分为四大类：双臂式、单臂式、垂直式和石津式。目前常用的是单臂受电弓。

1）双臂式

双臂式集电弓乃最传统的集电弓，因其形状为菱形，亦可称"菱"形集电弓。但现因保养成本较高，加上故障时有扯断电车线的风险，部分新出厂的铁路车辆，已改用单臂式集电弓。也有部分铁路车辆（如新干线 300 系列车）从原有的双臂式集电弓，改造为单臂式集电弓。

2）单臂式

除了双臂式，还有单臂式的集电弓，亦可称为"之"（Z）（く）字形集电弓。此款集电弓的好处是比双臂式集电弓噪声低，故障时也不易扯断电车线，为被普遍采用的集电弓类型。依据各铁路车辆制造厂的设计方式不同，在集电弓的设计上会有些许差异。

3）垂直式

除了上述两款集电弓，还有某些集电弓是垂直式设计，可称为"T"字形（也称为翼形）集电弓，其低风阻的特性特别适合高速行驶的列车，可以减少行车时的噪声，所以此款集电弓主要用于高速铁路车辆。但是由于成本较高，垂直式集电弓已经不被使用（如日本新干线 500 系改造时由垂直式集电弓改为单臂式集电弓）。

4）石津式

石津式受电弓由日本冈山电气轨道的第六代社长石津龙辅于 1951 年发明，又称为"冈电式"、"冈轨式"。

地铁列车一般采用的是六节编组，四动两拖。A、B、C 车组成一个单元，两个单元组成一列完整的列车。每节拖车的二位端都安装了一架受电弓，如 B2 型列车采用的受电弓型号为 SBF920 型单臂式受电弓（因升弓装置为弹簧，也简称弹簧弓），B4 型列车采用的受电弓型号为 TSG18F 型单臂式受电弓（因升弓装置为气囊，也简称气囊弓）。

二、受电弓的结构组成

1. 受电弓的安装位置

城市轨道交通车辆的受电弓为单臂、轻型结构。4M2T 编组的列车，受电弓一般装于 B 车车顶；在 2M2T 编组中受电弓一般装于 A 车车顶。受电弓安装位置应装在与转向架纵向和横向中心交叉点最近的车顶相应位置上，如图 2.1 所示。

项目二 受流器的结构认知与检修

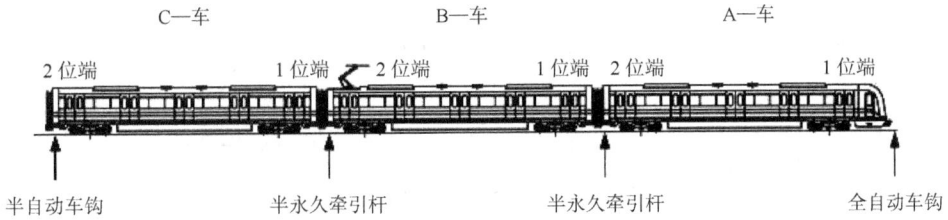

图 2.1 受电弓安装位置

2．受电弓的结构组成

受电弓把电流从架空接触线传导到车辆上；受电弓由框架、集电头（含接触带）、压力弹簧、上部导杆、下部导杆、驱动装置和降低装置等组成，如图 2.2 所示。通过压缩空气可以升起受电弓，由电磁阀控制。如果压缩空气失败，B 车车顶的受电弓通过弹簧自动地回到降落位置。在这种情况下，用安装在 B 车 2 位中间端的电气柜中的脚踏泵使受电弓升起来接触到架空电网。

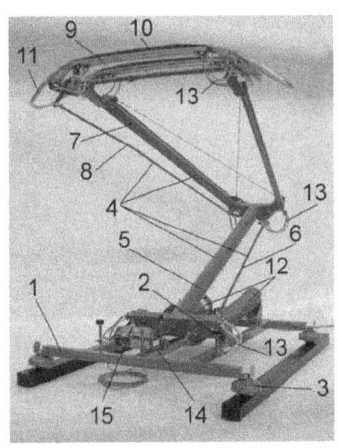

1—底架；2—高度止挡；3—绝缘子；4—构架；5—下臂；6—下导杆；
7—上臂；8—上导杆；9—弓头；10—接触滑板；11—端角；12—升降装置；
13—电流传输装置；14—锁钩；15—最低位置指示器

图 2.2 受电弓结构组成

三、受电弓的主要技术参数

1．电气数据（如图 2.2 所示的单臂受电弓）

（1）额定电压及工作电压范围。
（2）绝缘性能。
（3）额定电流、最大启动电流、最大停车电流（主要取决空调器功率）。

2．机械参数

（1）标准静接触压力、静压力调节范围、单向运动时（上升或下降）压力允差、静压力公差。

（2）运行速度。

（3）传动装置的压力：额定值、最小值、最大值。

（4）升、降弓时间。

（5）机械寿命（经受长工作周期的升、降弓运动而无任何损伤和磨耗）。

（6）设有机械止挡以限制受电弓在无接触网区段上的垂直运动。

3．主要尺寸

（1）带绝缘子的高度、最小和最大工作高度、最大升起高度。

（2）碳滑板长度、弓头宽度。

4．受电弓主要技术参数举例

A型车、网压DC 1500V、4M2T编组的列车使用的受电弓技术参数如下。

额定电压：DC 1500V；

电压范围：DC 1000~1800V；

额定电流：DC 1050A；

最大启动电流（30s）：DC 1600A；

最大停车电流：DC 460A；

标准静接触压力：120N±10N；

静压力调节范围：100~140N；

滑板单向运动（上升或下降）在工作高度范围内压力差：≤10N；

滑板在工作高度范围内的同一高度上，上升与下降时压力差：≤15N；

运行速度：≤90km/h；

气传动装置的压力：额定值为550kPa，最小值为300kPa，最大值为800kPa；

带绝缘子的高度：300mm（折叠高度300mm+10mm）；

最小工作高度：175mm（463mm）；

最大工作高度：1600mm（2190mm）；

最大升起高度：1700mm；

碳滑板长度：800mm（1050mm）；

弓头宽度：1550mm；

升、降弓时间：升弓时间≤8s，降弓时间≤7s；

绝缘性能：能承受交流50Hz，5.75kV（RMS）干闪络电压1min；

能承受交流50Hz，4.75kV（RMS）湿闪络电压1min；

机械寿命：15×10^3次；

受电弓总重（绝缘子除外）：200kg。

拓展知识

集电靴

集电靴又称为受流器、三轨受流器，英文名 collector shoe，如图 2.3 所示，是指安装在列车转向架上，为列车从刚性供电轨（第三轨）进行动态取流（采集电流），满足列车电力需求的一套动态受流设备。

通过对城轨列车的运行姿态、钢铝复合供电轨排布方式与特点、动态受流的技术要求、电气绝缘要求、动态受流的摩擦副匹配要求等系统性的研究，科学合理地选取摆动杆件的运动范围、受流摩擦副的接触正压力、受流滑靴的材料，科学合理地设计受流组件的结构以及绝缘结构，满足列车动态受流的工况要求，减少集电靴的维护需求，实现列车的动态稳定与可靠地受流，为列车的稳定运行提供电源保障。

图 2.3 集电靴

任务二 认知受电弓的工作过程

学习目标

（1）掌握升、降弓按钮的使用及状态显示。
（2）掌握地铁车辆升、降弓电路构成及原理。
（3）掌握在不同条件下受电弓升弓方法。

学习任务

认知受电弓的工作过程，主要包括受电弓的升降弓使用、地铁车辆受电弓升降弓电路结构及原理、不同条件下受电弓升弓的认知。

工具设备

城市轨道交通车辆各类受电弓模型一套，可进行升降弓操作的城市轨道交通车辆受电弓实物一套，城市轨道交通车辆司机室模型（可模拟真实的受电弓升降弓过程）一套、以及多媒体设备课件、图片、示教板、计算机多媒体设备等。

 **教学环境**

理实一体化教室或轨道交通综合实验室、地铁车辆检修基地现场。

基础知识

受电弓的工作特点是靠滑动接触而受流。要求滑板与接触导线接触可靠，磨耗小，升、降弓不产生过分冲击。升弓时滑板离开底架要快，贴近接触导线要慢，防弹跳；降弓时脱离接触导线要快，以防拉弧；落在底架上要慢，以防止对底架有强烈的机械冲击。

一、受电弓升、降弓操作

1. 升、降弓条件及要求

1）升弓条件

（1）风缸里压缩空气的气压应达到最小工作气压，控制电压应达到最小工作电压。

（2）司机台激活。

（3）没有使用车间电源供电。

（4）紧急制动缓解。

2．升、降弓动作要求

升、降弓由传动风缸进行控制，传动风缸由缓冲阀控制，而缓冲阀由一电磁阀控制。该控制气路可以保证：

（1）受电弓无震动而有规律地升起，直至最大工作高度。

（2）受电弓弓头从开始上升算起，最多在 8s 内无异常冲击地抵达接触网线上。

（3）从任意高度上（包括工作区间）的降弓都应迅速。

（4）实现不会使受电弓及其他车顶设备受到任何损坏的完全降弓。

2. 升弓过程及操作程序

1）升弓过程

B2 型车：升弓时，电磁阀得电，打开受电弓汽缸与受电弓的回路，压缩空气驱动 SBF920 受电弓的主要拉伸弹簧将受电弓框架拉起，直至接触到接触网或达到受电弓锁销的高度。

B4 型车：升弓时，电磁阀得电，打开受电弓汽缸与受电弓的回路，压缩空气进入 TSG18F 型受电弓的受电弓底架上的气阀箱后分为两条支路，分别向受电弓的两个升弓气囊供气，压缩空气进入升弓气囊后，气囊膨胀抬升，抬升的气囊带动钢丝绳拉拽下臂杆，使下臂杆转动，从而实现受电弓逐渐升起，直到受电弓弓头与网线接触并保持规定的静态接触压力。

在受电弓升弓过程中，由于气囊或汽缸内的升弓弹簧的形变速度随着风缸的充气而逐步降低，外部的表现为，升弓初期升弓速度较快，随着汽缸/气囊内的压缩空气的压力不断增大，升弓速度越来越慢，直到弓头滑板与接触网接触并达到一定的压力后停下。这样可以减少弓网间的冲击。

2）升弓程序（如图2.4所示）

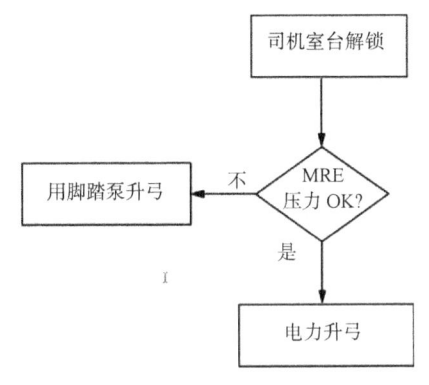

图2.4 升弓程序

3）升弓操作

（1）操作目标：向2Y01供电。

（2）操作设备：升弓按钮2S01。

（3）操作方法：按下司机台上的按钮2S01（"升弓"），同时升起六车编组列车的两个受电弓，对于部分列车（三车单元），用同样的按钮升起一个受电弓，受电弓在20s内升起。

3. 降弓过程及操作程序

1）降弓操作

（1）操作目标：使2Y01失电。

（2）操作设备：降弓按钮2S02。

（3）操作方法：按下司机台上的按钮2S02（"降弓"），同时使六车编组列车的两个受电弓降落。

2）降弓过程

B2型车：司机在司机室按下降弓按钮后，升弓电磁阀失电，向受电弓供应的压缩空气被切断，汽缸里的压缩弹簧动作，通过下支架上的活塞和活塞杆起作用，完成降弓过程。

B4型车：司机在司机室按下降弓按钮后，升弓电磁阀失电，向受电弓供应的压缩空气被切断，受电弓的升弓电磁阀将受电弓气路与大气连通，气囊升弓装置排气，受电弓靠自重下降，直到顶管降下并保持在底架的两个橡胶止挡上，完成降弓过程。

整个受电弓降弓过程表现为降弓初期较为快速，快速离网可以减小弓网间的拉弧几率，而降弓后期速度会降低，这样可以减小对下框架的冲击。

二、受电弓升、降弓电路及原理

1. 控制电路分析（如图2.5所示）

2K31：升弓继电器

2K32：降弓继电器

2K33：受电弓保持继电器
2Y01：受电弓电磁阀
3K08：车间电源继电器
2S15：受电弓切除开关

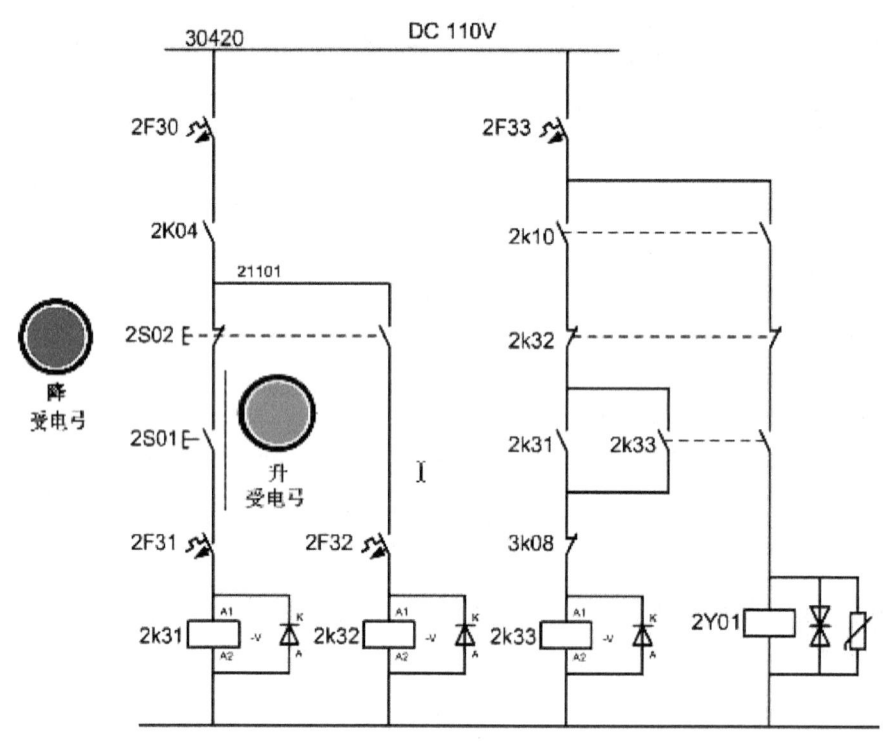

图 2.5　受电弓控制电路

1）升弓过程（按下 2S01）

（1）得电路图：30420→2F30→2S15 常闭触点→2K04 常开触点→2S02 常闭触点→2S01 常开触点→2F31→2K31 线圈。

9Y02-9Y06→另一单元车→9Y06→9Y02→2F31→2K31 线圈。

（2）2K31 动作后，得电线路：30420→2F33→2S15 常闭触点→2K10 常开触点→2K32 常闭触点→2K31、2K33 常开触点→3K08 常闭触点→2K33 线圈。

另一单元过程相同。

（3）2K33 动作后，得电线路：30420→2F33→2S15 常闭触点→2K10 常开触点→2K32 常闭触点→2K33 常开触点→2Y01 线圈。若主风缸（MRE）压力足够，则受电弓升起。

2K10 常开触点确保紧急制动时牵引动力切除（A70）。

2K04 常开触点确保必须在司机台激活的情况下，才能升弓。

（4）松开 2S01，2K31 失电，2K33 自持，受电弓保持在升弓状态。

2）降弓过程

（1）按下 2S02（2K31 不能得电），2K32 线圈得电，得电线路：30420→2F30→2S15 常闭触点→2K04 常开触点→2S02 常开触点→2F32→2F32→2K32 线圈。

9Y02-9Y06→另一单元→9Y06-9Y02→2F32→2K33 线圈。

（2）2K33 动作后：

① 2K32 常闭触点断开，2K33 线圈失电解锁；

② 2Y01 线圈失电，受电弓降下。

注意：

当按钮 02S01 灯亮，表示整列车的两个受电弓或三车单元的一个受电弓升起。

对于 2 号线车辆，升弓并不意味着受电弓已接触到电网，它只说明离开"落下锁定"位置。

通过网压电压表，可以确认受电弓是否已接触到电网。

如果是六车编组，在解锁司机台上没有指示，则说明两个受电弓处于不同的位置，或一个受电弓被 B 车设备柜中的 MCB 02K03 局部切除。

2．升、降弓检测

1）升弓检测（1 号线车辆）

为了检测受电弓是否接触到接触网，对之实行电压检测，如图 2.6 所示。触点串联在受电弓检测电路中，当 $U>1000V$ 时，触点 2.01—2.02 闭合，受电弓按钮绿灯亮。

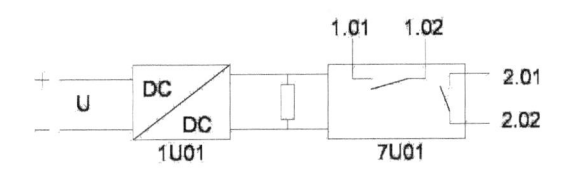

1U01—直流电压变换器；7U01—电压继电器

图 2.6 电压检测

2）降弓检测

通过位置传感器 7B01 检测受电弓是否降落到锁定位置。当受电弓接近 7B01 时，触点 1.3—2.4 接通，降弓按钮红灯亮。

三、特殊情况下升弓方法

1．有气无电状况下升弓操作

将一端 B 车设备柜 B48 内受电弓 U09 阀顶上的旋钮打至垂直位置，使受电弓升弓。储风缸空气连接到升弓风缸，由于储风缸气压足够，所以受电弓自动升起，再从车门处观察确认受电弓升起并且与接触网接触好。

（1）将 B 车设备柜 B51 面板上充电机应急启动按钮 31—S204 按下 5s，让紧急启动单

元启动辅助逆变器充电机（这时候可以听到此 B 车辅助逆变器风机启动，即此车辅助逆变器已启动）。

（2）辅助逆变器开始工作并对本端蓄电池进行快速充电，此时观察司机室蓄电池电压上升 106V 且电压稳定后，复位 U09 阀顶的旋钮至横向位将受电弓降下。

（3）激活列车及司机室，按升弓按钮 21—S02 后，确认升弓指示灯亮、HMI 显示屏上受电弓状态正确及网压正常、DC/DC 和 DC/AC 工作正常、蓄电池电压稳定上升，当蓄电池电压升至 116V 以上，说明列车蓄电池已充满电。

2．有电无气状况下升弓操作（电动泵）

由于 B4 型车采用气囊弓，所需升弓压力大（需 5bar 以上气压），无气升弓时踩脚踏泵费时费力，因此 B4 型车奇数单元 B 车（B1 车）加装了电动升弓泵（偶数单元 B 车仍设置脚踏泵用于无电无气升弓及备用），如图 2.7 所示。

图 2.7　电动升弓泵

有电无气状况下升弓操作方法如下。

（1）将奇数端 B 车受电弓柜电动升弓泵背面升弓选择开关 27—S201 打至开位，如图 2.8 所示。

（2）将奇数端 B 车继电器柜微动开关辅助升弓 27—F202 合上（第一排最后一个），如图 2.9 所示。

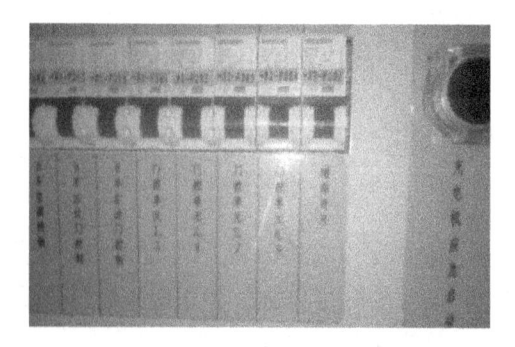

图 2.8　升弓选择开关　　　　图 2.9　B 车电子柜微动开关

（3）检查列车蓄电池电压是否足够，并激活列车。激活列车后，按压升弓按钮，如图

2.10 所示，此时电动泵应启动。

（4）电动泵打气，如图 2.11 所示，当受电弓升弓风缸 U13 气压指示大于 6.5bar 时电动泵停止工作，本端受电弓升起，空压机打气，偶数端受电弓也将随之升起。

图 2.10　受电弓升弓按钮　　　　　图 2.11　升弓风缸气压表

（5）当主风管气压达到 9bar 时，空压机停止打气，此时打下奇数端 B 车辅助升弓微动开关 27—F202，将电动升弓泵背面升弓选择开关 27—S201 打至关位，重新粘贴好微动开关 27—F202 标识，如图 2.9 所示。

3. 有电无气状况下升弓操作（脚踏泵）

（1）激活蓄电池，插入主控钥匙，通过升降弓按钮指示灯和 HMI 显示屏监控受电弓状态。

（2）按压升弓按钮，脚踩脚踏泵给升弓汽缸充气，通过升弓压力开关观测压力标 U13 读数，B2 型车须超过 2bar，B4 型车须超过 5bar，此时受电弓应该升起，再从车门处观察确认受电弓升起并且与接触网接触好。

（3）受电弓升起后，辅助逆变器开始工作，提供 380V 交流电源激活空压机工作，等待空压机打气完毕（主风缸气压升至 9bar）。

（4）降弓、关蓄电池。

（5）等待 20s 后重新激活蓄电池、升弓后，确认升弓指示灯亮、HMI 显示屏上受电弓状态正确、网压显示正常、DC/DC 和 DC/AC 工作正常。

4. 无电无气状况下升弓操作

（1）将一端 B 车设备柜 B48 内受电弓 U09 阀门的手柄打至垂直位置，脚踩脚踏泵给升弓汽缸充气，通过升弓压力开关观测压力表 U13 读数，B2 型车应超过 2bar，B4 型车应超过 5bar，此时受电弓升起，再从车门处观察确认受电弓升起并且与接触网接触好。

（2）将 B 车设备柜 B51 面板上充电机应急启动按钮 31—S204 按下 2~3s，让紧急启动单元启动辅助逆变器充电机（这时候可以听到此 B 车辅助逆变器风机启动，即此辅助逆变器已启动）。

（3）辅助逆变器开始工作并对蓄电池进行快速充电，此时观察司机室蓄电池电压上升超过 106V 后，且电压稳定。

（4）激活列车及司机室后，按升弓按钮 21—S02 后，确认升弓显示灯按钮和 HMI 显示屏上受电弓状态正确、网压显示正常。等待空压机打气完毕（主风缸气压升至 9bar）。

（5）降弓、关蓄电池，复位 U09 阀门的手柄打至横向位。

（6）等待 20s 后重新激活列车、升弓后，确认升弓指示绿灯亮、HMI 显示屏上受电弓状正常及网压正常、DC/DC 和 DC/AC 工作正常、蓄电池电压稳定上升。

任务三　认知受电弓的维护和调整

学习目标

（1）掌握受电弓主要参数的调整方法。
（2）了解受电弓的常见故障处理方法。

学习任务

认知受电弓的维护与调整，主要包括受电弓主要参数的调整方法、受电弓的常见故障处理方法等的认知。

工具设备

城市轨道交通车辆各类受电弓模型一套，城市轨道交通车辆受电弓模型及实物各一套，受电弓维护和调整工具设备若干套，以及多媒体设备课件、图片、示教板、计算机多媒体设备等。

教学环境

理实一体化教室或轨道交通综合实验室、地铁车辆检修基地现场。

基础知识

为保证牵引电流的顺利流通，受电弓和接触线之间必须有一定的接触压力。弓网实际接触压力由四部分组成：受电弓升弓系统施加于滑板，使之向上的垂直力为静态接触压力（一般为 70N 或 90N）；由于接触悬挂本身存在弹性差异，接触线在受电弓抬升作用下会产生不同程度的上升，从而使受电弓在运行中产生上下震动，使受电弓产生一个与其本身归算质量相关的上下交变的动态接触压力；受电弓在运行中受空气流作用产生的一个随速度增加而迅速增加的气动力；受电弓各关节在升降弓过程中产生的阻尼力。

一、受电弓主要参数的调整方法

1. 静态接触压力及最低位置支持力的调整方法

随着列车长时间运行，特别是强烈季节性的气温变化之后，静态接触压力及最低位置支持力会随之改变，在每次更换碳滑板之后都需要进行静态接触压力的校正，其测量方法如下。

1）静态接触压力的测量方法

数值 1：测量接触压力从最高工作位置缓缓降弓到最低位置时，在最高位置处的压力。

数值2：测量接触压力从最低位置缓缓升弓到最高工作位置时，最低位置处的压力。

两个数值的平均值就是静态接触压力。此力要求在120N±10N之间，若不符合此要求就需要进行调整。

2）B2型车调整方法

将弹簧锁紧螺母1松掉，然后调整2的位置，直到静态接触力和最低位置支持力都符合要求为止，调整过程中需要将弹簧抱住，防止扭曲，如图2.12所示。

3）B4型车调整方法

打开车顶的气阀箱，松开箱内精密调压阀的锁紧螺母后，微调手动旋钮，逆时针旋转手动旋钮减小接触压力，顺时针旋转手动旋钮增加接触压力，如图2.13所示。

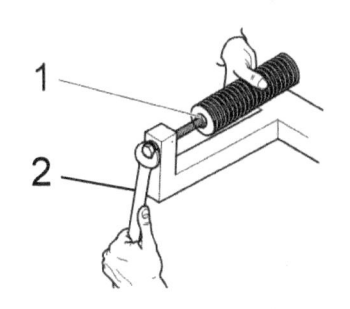

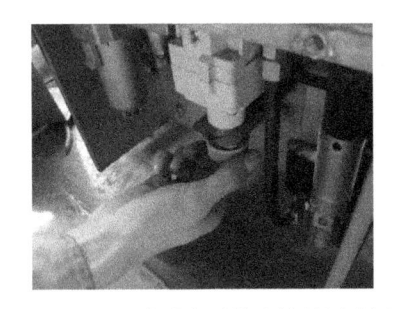

图2.12　B2型车受电弓静态接触压力调整　　图2.13　B4型车受电弓静态接触压力调整

2. 受电弓升、降弓时间调整

用秒表检查受电弓升到最高位所需的时间，如果升弓/降弓时间符合默认值（7~8s），则不需要进一步调整；如果测量值不符合要求，则要进行调整。

1）B2型车调整方法（如图2.14所示）

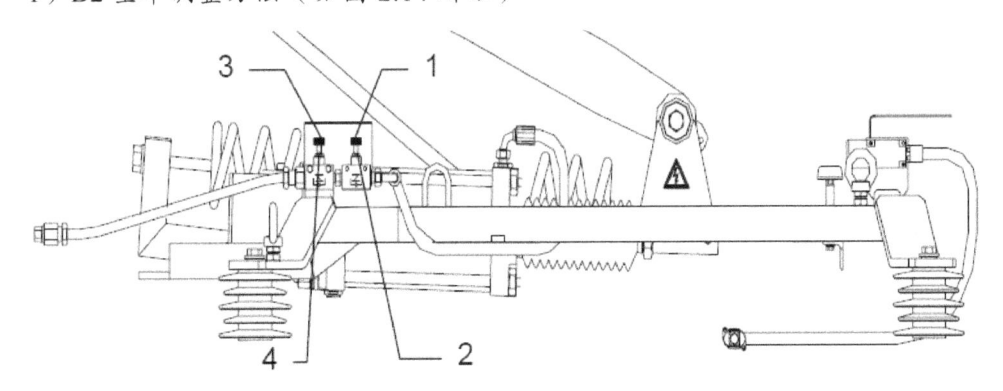

图2.14　B2型车受电弓升降弓时间调整

（1）调节升弓时间。

如图3.14所示，松开锁紧螺母2，通过调节螺钉1来调整升弓时间。顺时针方向可减缓空气进入汽缸的速度，从而减缓升弓速度；逆时针方向可提高空气进入汽缸的速度，从而提高升弓速度。调节完毕，固定好锁紧螺母2。

（2）调节降弓时间。

松开锁紧螺母4。通过调节螺钉3进行调整降弓时间。顺时针方向可减小空气的流量，从而减缓降弓速度；逆时针方向可增加空气的流量，从而提高弓速度。调节完毕，恢复好锁紧螺母4。

2）B4型车调整方法

打开车顶的气阀箱，松开箱内升弓节流阀或降弓节流阀的锁紧螺母后，用一字螺丝刀微量旋转升/降弓节流阀进行调整，顺时针旋转为减少升/降弓时间，逆时针旋转为增加升/降弓时间。B4型受电弓升弓时间调整如图2.15所示。B4型车受电弓降弓时间调整如图2.16所示。

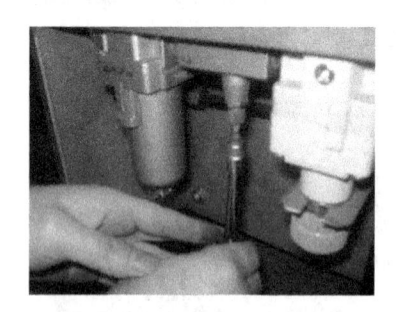

图2.15　B4型车受电弓升弓时间调整

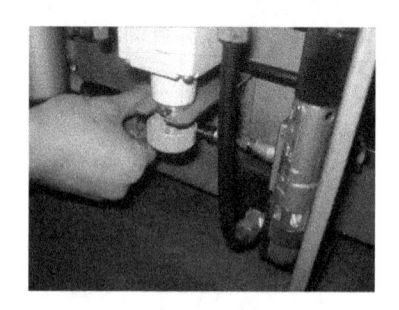

图2.16　B4型车受电弓降弓时间调整

二、城市轨道交通车辆受电弓常见故障处理（如表2.1所示）

表2.1　常见故障处理

故障描述	产生原因	处理建议
碳滑板过度磨损、出现凹槽的现象或碳滑板击穿	（1）接触压力过大 （2）接触网有异常 （3）碳滑板质量问题	（1）检查静态接触压力是否正常，气压是否正常 （2）通知供电部门，加强接触网的检查 （3）分析碳滑板的质量
接触网的弓头明显出现电弧现象	（1）碳滑板表面不平整 （2）接触压力过小 （3）供风不足 （4）碳滑板磨耗到极限	（1）打磨碳滑板表面 （2）调整升弓弹簧装置，使接触压力增大 （3）检查供风回路，确保气压在正常范围 （4）更换碳滑板
弓头不能水平升起	平衡杆变形	调整平衡杆
HMI显示受电弓图标红色	（1）降弓位置传感器故障 （2）降弓检测回路故障	（1）检查降弓位置传感器是否正常，检查受电弓是否变形，能否压到降弓位置传感器上 （2）位置形成开关电路故障
受电弓无法升弓	（1）电控制回路故障 （2）气压不足或气路切断 （3）汽缸破裂	（1）对照电路图，检查电路是否正常 （2）对照气路图，检查气路是否正常 （3）更换汽缸
受电弓无法升起	（1）控制回路故障 （2）降弓汽缸弹簧装置卡死	（1）对照电路图，检查电路是否正常 （2）更换降弓汽缸

相关案例

[案例1] 两个受电弓均降下,且无法再次升弓

1. 故障发生经过

行调通知一号线105车准备回厂。105车司机报告,105车两个受电弓均降下,且无法再次升弓。经检查,列车风压正常,两端司机室紧急停车按钮未被按下,电气柜开关未跳闸。行调通知司机抓紧时间处理,同时把故障告知DCC。

2. 故障判断处理过程

接到DCC的通知后,运营分公司车辆部、CBRC立刻派人到竹子林站,对105车故障进行抢修。上车后首先进行试升弓,但双弓依然没有升起,同时MMI报105车受电弓控制继电器故障,推方向手柄紧急制动可以缓解。检查每个B车的2F22,开关位置均正常。打开105车设备柜发现2K46吸合,而7K04不吸合,断定故障是由于PH箱的行程开关引起的,然后打开PH箱,用手操作该行程开关,7K04得电,随后调整该行程开关,经过几次试验后受电弓均正常,故障得以排除。报告行调、DCC,列车故障处理完毕。

3. 故障原因

105车PH箱的行程开关接触不良,导致7K04不吸合,从而引起105车两个受电弓均降下,且无法再次升弓。

[案例2] 地铁车辆司机台开锁后升不了弓

1. 故障现象

地铁车辆司机台开锁后升不了弓。

2. 处理建议

检查主风缸压力是否足够(>3bar);检查4个紧急按钮是否被按下;半自动车钩电气盒9S01;B车车钩行程开关9Y03和9Y04;2个受电弓气路塞门U01;自动开关A车2F01、2F02,2个B车的2F03是否在正确位置;2个B车PH箱是否盖好;2个车间电源盖是否合好。

3. 说明

(1) 在有电有气的情况下,按处理建议处理,若检查内容的各部分正常,立即报告车厂调度,由DCC派人确认两个B车PH箱内手柄是否在"NORMAL"位。

(2) 无电无气的情况下,立即通知车厂调度,由DCC派人确认两个B车PH箱内手柄在"NORMAL"位才能使用脚踏泵升弓。

拓展知识

城市轨道交通车辆 B2/B4 型车受电弓系统主要不同点对比

车　　型	B2	B4
简　　称	弹簧弓	气囊弓
型　　号	SBF920	TSG18F
最小升弓压力	2bar	5bar
单弓碳滑板数	4 根	2 根
碳滑板最低允许厚度	8mm（碳层厚度）	26mm（整体厚度）
碳滑板测量方法	只要将游标卡尺伸入约 2mm 进行测量	要将游标卡尺全部卡入进行测量
磨耗到限的碳滑板最低处	碳滑板中间	碳滑板两边

任务四　受流器的结构认知与检修操作运用案例

【操作运用案例 1】　城市轨道交通车辆受电弓总体结构认知

1. 实训项目教师工作活页

实训项目教师工作活页　　　　　　　　　　NO:＿＿＿＿

实训项目	城市轨道交通车辆受电弓总体结构认知		
学　　时	2	班　级	略
实训场所	车顶设备（受电弓、空调设备等）实验室或地铁车辆受电弓检修基地现场		
工具设备	城市轨道交通车辆常用的受电弓模型各一套，条件许可的话，增加城市轨道交通车辆 B2 型列车用的 SBF920 型单臂式受电弓、B4 型列车用的 TSG18F 型单臂式受电弓等，以及多媒体设备课件、图片、示教板、计算机多媒体设备等。		
教学目标	专业能力	（1）能说出城市轨道交通车辆受电弓的用途。 （2）能说出城市轨道交通车辆受电弓的结构及类型。 （3）能指认城市轨道交通车辆受电弓主要部件，说出部件名称。 （4）能说出城市轨道交通车辆升、降弓电路构成及原理。 （5）能说出不同条件下受电弓的升弓方法。 （6）能解释城市轨道交通车辆受电弓的主要技术参数。	
^	方法能力	（1）能综合运用专业知识，通过利用专业书籍、多媒体课件和图片资料获得帮助信息。 （2）能根据实训项目学习任务确定实训方案，从中学会表达及展示活动过程和成果。	
^	社会能力	（1）能在实习训练活动中保持积极向上的学习态度。 （2）能与小组成员和教师就学习中的问题进行交流沟通。 （3）能与他人共享学习资源，具有较好合作能力和团队协作精神。	
教学活动	略（详见教学活动设计）		
教学评价	学生活动：① 以 5～7 人小组为单位开展实训活动，根据本组同学在实训过程中的能力表现及结果进行自评组内互评；② 根据其他小组同学在成果展示活动中的表现及结果进行互评。 教师活动：① 教师组织学生开展评价活动和总结；② 对学生在本实训项目单元中的成绩做出综合评价。		
教学资料	（1）城市轨道交通电气结构与检修教材。 （2）城市轨道交通车辆等参考书。 （3）实训项目学生学习活页（附页）。		
指导教师		教学时间	年　　月　　日

2. 实训项目学生学习活页

实训项目学生学习活页　　　　　　　　　　　　　　　NO：_____

实训项目 1　城市轨道交通车辆受电弓总体结构认知

班级：_____　姓名：_____　学号：_____　时间：_____

一、实训目标

1. 专业能力目标

（1）能说出城市轨道交通车辆受电弓的用途。

（2）能说出城市轨道交通车辆受电弓的结构及类型。

（3）能指认城市轨道交通车辆受电弓主要部件，说出部件名称。

（4）能说出城市轨道交通车辆升、降弓电路构成及原理。

（5）能说出不同条件下受电弓的升弓方法。

（6）能解释城市轨道交通车辆受电弓的主要技术参数。

2. 方法能力目标

（1）能综合运用专业知识，通过利用专业书籍、多媒体课件和图片资料获得帮助信息。

（2）能根据实训项目学习任务确定实训方案，从中学会表达及展示活动过程和成果。

3. 社会能力目标

（1）在实习训练中保持积极向上的学习态度。

（2）能与小组成员和教师就学习中的问题进行交流沟通。

（3）能与他人共享学习资源，具有较好合作能力和团队协作精神。

二、知识总结

（1）简要说出城市轨道交通车辆受电弓的用途和类型。

（2）简要说出城市轨道交通车辆受电弓的组成。

（3）简要说出城市轨道交通车辆受电弓的工作特点。

三、操作运用

（1）指认下图城市轨道交通车辆受电弓组成部件，并填出 1~15 号部件名称。

续

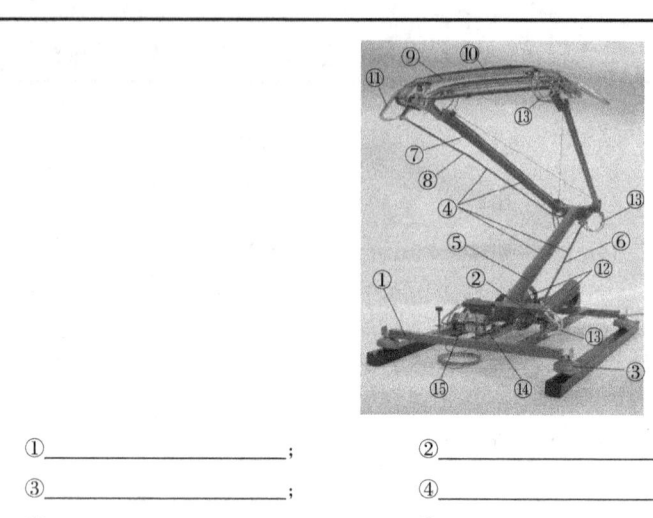

① _____ ；　② _____ ；
③ _____ ；　④ _____ ；
⑤ _____ ；　⑥ _____ ；
⑦ _____ ；　⑧ _____ ；
⑨ _____ ；　⑩ _____ ；
⑪ _____ ；　⑫ _____ ；
⑬ _____ ；　⑭ _____ ；
⑮ _____ 。

（2）根据给出的受电弓控制电路图，对受电弓进行升弓过程分析。

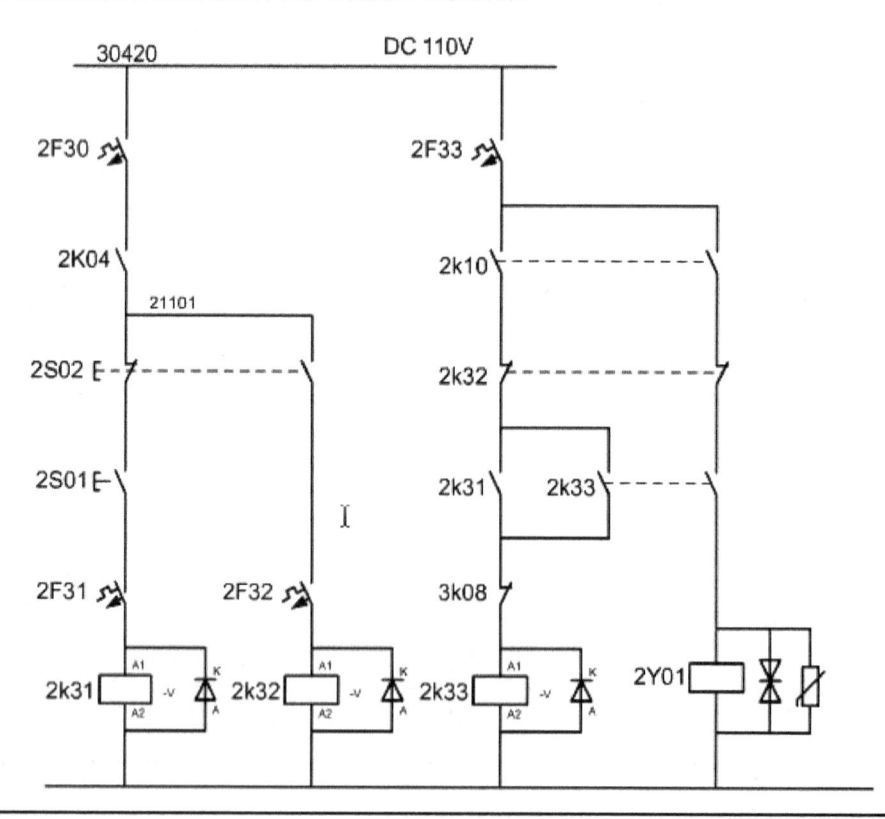

续

（3）回答下表中城市轨道交通车辆受电弓的技术参数。

项目名称	A型车、网压DC 1500V、4M2T编组的列车
额定电压	
额定电流	
最大停车电流	
最大启动电流（30s）	
标准静接触压力	
静态压力的可调范围	
上升与下降时压力差	
运行速度	
上升/下降时间	
气传动装置的压力	
绝缘性能	
弓头宽度	
炭滑板（长×宽）	
相对于静躺位置的最小工作高度	
相对于静躺位置的最大工作高度	
最大升弓高度（从落弓位置滑板面起）	
机械寿命	
受电弓总重（绝缘子除外）	

四、实训小结

_____

_____

五、成绩评定

1. 学生评价

评价等级	A—优	B—良	C—中	D—及格	E—不及格
学生自评					
组内互评					
他组互评					

2. 教师评价

评价等级	A—优	B—良	C—中	D—及格	E—不及格
专业能力					
方法能力					
社会能力					
评价结果					

续

3．综合评价

评价等级	A—优	B—良	C—中	D—及格	E—不及格
评价结果					

注：按照学生自评占10%、组内互评占10%、他组互评占20%、教师评价占60%比例计分，其中：A—100分、B—85分、C—75分、D—60分、E—50分。

4．评价量规

等 级	行为表现描述
A	能圆满高效地完成实训任务的全部内容
B	能顺利完成实训任务的全部内容
C	能完成实训任务的全部内容，但需要一些帮助和指导
D	自己只能完成实训任务的部分内容，但在现场的指导下，能完成任务的全部内容
E	不能完成实训任务的全部内容

【操作运用案例2】 城市轨道交通车辆受电弓的维护与调整

1．实训项目教师工作活页

实训项目教师工作活页　　　　　　　　　　NO：_____

实训项目	城市轨道交通车辆受电弓的维护与调整		
学　　时	2	班　级	略
实训场所	车顶设备（受电弓、空调设备等）实验室或地铁车辆受电弓检修基地现场		
工具设备	城市轨道交通车辆常用受电弓模型各1套，条件许可的话，可增加地铁车辆B2型列车用的SBF920型单臂式受电弓、B4型列车用的TSG18F型单臂式受电弓等实物，空气压缩机钢板尺等受电弓检修工具若干套，以及多媒体设备课件、图片、示教板、计算机多媒体设备等。		
教学目标	专业能力	（1）能说出城市轨道交通车辆受电弓的用途及结构。 （2）能说出受电弓主要参数的调整方法。 （3）能说出受电弓的常见故障处理方法。 （4）能规范检查受电弓的基本技术状况。 （5）能规范调整受电弓的主要技术参数。	
	方法能力	（1）能综合运用专业知识，通过利用专业书籍、多媒体课件和图片资料获得帮助信息。 （2）能根据实训项目学习任务确定实训方案，从中学会表达及展示活动过程和成果。	
	社会能力	（1）能在实习训练活动中保持积极向上的学习态度。 （2）能与小组成员和教师就学习中的问题进行交流沟通； （3）能与他人共享学习资源，具有较好合作能力和团队协作精神。	
教学活动	略（详见教学活动设计）		
教学评价	学生活动：① 以5～7人小组为单位开展实训活动，根据本组同学在实训过程中的能力表现及结果进行自评组内互评；② 根据其他小组同学在成果展示活动中的表现及结果进行互评。 教师活动：① 教师组织学生开展评价活动和总结；② 对学生在本实训项目单元中的成绩做出综合评价。		

项目二　受流器的结构认知与检修

续

教学资料	（1）城市轨道交通电气结构与检修教材。 （2）城市轨道交通车辆运用与检修等参考书。 （3）实训项目学生学习活页（附页）。		
指导教师		教学时间	年　　月　　日

2. 实训项目学生学习活页

实训项目学生学习活页　　　　　　　　　　　　　NO：_____

实训项目2　　城市轨道交通车辆受电弓的维护与调整

班级：_____　姓名：_____　学号：_____　时间：_____

一、实训目标

1．专业能力目标

（1）能说出城市轨道交通车辆受电弓的用途及结构。

（2）能说出受电弓主要参数的调整方法。

（3）能说出受电弓的常见故障处理方法。

（4）能规范检查受电弓的基本技术状况。

（5）能规范调整受电弓的主要技术参数。

2．方法能力目标

（1）能综合运用专业知识，通过利用专业书籍、多媒体课件和图片资料获得帮助信息。

（2）能根据实训项目学习任务确定实训方案，从中学会表达及展示活动过程和成果。

3．社会能力目标

（1）在实习训练中保持积极向上的学习态度。

（2）能与小组成员和教师就学习中的问题进行交流沟通。

（3）能与他人共享学习资源，具有较好合作能力和团队协作精神。

二、知识总结

（1）简要说出城市轨道交通车辆受电弓常见故障的处理方法。

（2）简要说出城市轨道交通车辆受电弓的主要技术参数。

（3）简要说出城市轨道交通车辆受电弓升、降弓检测的方法。

续

三、操作运用

（1）根据给出的受电弓检查作业指导，进行受电弓技术状况检查并填写检查结果。

作业项目、内容	作业标准及要求	检查手段	检查结果
底架、下臂杆、上框架、拉杆、平衡杆检查	（1）无明显松动 （2）无明显损坏、变形	目视检查	
受电弓弓头及滑板检查	（1）滑板无纵向裂纹、缺块应不超过接触滑板宽度的1/3 （2）对滑板 50mm 范围内高度差小于 5mm 的凹槽用锉刀锉平，使其小于 3mm，凹槽高度大于 5mm 的，必须进行更换 （3）滑板与端角应过渡流畅，且间隙应不大于 2mm （4）滑板厚度（即受电弓接触滑板接触面距接触滑板固定器上部的距离）最低处应不低于 4mm （5）需更换受电弓接触滑板时，应同时更换 4 条滑板，使用新的螺母紧固；更换滑板后，应检查静态接触压力 （6）各固定螺钉紧固状态良好	目视、测量检查	
软连线、绝缘子、液压阻尼器、升弓钢丝绳检查	（1）软连线无破损 （2）绝缘子无闪络，表面清洁 （3）液压阻尼器无漏油 （4）升弓钢丝绳润滑良好 （5）各固定螺钉紧固状态良好	目测	
气囊升弓装置、气路检查	（1）各部件无破损，无泄漏 （2）各固定螺钉紧固状态良好	目视检查	
检查受电弓功能（需700kPa 以上的压缩空气）	按下 3SB09，检查受电弓降弓状态，降弓后 3SB09 指示灯亮；按下 3SB08，检查受电弓升起状态，升弓后 3SB08 按钮指示灯亮	操作检查	
检查并调节和接触网的接触压力	在 750kPa 以上风压下，升弓后用弹簧秤将弓头和接触网拉开，弹簧秤的读数应为 120N±10N	测量检查	
检查并调节升降弓时间	在 750kPa 以上风压下，14 道升弓时间 8s±1s，降弓时间 7s±1s。15、16 道升弓时间 7s±1s，降弓时间 6s±1s	测量检查	

（2）操作演示怎样进行城市轨道交通车辆受电弓的静态接触压力和升降弓时间调整（在轨道交通实验室城市轨道交通车辆受电弓仿真模型或者实物实操区域中操作演示）。

四、实训小结

_____

_____

_____

五、成绩评定

1. 学生评价

续

评价等级	A—优	B—良	C—中	D—及格	E—不及格
学生自评					
组内互评					
他组互评					

2. 教师评价

评价等级	A—优	B—良	C—中	D—及格	E—不及格
专业能力					
方法能力					
社会能力					
评价结果					

3. 综合评价

评价等级	A—优	B—良	C—中	D—及格	E—不及格
评价结果					

注：按照学生自评占10%、组内互评占10%、他组互评占20%、教师评价占60%比例计分，其中：A—100分、B—85分、C—75分、D—60分、E—50分。

4. 评价量规

等　　级	行为表现描述
A	能圆满高效地完成实训任务的全部内容
B	能顺利完成实训任务的全部内容
C	能完成实训任务的全部内容，但需要一些帮助和指导
D	自己只能完成实训任务的部分内容，但在现场的指导下，能完成任务的全部内容
E	不能完成实训任务的全部内容

思考与练习

（1）城市轨道交通车辆受电弓的用途是什么？受电弓一般有几种类型？

（2）简述城市轨道交通车辆受电弓的组成。

（3）为什么升弓后关闭司机台，受电弓能保持？

（4）无气无电情况下怎样升弓？

（5）解锁司机台后不能升弓的原因有哪些？

（6）有电无气状态的升弓方法。

（7）无电无气状态的升弓方法。

（8）结合电路图说明受电弓升弓控制过程、升弓原理。

（9）结合电路图说明受电弓降弓原理。

（10）简述城市轨道交通车辆受电弓升、降弓时间的调整方法。

（11）简述城市轨道交通车辆受电弓常见故障的处理方法。

项目三 高速断路器的结构认知与检修

供电电源 DC 1500V 是通过受电弓从架空电网上得到的。1 号线列车受电弓安装在 A 车车顶，电流从受电弓终端流到 A 车车底的高速断路器，而高速断路器装在 PH 箱（牵引—高压）内。2 号线列车受电弓安装在 B 车车顶，电流从受电弓终端流到位于 B 车底架下部的逆变器箱。

B 车和 C 车的牵引逆变器由高速断路器供电，如图 3.1 所示。

任务一 认知高速断路器的作用、特征和结构组成

学习目标

（1）理解高速断路器的用途和特征。
（2）掌握高速断路器的安装位置和结构组成。
（3）了解高速断路器的主要技术参数。

学习任务

认知高速断路器的作用类型和结构组成，主要包括高速断路器的用途和特征、高速断路器的结构组成、高速断路器的主要技术参数的认知。

图 3.1 高速断路器（HSCB）

工具设备

带高速断路器的城市轨道交通车辆车厢一节，城市轨道交通车辆各类高速断路器模型若干个，城市轨道交通车辆高速断路器实物若干个，以及多媒体设备课件、图片、示教板、计算机多媒体设备等。

教学环境

理实一体化教室或轨道交通综合实验室。

基础知识

一般交流传动车高速断路器（HSCB）安装在 B 车的逆变器箱（PH 箱）中。集成安装在箱中的主要优点是可以节省车下空间用于其他设备安装，并且使 HSCB 与外界环境隔离。在正常运行时，HSCB 用于接通、关断电源回路和保护牵引设备。

一、高速断路器的用途类型

1. 高速断路器的用途

受高速断路器（高速开关）用来接通和分断电动客车的高压电路，是电动车辆的主要保护装置。当主电路发生短路、过载、牵引电机环火等故障时快速切断主电源。为了防止事故的扩大，要求高速开关动作迅速、可靠，并具有足够的断流容量。高速断路器为具有电磁控制和自然冷却的单极直流断路器。高速断路器可以因过流自动跳闸，也可以由 DC 110V 电源控制跳闸，还可以在两个电流方向上过流自动跳闸。

2. 高速断路器的特征

高速断路器的限流特性和高速切断能力能防止由于短路或过载而引起的毁坏。HSCB 一般用恒定的过电压来灭弧，此过电压是瞬间产生的，并且持续在整个电弧出现的过程中。HSCB 的分断能力是双向的，所以它既能从电网隔离设备，也可用于再生制动过程中的隔离。如发生短路和过流现象时，将会在几毫秒内切断主电源。当高速断路器跳开后，可由司机室遥控再次闭合。

HSCB 的主要特性如下。

① 对地有很高的绝缘等级；
② 高的分断能力；
③ 短的响应时间；
④ 不受气候条件的影响；
⑤ 使用寿命长；
⑥ 易于维护。

上海地铁一号线使用的是由 AEG 公司生产的 TSE1250-B-I 型高速开关。它安装于 B 车上，由于电动车辆车下安装空间有限，要求高速开关必须结构紧凑。

二、高速断路器的结构组成

1. 高速断路器的安装位置

1 号线列车电流从受电弓终端流到 A 车车底的高速断路器，而高速断路器装在 PH 箱（牵引—高压）内，如图 3.2 所示。

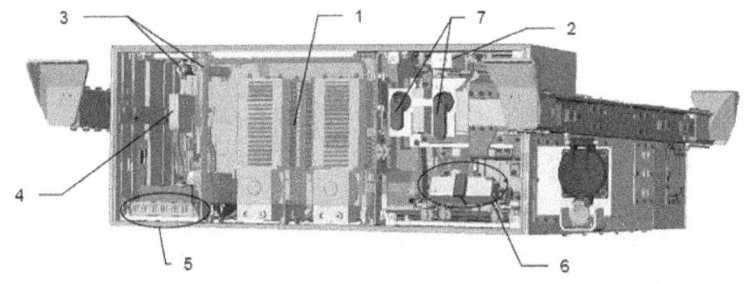

1—高速断路器；2—电压传感器；3—断路器控制电阻；4—车间供电接触器；
5—高速断路器控制及紧急继电器；6—辅助电源熔断器；7—隔离接地开关

图 3.2 高速断路器的安装位置（PH 箱高压部分）

2. 高速断路器的结构组成

高速断路器（高速开关）包括主电路、基架、短路快速跳闸装置（KS）、过载跳闸装置（S）、结合装置、灭弧罩，如图3.3所示。

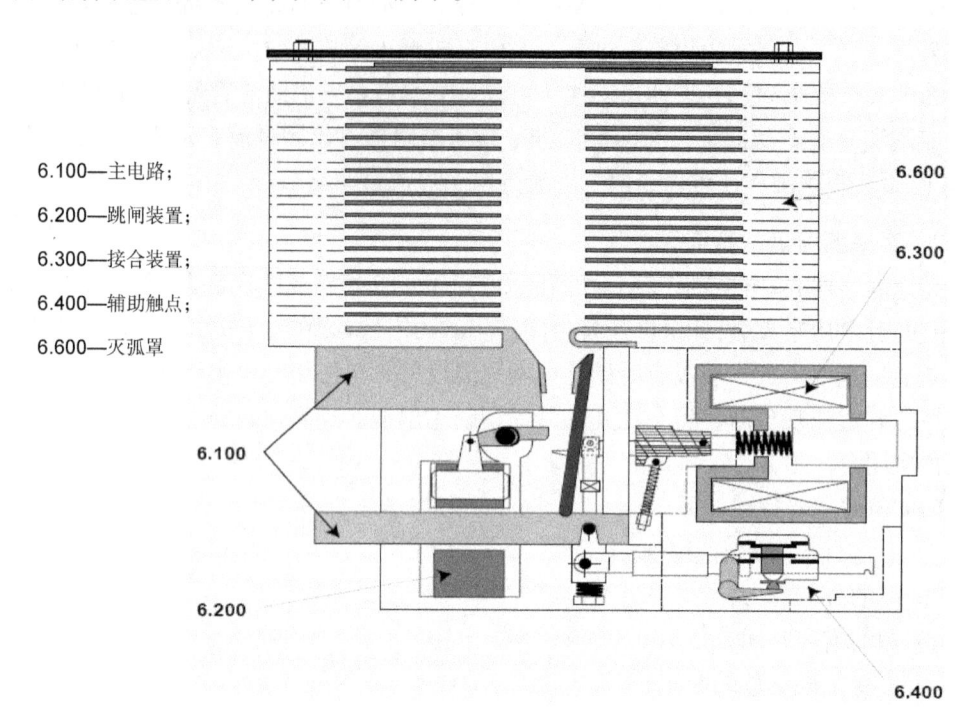

6.100—主电路；
6.200—跳闸装置；
6.300—接合装置；
6.400—辅助触点；
6.600—灭弧罩

图3.3 高速开关结构

高速开关工作程序为按下高速开关按钮，通过列车控制线路动作，使螺管线圈得电工作，并带动机械锁位装置动作，置高速开关于"合"位置并保持，无须电源维持。分断时，欠压脱扣装置动作，使高速开关分断。

高速开关每极有一个带有固定脱扣整定机构的短路快跳闸KS。另外，每设置一个过载跳闸，其跳闸值均可通过刻度盘来调整。

高速开关主要构件有：触点系统、灭弧机构、传动机构、自由脱扣机构、最大电流释入器、最小电压释入器和辅助开关，如图3.4所示。

（1）触点系统：动、静触点（上海地铁车辆高速开关是双极串联形式），触点的接触形式采用线接触——接触面大、磨损较小、制造方便，触点制成单独零件，便于用新的触点代换磨损的触点。

（2）灭弧机构：采用串联封闭式导弧角。

（3）传动机构：用来操纵主触点闭合。

（4）传动形式：手动传动和电磁机构传动。

（5）自由脱扣机构：处于传动机构与主触点之间，用来保证当电路发生短路时，传动机构还起作用，高速开关能够可靠地开断电路。

（6）最大电流释入器：即过载时通过拉杆作用于自由脱扣机构来开断电路；短路时直接撞击锁钩来开断电路。

（7）最小电压释入器：通过电磁机构作用，衔铁直接作用在锁钩上，使锁钩释放，主触点在开断弹簧作用下开断电路，正常操作电压 DC 110V，如果低于 77V 开始作用。

（8）辅助开关：用于连锁、指示、控制作用。

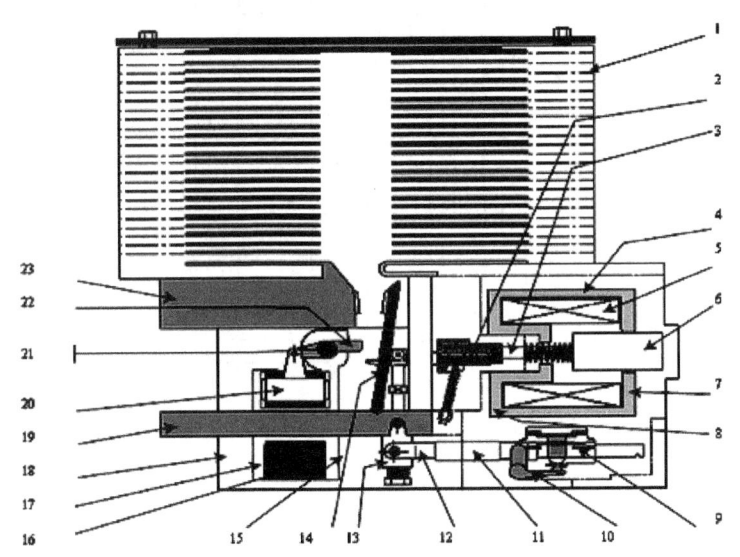

1—灭弧罩；2—叉；3—杆；4—缸；5—闭合线图 E 型；6—芯组成；7—前板；8—后板；9—双触点开关；10—控制杆；11—销；12—叉；13—枢轴承；14—动触点；15—盖；16—层压磁板；17—断路箱；18—绝缘框架；19—下部连接；20—动磁铁；21—弹簧；22—控制杆；23—上部连接

图 3.4 高速断路器的结构组成

三、高速断路器的主要技术参数

1. 技术参数

额定电压：（1+20%）×1500V；

额定电流：1250A；

短时电流（2h）：1400A；

短时电流（2h）：2000A；

短时电流（2h）：3000A；

额定分断能力：35kA；

KS 释放的分断时间：$di/dt \geq 3kA/ms$，5ms；

机械寿命：20 000 次；

电寿命：10 000 次。

2. 高速断路器特性

1）机械响应时间

高速断路器的机械响应时间指从通过它的电流达到动作值开始，到主触点打开的时间。这个时间是电流增长速率（di/dt）的函数，如图 3.5 所示。

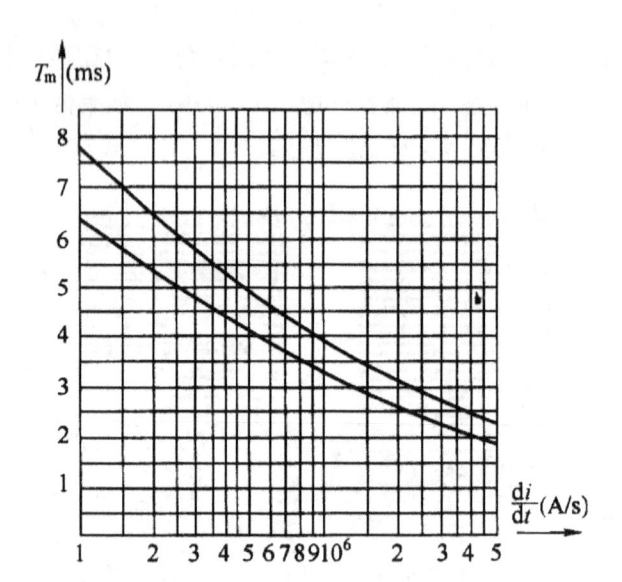

图 3.5　高速断路器机械响应时间与电流增长速率的关系

例如：当 di/dt=2×10^6 A/s 时，机械响应时间为 3ms。

2）开断能力

开断能力可用图 3.6 所示的开断过程的电流、电压波形说明。

在相同的短路稳态电流情况下：di/dt 越大，则开断电流 i_d 越大；限制时间 T_L 越短；总开关时间 T_{tot} 越短；$I_d^2 \cdot t$ 积分越大。

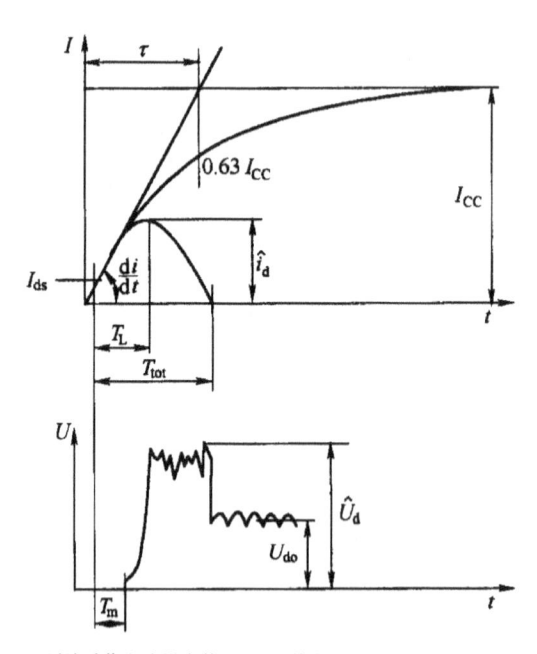

I_{CC}—稳态短路电流；I_{ds}—过流动作电流设定值；$\hat{U}_{d0}$—恢复电压；U_d—最大拉弧电；di/dt—电流上升初始率；$\hat{i}_d$—开断电流；T_m—机械响应时间；T_m—限制时间；T_{tot}—总开断时间；τ—短路时间常数

图 3.6　高速断路器开断过程的电流、电压波形

3）高速断路器的保护范围、保护整定值应与变电所的保护相互协调

高速断路器的保护应与输入滤波器的有关特性相一致，如VVVF逆变器输入端能承受的最大瞬时电流，输入回路因故障突然接地的电流等。

相关案例

国外某公司高速断路器参数举例

类型：电磁控制自然冷却的单极直流断路器；

额定电流：1000A；

额定电压：2000V；

断路能力：30kA（电路时间常数15ms）；

机械反应时间：2ms；

设定范围：1200～2400A；

机械寿命：50万次；

控制电路电压：DC 110V；

短时允许电流：1400A，5min；1500A，2min；1600A，1min；2000A，20s。

任务二　认知高速断路器的工作过程

学习目标

（1）掌握高速断路器分、合闸按钮的操作及状态显示。

（2）掌握地铁车辆高速断路器分、合闸电路的构成及原理。

（3）了解高速断路器的非正常操作方法。

学习任务

认知高速断路器的工作过程，主要包括高速断路器的分、合闸操作、地铁车辆高速断路器分合、闸电路结构及原理、高速断路器的非正常操作方法的认知。

工具设备

城市轨道交通车辆各类高速断路器模型一套，可进行分、合闸操作的城市轨道交通车辆高速断路器实物若干个，城市轨道交通车辆模型（可模拟真实的高速断路器的分合闸过程）一套，以及多媒体设备课件、图片、示教板、计算机多媒体设备等。

教学环境

理实一体化教室或轨道交通综合实验室、地铁车辆检修基地现场。

基础知识

直流高速断路器为机械式单相快速断路器，采用了电磁吹弧、电动操作系统、直接瞬间过流脱扣、间接快速脱扣和空气自然冷却方式等技术。当主电路电流超过整定值时即进行分断，响应时间极短，仅为几毫米。例如，UR 系列直流高速断路器过流机械反应时间仅为 2~5ms，其固有释放时间也低于 15ms，因此 UR 系列直流快速断路器特别适用于直流牵引配电网络，作为接触网和接触轨的保护及故障区域的隔离，成为牵引系统优良的开断保护装置，如图 3.7 所示。

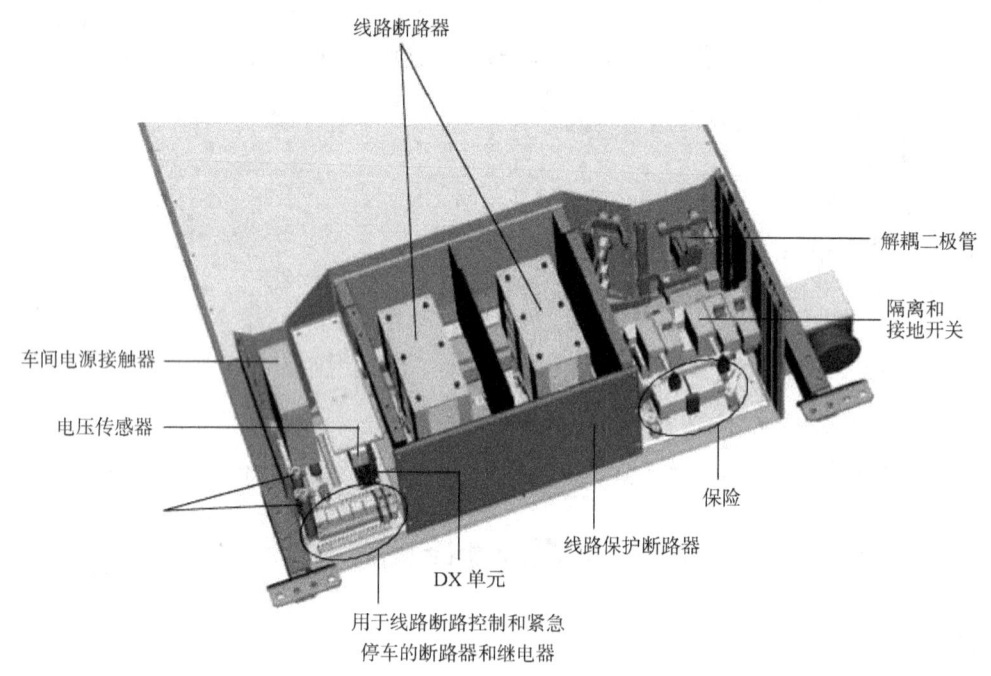

图 3.7 PH 箱内部结构

一、高速断路器（HSCB）分合闸操作

1. 合闸条件

（1）列车激活（线 30420 有电）。

（2）司机台解锁（2K04 得电动作）。

（3）紧急制动缓解（2K10 动作）。

（4）分闸（2K35 失电，其反连锁闭合）。

（5）受电弓已升起。

（6）HSBC 得到闭合指令。

（7）与 MCM2 对应的 HSBC 在 MCM1 对应的 HSBC 闭合 1s 后得电，以减少控制电流对电源的冲击。

（8）闭合指令持续 0.5s。

（9）闭合指令直接送到线圈，维持 HSBC 的闭合。

项目三 高速断路器的结构认知与检修

2．激活程序（如图 3.8 所示）

3．合闸操作

（1）操作目标：HSCB 线圈。

（2）操作设备：合闸按钮 2S04。

（3）操作方法：按下司机台上的按钮 2S04（"合闸"），闭合 HSCB（1 号线列车在主台上）。

4．HSBC 断开条件

（1）紧急制动。

（2）MCM 发出保护指令。

（3）受电弓下降。

（4）PH 箱盖板打开。

5．分闸操作

（1）操作目标：HSCB 线圈。

（2）操作设备：分闸按钮 2S03。

（3）操作方法：按下司机台上的按钮 2S03（"分闸"），分断 HSCB。

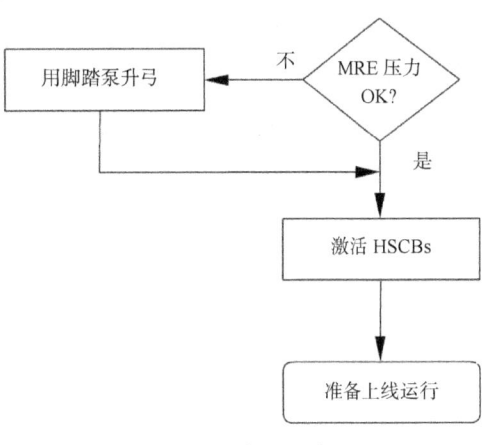

图 3.8 激活程序

二、高速断路器控制电路分析（如图 3.9 所示）

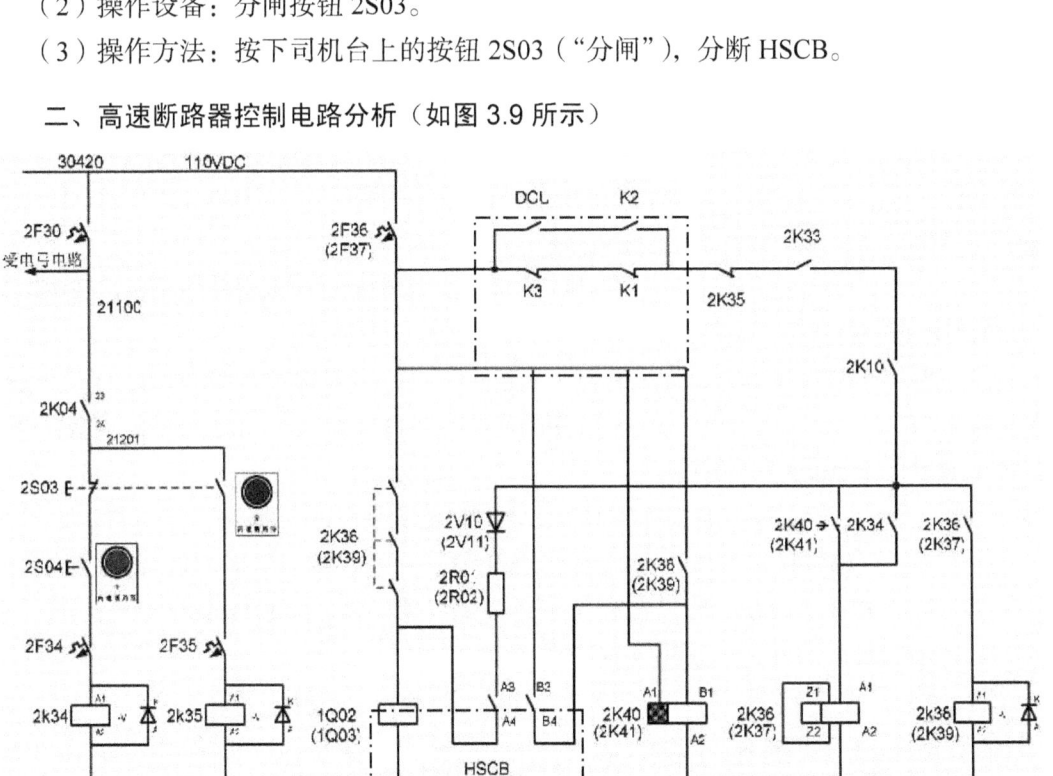

图 3.9 高速断路器控制电路

1. HSCB 状态判断

（1）当主断合按钮绿灯亮时，所有高速断路器闭合。

（2）当主断分按钮红灯亮时，所有高速断路器断开。

（3）红灯和绿灯都不亮时，所有高速断路器处于不同的状态。

2. 合闸电路分析

1）合 2S04

（1）得电线路：30420→2F30→2K04 常开触点→2S03 常闭触点→2S04 常开触点→2F34→2K34 线圈。

（2）得电线路：9Y02-9Y06→另一单元车→9Y06-9Y02→2F34→2K34 线圈。

2）2K34 动作后

得电线路：30420→2F36→（2K34/2K40）→2K36 线圈。

3）2K36 线圈通电后

其常开触点闭合 1s，然后无论线圈是否有电，2K36 均会释放。

得电线路：30420→2F36→21300→2A03→1A01-K2（牵引逆变器准备好）→21501→21502→2K35 常闭触点→2K33 常开触点→2K10 常开触点→2K36 常开触点→2K38 线圈。

4）2K38 动作后

得电线路：30420→2F36→2K38 常开触点→1Q02 线圈（高速断路器闭合）。

5）HSCB（1Q02）动作后

得电线路：30420→2F36→21300→2A03→1A01→K2（牵引逆变器准备好）→21501→21502→2K35 常闭触点→2K33 常开触点→2K10 常开触点→2V10→2R01→1Q02 常开触点（自用自持）→1Q02 线圈（合闸保持）。

（1）由于 1Q02/03 线圈阻值小，不能长时间通过大电流，所以自持回路中加 2R01 限流，同时因在自持状态下电流小，使得 HSCB 分断速度加快。

（2）2K36 为脉冲继电器，即只有输入上升沿脉冲时，2K36 才能吸合并在 1s 后释放，因此即使 2K36 一直保持得电，2K38 线圈的通电时间也只有 1s，而对 HSCB 而言，若在 1s 内不能闭合，则视为不能动作。

（3）2K10：在紧急制动时，确保 HSCB 断开以切除列车的动力。

（4）2K33：确保只有在升弓后才能闭合 HSCB，避免电流对牵引逆变器的冲击。

6）2K40 只有 B1、A1 均得电时吸合，任意线圈失电，延时 10s 释放。

（1）得电线路：30420→2F36→2K40 线圈的 A1 得电。

（2）得电线路：30420→2F36→1Q02/2K38 常开触点→2K40 线圈得电。

注意：HSCB 合上 1s 后，2K36 正断开，2K38 常开触点断开，合闸接触器失电，经 1Q02 常开触点继续供电。

当松开启动按钮后，2K34 失电，由 2K40 保持 2K36 继续得电，得电线路：30420→

2F36→2K40/2K34 常开触点→2K36 线圈继续得电，防止 10s 内重合 HSCB。

（3）若按下 2S03 后，1s 内因 2K40 的 A1、B1（经 2K38 常开触点）均能得电，所以 2K40 处于吸合状态，若 HSCB 不能合上（即 1Q02 常开触点是断开的，2K40 的 B1 失电），则 1s 后 2K40 的 B1 将失电，并在 10s 后释放，切断 2K36 的电源，为 10s 后重合 HSCB 做好准备。

3．分闸电路分析

1）按下 2S03

2S03 常闭触点断开，保证不能再合 HSCB。

得电线路：30420→2F30→21100→ $\begin{cases} 2F35→2K35 \text{ 线圈。} \\ 9Y02\text{-}9Y06→\text{另一单元}→99Y06\text{-}9Y02 \\ \quad →2F35→2K35 \text{ 线圈。} \end{cases}$

2K04 常开触点→2S03 常开触点→

2）2K35 动作后

（1）1Q02/03 自持回路被断开（2K35 常闭触点断开）。

（2）2K38/2K39 得电回路被断开（2K35 常闭触点断开）。

（3）2K40/2K41 线圈因 B1 线 2K38/39 常开触点断开而失电，延时 10s 释放，即 2K36 线圈 10s 后才失电，保证分开 HSCB 后 10s 才能重新合 HSCB。

4．保护电路分析

得电线路：30420→2F36→21300→ $\begin{cases} 1A01（K1、K3 \text{ 常闭触点}）。 \\ \text{UNAS（B 车）}→1A01（K2 \text{ 常开触点}）。 \end{cases}$

（0215）→21300→9Y02-9Y03→

满足下述条件之一，可使 21502 得电。

（1）在主电路工作状态下，K1、K3 常闭触点断开。K1 常开触点、K3 常开触点均闭合，而 DCU 通电时，DCU 的 Z20—B02 触点闭合，K2 在差动电流小于 50A 时也闭合。

（2）当列车处于牵引状态时，K1 断开，当 DCU 保护或差动电流大于 50A 时，高速断路器失电断开。

三、HSCB 非正常操纵

（1）发出"HSCB 未闭合"的故障信息，司机必须再次发出闭合指令，条件满足时将闭合；在 30min 内出现两次以上的闭合失败时，发出"HSCB 闭合次数太多"的故障信息，HSCB 将被永久打开。

（2）在断开指令发出 2s 内没有断开反馈时，发出"HSCB 未断开"的故障信息，MCM 将得到保护性关闭指令。

（3）闭合反馈信号在无断开指令发出时，发出故障信息，HSCB 闭合指令再次发出，MCM 将得到保护性关闭指令。HSCB 脱扣指令在 30min 内出现 3 次以上时，发出故障信息，HSCB 被永久打开，通过故障复位钮，被永久打开的 HSCB 复位。

任务三　认知高速断路器的维护和故障处理

学习目标

（1）掌握高速断路器的通电前的检查方法。
（2）掌握高速断路器的维护方法。
（3）了解高速断路器的常见故障处理方法。

学习任务

认知高速断路器的维护与故障处理，主要包括高速断路器通电前的检查方法、高速断路器的维护方法、高速断路器的常见故障处理方法的认知。

工具设备

城市轨道交通车辆各类高速断路器模型若干个，城市轨道交通车辆高速断路器模型及实物若干个，高速断路器维护和检修工具设备若干套，以及多媒体设备课件、图片、示教板、计算机多媒体设备等。

教学环境

理实一体化教室或轨道交通综合实验室、地铁车辆检修基地现场。

基础知识

一、高速断路器通电前检查（如图 3.10 所示）

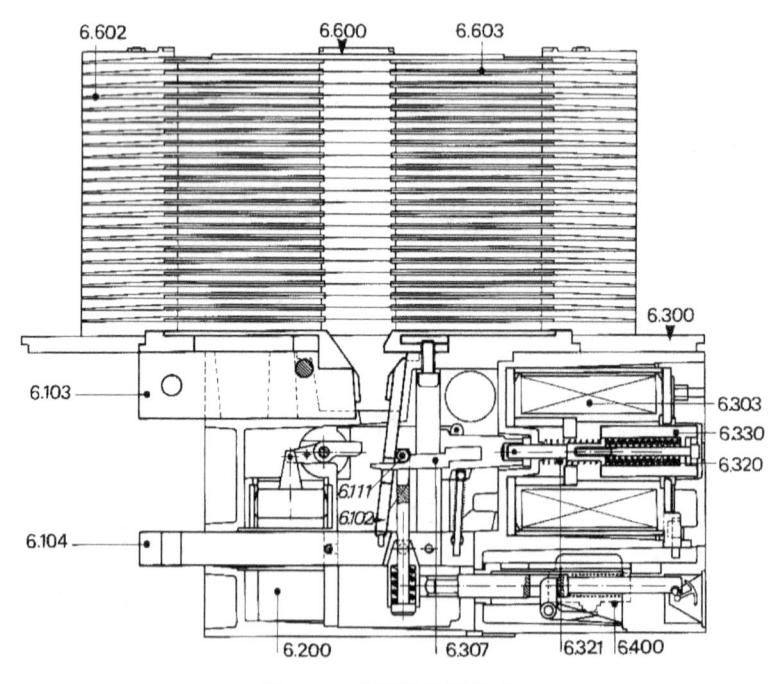

图 3.10　高速断路器组成

（1）检查灭弧罩（6.600）安装位置是否适当，高速断路器固定螺钉是否紧固（标准扭矩为15N·m）。

（2）检查接地是否正确，并且紧固（标准扭矩为9N·m）。

（3）检查连接（6.103和6.104）上是否配有电缆或者母线，螺栓是否紧固（标准扭矩为35N·m）。

（4）检查是否把过电流断路值设置为选择的操作值，并且用紧固螺钉（S.231）正确拧紧。

（5）闭合高速断路器，检查下列情况：

① 闭合电路消失，并且转换到保护电路；

② 松开叉（6.307），并且转换到"off"命令，检查动触点（6.102）是否快速返回，然后叉（6.307）到其余位置。

二、高速断路器的维护

1. 测量磨损程度（如图3.11所示）

高速断路器出现下列任一情况时，检查电弧产生的磨损。

（1）过载产生的断开和1000次断路。

（2）任何2000次欠载断开。

（3）至少每18个月检查一次。

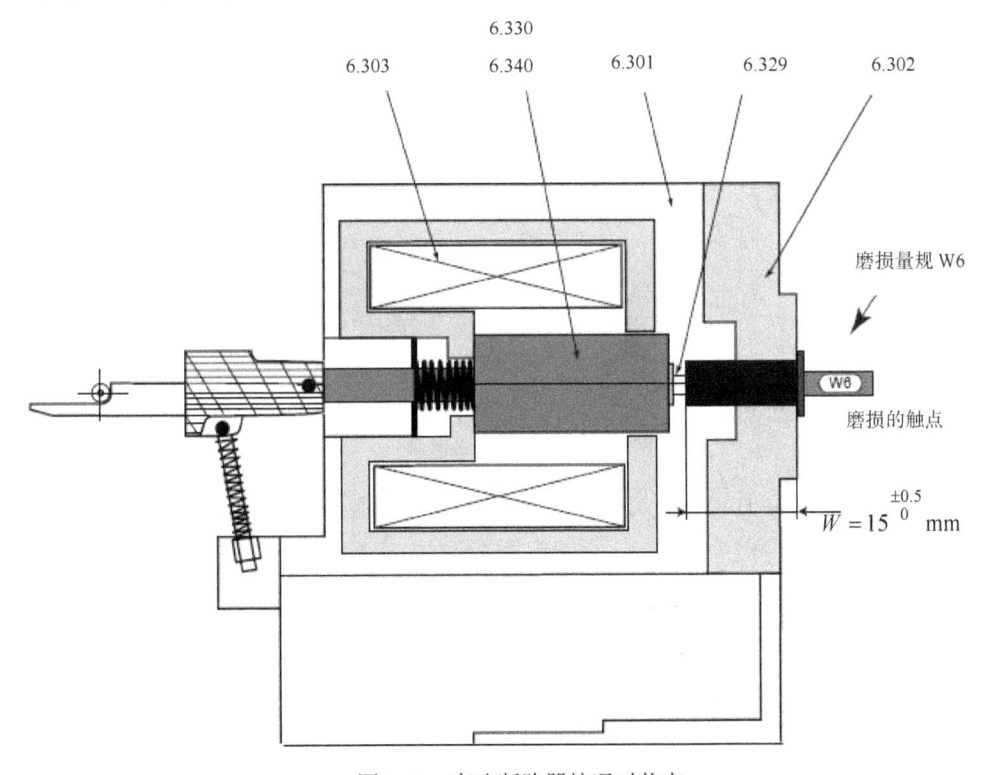

图 3.11 高速断路器接通时状态

$W = 15_{\ 0}^{\pm 0.5}$ mm

高速断路器设置为接通状态，使用工具通过盖（6.302）插向螺钉（6.329），当工具标记与盖（6.302）前部齐平时 W=15mm，必须更换下列触点和连接：6.102、6.103、6.107、6.108。每次检查时，都应该检查灭弧罩（6.631、6.632），当触点磨损时也必须检查灭弧罩，断开高速断路器。

2．检查灭弧罩（如图3.12所示）

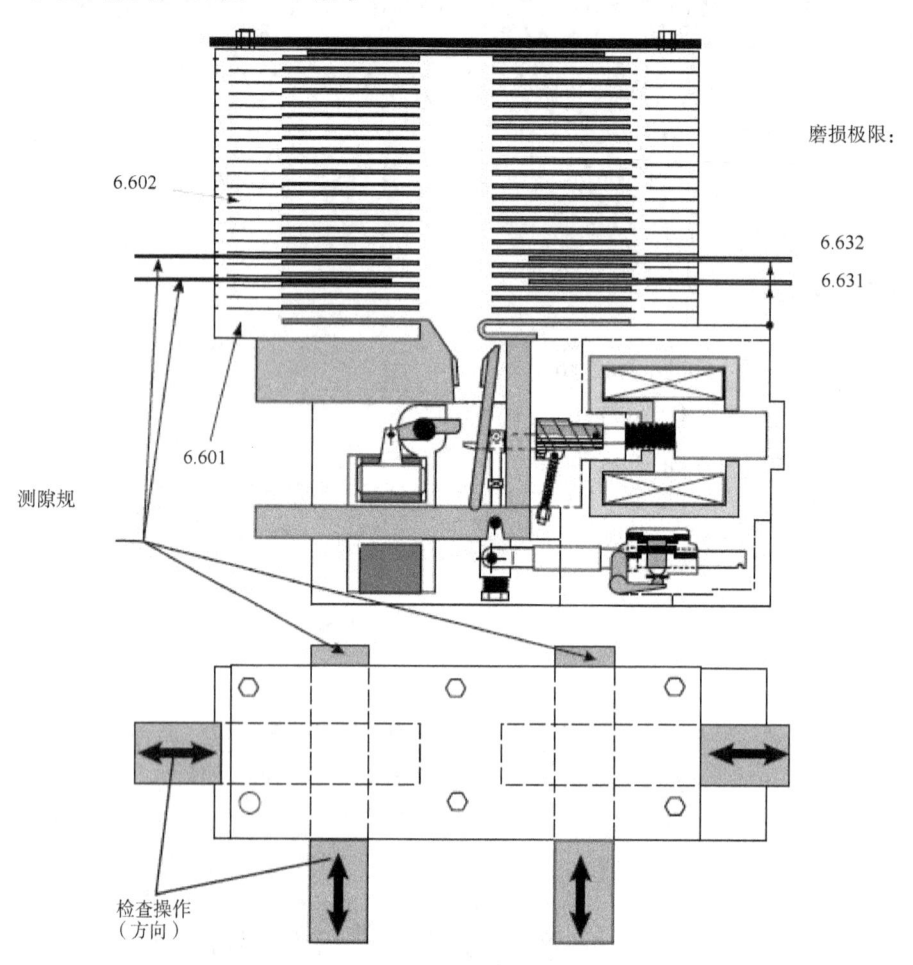

图3.12　灭弧罩检查

灭弧罩至少每18个月检查一次，更换触点时必须对灭弧罩进行检查。

（1）量规在前两个导流片（6.603）之间不再适用时，拆下灭弧罩，并且检查连接（6.107）。

（2）量规不再适用于灭弧罩1kV（6.631）的前三个导流片之间或灭弧罩2kV（6.632）的前5个导流片之间时，拆下灭弧罩，更换导流片（6.603）。

3．检查机械零件（如图3.13所示）

接通高速断路器，并且进行如下检查。

（1）目检或触摸检查叉（6.307）上销（6.315）的弹簧圈（6.336）是否可以使用，如果发现缺少簧环，更换叉，如图3.13所示。

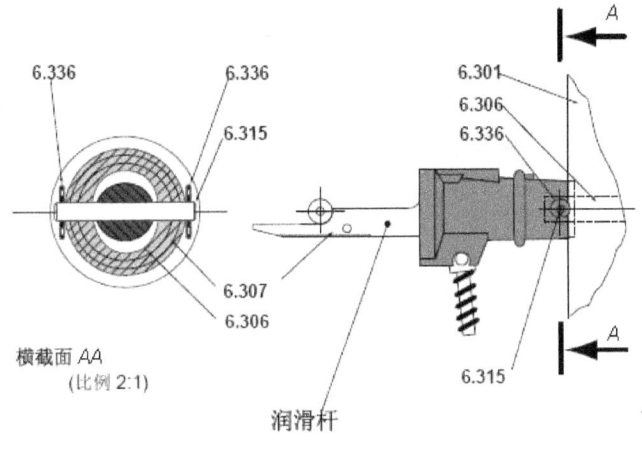

图3.13 检查叉

（2）检查垫圈（6.117）的位置。

当高速断路器设置为接通时，它应该与底边平齐或者放回轴承（6.105）之中。另外，使用一个8N·m转矩拧紧螺钉，如图3.14所示。

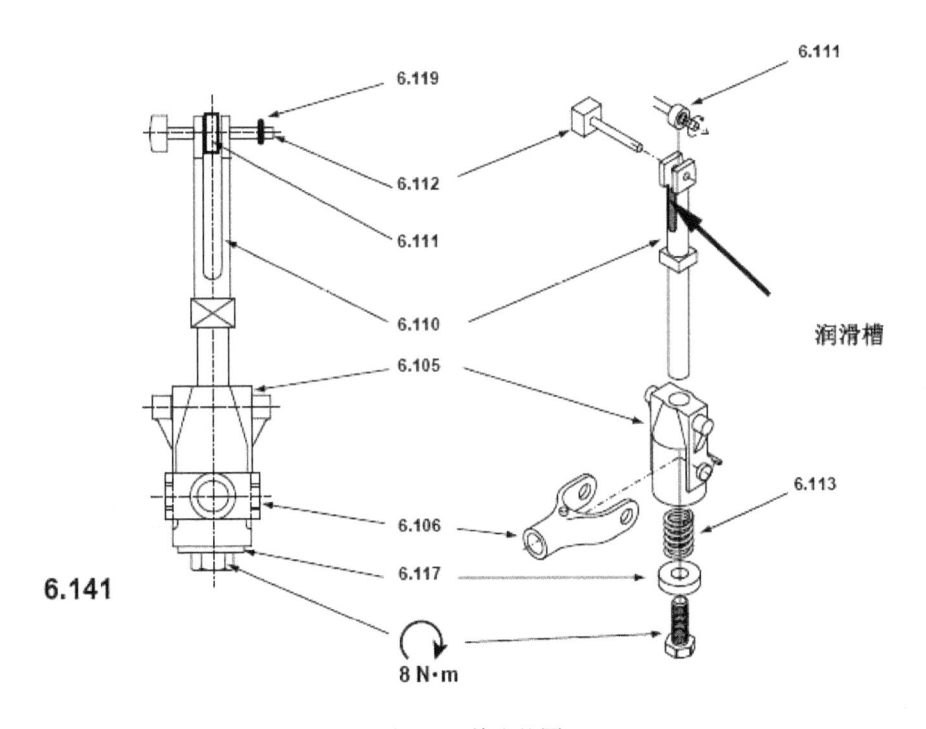

图3.14 检查垫圈

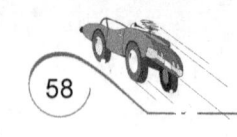

三、高速断路器常见故障处理步骤（如图 3.15 所示）

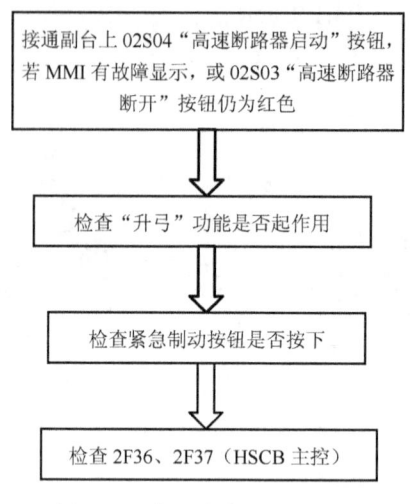

```
接通副台上 02S04"高速断路器启动"按钮，
若 MMI 有故障显示，或 02S03"高速断路器
断开"按钮仍为红色
            ↓
    检查"升弓"功能是否起作用
            ↓
    检查紧急制动按钮是否按下
            ↓
    检查 2F36、2F37（HSCB 主控）
```

图 3.15　常见故障处理流程图

相关案例

[案例 1]　高速断路器无法闭合

1. 故障现象

如图 3.16 所示，高速断路器分闸按钮红色灯常亮，高速断路器无法闭合。

2. 故障处理建议

（1）检查操纵端 02F03 的状态，如有跳闸则复位，如图 3.17 所示。

（2）重新闭合 HSCB 的合闸按钮，如图 3.16 所示。

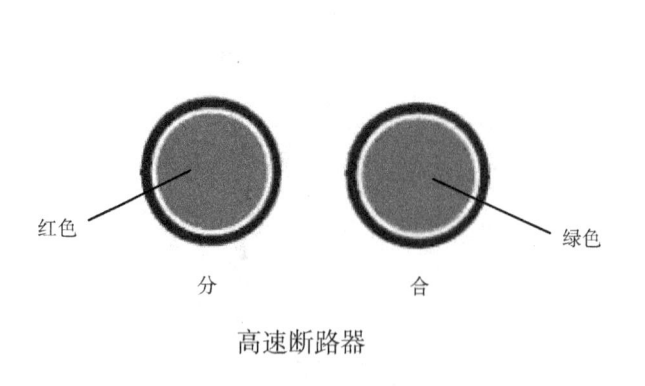

图 3.16　高速断路器分合闸按钮

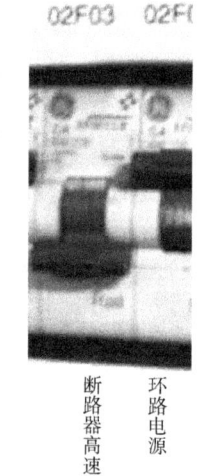

图 3.17　02F03 位置

项目三　高速断路器的结构认知与检修

[案例2]　"高速断路器合"指示灯不亮

1. 故障现象

"高速断路器合"指示灯不亮故障。行调用备用车替换107车，1036端显示一个DCU严重故障，司机复位03S01后故障消失；车辆检修人员上车后发现另一个DCU严重故障仍然存在，地铁车辆司机台开锁后升不了弓。

2. 故障判断处理过程

103列车入段，检查故障信息为IGBT3、IGBT4反馈故障，由于进一步故障查找必须拆卸MCM模块，所以直接更换了1035车的MCM模块，更换完毕后列车恢复正常。维修后的MCM经试验检查为IGBT3、IGBT4的GDU单元损坏，更换后试验正常。

3. 故障原因

1035车的MCM模块中IGBT3、IGBT4的GDU单元故障，导致MCM模块隔离。

任务四　高速断路器的结构认知与检修操作运用案例

【操作运用案例1】　城市轨道交通车辆高速断路器总体结构认知

1. 实训项目教师工作活页

实训项目教师工作活页　　　　　　　　NO：_____

实训项目	城市轨道交通车辆高速断路器总体结构认知		
学　时	2	班　级	略
实训场所	轨道交通实验室或地铁车辆高速断路器检修基地现场		
工具设备	城市轨道交通车辆常用的高速断路器模型一套，条件许可的话，可增加城市轨道交通车辆常用的UR6型高速断路器、TSE1250-B-I型高速断路器等实物，以及多媒体设备课件、图片、示教板、计算机多媒体设备等。		
教学目标	专业能力	（1）能说出城市轨道交通车辆高速断路器的用途。 （2）能说出城市轨道交通车辆高速断路器的结构及特征。 （3）能指认城市轨道交通车辆高速断路器主要部件，说出部件名称。 （4）能说出城市轨道交通车辆高速断路器分、合闸电路构成及原理。 （5）能说出高速断路器的非正常操作方法。 （6）能解释城市轨道交通车辆高速断路器的主要技术参数。	
	方法能力	（1）能综合运用专业知识，通过利用专业书籍、多媒体课件和图片资料获得帮助信息。 （2）能根据实训项目学习任务确定实训方案，从中学会表达及展示活动过程和成果。	
	社会能力	（1）能在实习训练活动中保持积极向上的学习态度。 （2）能与小组成员和教师就学习中的问题进行交流沟通。 （3）能与他人共享学习资源，具有较好合作能力和团队协作精神。	
教学活动	略（详见教学活动设计）		

续

教学评价	学生活动：① 以 5~7 人小组为单位开展实训活动，根据本组同学在实训过程中的能力表现及结果进行自评组内互评；② 根据其他小组同学在成果展示活动中的表现及结果进行互评。 教师活动：① 教师组织学生开展评价活动和总结；② 对学生在本实训项目单元中的成绩做出综合评价。				
教学资料	（1）城市轨道交通电气结构与检修教材。 （2）城市轨道交通车辆等参考书。 （3）实训项目学生学习活页（附页）。				
指导教师		教学时间		年　　月　　日	

2. 实训项目学生学习活页

实训项目学生学习活页　　　　　　　　　　NO:_____

实训项目 1　　城市轨道交通车辆高速断路器总体结构认知

班级：_____　姓名：_____　学号：_____　时间：_____

一、实训目标

1. 专业能力目标

（1）能说出城市轨道交通车辆高速断路器的用途。

（2）能说出城市轨道交通车辆高速断路器的结构及特征。

（3）能指认城市轨道交通车辆高速断路器主要部件，说出部件名称。

（4）能说出城市轨道交通车辆高速断路器分、合闸电路构成及原理。

（5）能说出高速断路器的非正常操作方法。

（6）能解释城市轨道交通车辆高速断路器的主要技术参数。

2. 方法能力目标

（1）能综合运用专业知识，通过利用专业书籍、多媒体课件和图片资料获得帮助信息。

（2）能根据实训项目学习任务确定实训方案，从中学会表达及展示活动过程和成果。

3. 社会能力目标

（1）在实习训练中保持积极向上的学习态度。

（2）能与小组成员和教师就学习中的问题进行交流沟通。

（3）能与他人共享学习资源，具有较好合作能力和团队协作精神。

二、知识总结

（1）简要说出城市轨道交通车辆高速断路器的用途和特征。

（2）简要说出城市轨道交通车辆高速断路器的结构组成。

续

（3）简要说出城市轨道交通车辆高速断路器的工作特点。

三、操作运用

1. 指认下图的城市轨道交通车辆高速断路器组成部件，并填出①~㉓号部件名称。

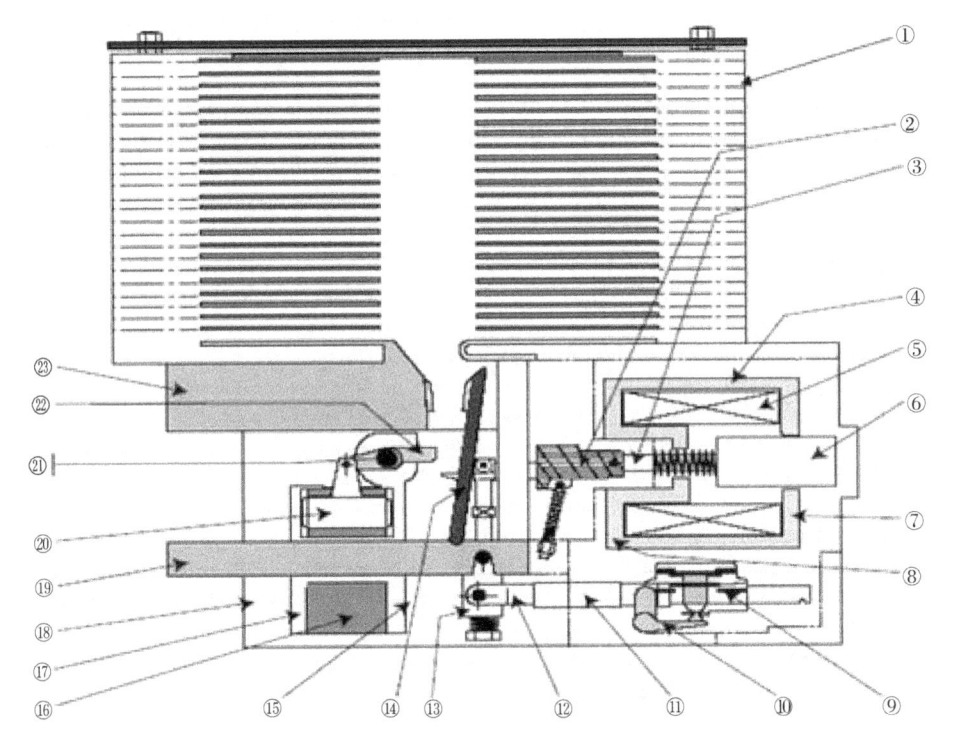

① _____；② _____；
③ _____；④ _____；
⑤ _____；⑥ _____；
⑦ _____；⑧ _____；
⑨ _____；⑩ _____；
⑪ _____；⑫ _____；
⑬ _____；⑭ _____；
⑮ _____；⑯ _____；
⑰ _____；⑱ _____；
⑲ _____；⑳ _____；
㉑ _____；㉒ _____。
㉓ _____。

续

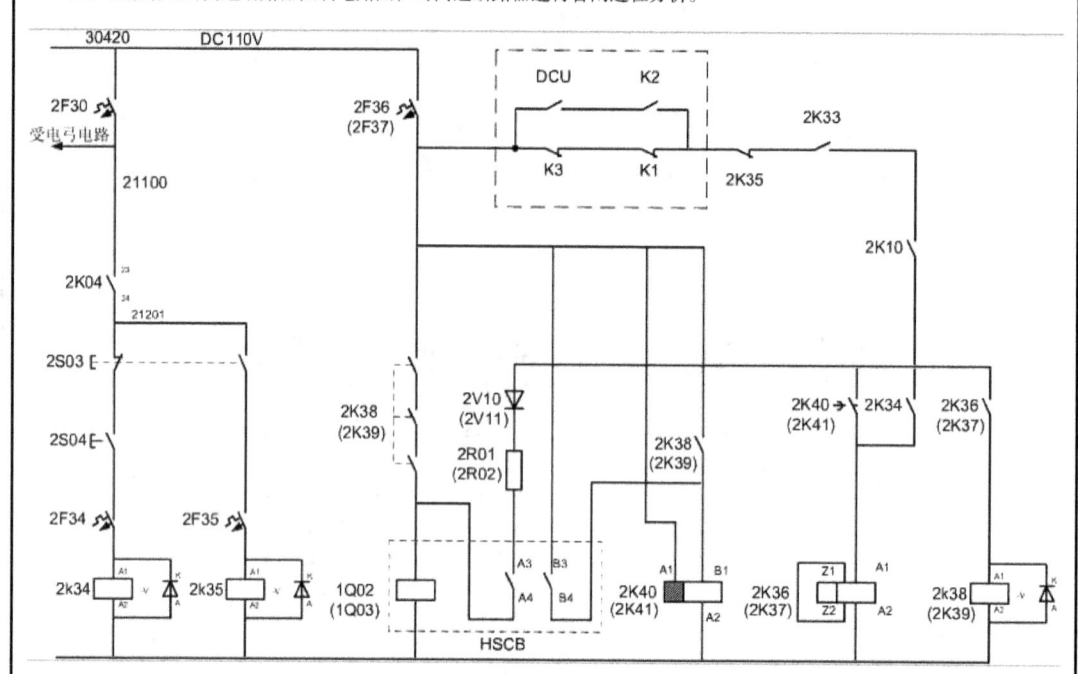

（2）根据给出的高速断路器控制电路图，对高速断路器进行合闸过程分析。

（3）回答下表中城市轨道交通车辆高速断路器的技术参数。

项目名称	TSE1250-B-I型高速断路器
额定电压	
额定电流	
短时电流（2h）	
额定分断能力	
KS—释放的分断时间	
机械寿命	
电寿命	
机械反应时间	
控制电路电压	
短时允许电流	

四、实训小结

续

五、成绩评定

1. 学生评价

评价等级	A—优	B—良	C—中	D—及格	E—不及格
学生自评					
组内互评					
他组互评					

2. 教师评价

评价等级	A—优	B—良	C—中	D—及格	E—不及格
专业能力					
方法能力					
社会能力					
评价结果					

3. 综合评价

评价等级	A—优	B—良	C—中	D—及格	E—不及格
评价结果					

注：按照学生自评占10%、组内互评占10%、他组互评占20%、教师评价占60%比例计分，其中：A—100分、B—85分、C—75分、D—60分、E—50分。

4. 评价量规

等　级	行为表现描述
A	能圆满高效地完成实训任务的全部内容
B	能顺利完成实训任务的全部内容
C	能完成实训任务的全部内容，但需要一些帮助和指导
D	自己只能完成实训任务的部分内容，但在现场的指导下，能完成任务的全部内容
E	不能完成实训任务的全部内容

【操作运用案例2】 城市轨道交通车辆高速断路器的检修

1. 实训项目教师工作活页

实训项目教师工作活页　　　　　　　　　　　NO：_____

实训项目	城市轨道交通车辆高速断路器的检修		
学　时	2	班　级	略
实训场所	轨道交通实验室或地铁车辆高速断路器检修基地现场		
工具设备	城市轨道交通车辆常用的高速断路器模型若干个，条件许可的话，可增加城市轨道交通车辆常用的UR6型高速断路器、TSE1250-B-I型高速断路器实物，PH箱（高压部分）若干个，PH箱检修及高速断路器检修工具若干套，以及多媒体设备课件、图片、示教板、计算机多媒体设备等。		

续

教学目标	专业能力	（1）能说出城市轨道交通车辆高速断路器的用途及结构。 （2）能说出高速断路器通电前的检查方法。 （3）能说出高速断路器的常见故障处理方法。 （4）能规范检查高速断路器的基本技术状况。 （5）能说出高速断路器的维护方法。
	方法能力	（1）能综合运用专业知识，通过利用专业书籍、多媒体课件和图片资料获得帮助信息。 （2）能根据实训项目学习任务确定实训方案，从中学会表达及展示活动过程和成果。
	社会能力	（1）能在实习训练活动中保持积极向上的学习态度。 （2）能与小组成员和教师就学习中的问题进行交流沟通。 （3）能与他人共享学习资源，具有较好合作能力和团队协作精神。
教学活动	略（详见教学活动设计）	
教学评价	学生活动：① 以 5~7 人小组为单位开展实训活动，根据本组同学在实训过程中的能力表现及结果进行自评组内互评；② 根据其他小组同学在成果展示活动中的表现及结果进行互评。 教师活动：① 教师组织学生开展评价活动和总结；② 对学生在本实训项目单元中的成绩做出综合评价。	
教学资料	（1）城市轨道交通电气结构与检修教材。 （2）城市轨道交通车辆运用与检修等参考书。 （3）实训项目学生学习活页（附页）。	
指导教师		教学时间　　　　　年　　　月　　　日

2．实训项目学生学习活页

实训项目学生学习活页　　　　　　　　　　　　　　NO：_____

实训项目 2　　城市轨道交通车辆高速断路器的检修

班级：_____　姓名：_____　学号：_____　时间：_____

一、实训目标

1．专业能力目标
（1）能说出城市轨道交通车辆高速断路器的用途及结构。
（2）能说出高速断路器通电前的检查方法。
（3）能说出高速断路器的常见故障处理方法。
（4）能规范检查高速断路器的基本技术状况。
（5）能说出高速断路器的维护方法。

2．方法能力目标
（1）能综合运用专业知识，通过利用专业书籍、多媒体课件和图片资料获得帮助信息。
（2）能根据实训项目学习任务确定实训方案，从中学会表达及展示活动过程和成果。

3．社会能力目标
（1）在实习训练中保持积极向上的学习态度。
（2）能与小组成员和教师就学习中的问题进行交流沟通。
（3）能与他人共享学习资源，具有较好合作能力和团队协作精神。

续

二、知识总结

(1) 简要说出城市轨道交通车辆高速断路器常见故障的处理方法。

(2) 简要说出城市轨道交通车辆高速断路器的主要技术参数。

(3) 简要说出城市轨道交通车辆高速断路器非正常操作方法。

三、操作运用

(1) 根据给出的高速断路器检查作业指导，进行高速断路器技术状况检查并填写检查结果。

作业项目、内容	作业标准及要求	检查手段	检查结果
检查高速断路器闭合及断开功能	升弓后按下 21—S04，检查高速断路器闭合状态，闭合后 21—S04 指示灯亮；按下 21—S03，检查高速断路器断开状态，断开后 21—S03 相应按钮指示灯亮	目视、操作检查	
目视检查高速断路器	检查高速断路器无损坏、无污垢、无放电烧黑痕迹，底座安装螺栓、防松线清晰无错位	目视检查	
检查左连接和右连接的磨损	检查左连接和右连接的横截面磨损小于 30mm^2	目测	
检查高速断路器的外罩	检查高速断路器的外罩无裂损、无污迹	目视检查	
检查高速断路器辅助触点	检查高速断路器辅助触点安装螺栓防松线清晰、无错位	目视检查	
检查高速断路器灭弧罩及触发装置	拆下灭弧罩，检查灭弧罩无烧损和破损，触发装置杠杆动作灵活	目视、操作检查	
检查电弧产生的触点磨损	检查触点无严重烧损，主触点损耗满足：动、静接触块厚度大于 3mm	目视、测量检查	

(2) 操作演示怎样进行城市轨道交通车辆高速断路器的通电前检查和一般维护（在轨道交通实验室城市轨道交通车辆高速断路器仿真模型或者实物实操区域中操作演示）。

四、实训小结

_____
_____
_____

五、成绩评定

1. 学生评价

续

评价等级	A—优	B—良	C—中	D—及格	E—不及格
学生自评					
组内互评					
他组互评					

2. 教师评价

评价等级	A—优	B—良	C—中	D—及格	E—不及格
专业能力					
方法能力					
社会能力					
评价结果					

3. 综合评价

评价等级	A—优	B—良	C—中	D—及格	E—不及格
评价结果					

注：按照学生自评占10%、组内互评占10%、他组互评占20%、教师评价占60%比例计分，其中：A—100分、B—85分、C—75分、D—60分、E—50分。

4. 评价量规

等　　级	行为表现描述
A	能圆满高效地完成实训任务的全部内容
B	能顺利完成实训任务的全部内容
C	能完成实训任务的全部内容，但需要一些帮助和指导
D	自己只能完成实训任务的部分内容，但在现场的指导下，已经能完成任务的全部内容
E	不能完成实训任务的全部内容

思考与练习

（1）1号线和2号线列车高速断路器分别安装在哪节车？

（2）列车一般共有几个高速断路器？

（3）高速断路器闭合的条件是什么？

（4）简述城市轨道交通车辆高速断路器常见故障的处理步骤方法。

（5）高速断路器的作用是什么？

（6）结合电路图说明高速断路器合闸控制过程、合闸原理。

（7）结合电路图说明高速断路器分闸原理。

（8）简述城市轨道交通车辆高速断路器通电前的检查方法。

（9）运行中引起高速断路器分断的原因有哪些？

（10）高速断路器断开的条件是什么？

（11）换端操作时需要关闭HSCB吗？

项目四　接触器的结构认知与检修

在电工学上,因为接触器可快速切断交流与直流主回路,并可频繁地接通与大电流控制(某些型号接触器可接通 800A)电路的装置,所以经常用于控制电动机,也可用于控制工厂设备、电热器、工作母机和各种电力机组等电力负载,接触器不仅能接通和切断电路,而且还具有低压释放保护作用。接触器控制容量大,适用于频繁操作和远距离控制,是自动控制系统中的重要元件之一。

接触器可以高频率操作,作为电源开启与切断控制时,最高操作频率可达每小时 1200 次。接触器的使用寿命很高,机械寿命通常为数百万次至一千万次,电寿命一般则为数十万次至数百万次。

任务一　认知接触器的作用类型和结构组成

学习目标

(1)理解接触器的用途和类型。
(2)掌握接触器的结构组成。
(3)了解接触器的主要技术参数。

学习任务

认知接触器的作用类型和结构组成,主要包括接触器的用途和类型、接触器的结构组成、接触器的主要技术参数的认知。

工具设备

带接触器的城市轨道交通车辆车厢一节,城市轨道交通车辆各类接触器模型若干个,城市轨道交通车辆接触器实物若干个,以及计算机多媒体设备、课件、图片、示教板等。

教学环境

理实一体化教室或轨道交通综合实验室。

基础知识

能频繁关合、承载和开断正常电流及规定的过载电流的装置称为接触器,它用于远距离、频繁地接通和分断交、直流主电路和大容量控制电路的电器。其主要的控制对象为电动机,也可用于控制电热设备、电照明、电焊机和电容器组等电力负载。

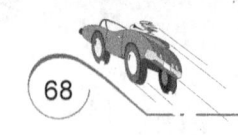

接触器是地铁列车控制系统中重要的控制器件，接触器的选型与应用是否合适，直接关系到列车控制系统运行的可靠性。

一、接触器的用途类型

1. 接触器的用途

地铁车辆直流电磁接触器是一种用来频繁地接通和切断主电路的自动切换电器，它的特点是能进行远距离自动控制，操作频率较高，通断电流较大。

2. 接触器的类型

接触器按通断电路电流种类可分为直流接触器和交流接触器两种，按主触点数目可分为单极接触器（只有一对主触点）和多极接触器（有两对以上主触点），按传动方式可分为电空接触器和电磁接触器等。

如图 4.1 所示，电空接触器以压缩空气作为动力，广泛地应用于电力及内燃机车主回路中。但电空接触器也有弱点，它的关键部件之一橡胶皮碗在温度剧烈变化时极易软化或变硬，并与汽缸间的配合变坏，致使电器动作失灵，从而产生故障；它用压缩空气作为动力，风管管路复杂，在一定程度上影响了电器的可靠性；它对使用环境有一定的特殊要求。

正是由于电空接触器的上述弱点，在国外，机车主电路已广泛采用电磁接触器。随着轨道交通技术的快速发展，机车主电路用电磁接触器来取代电空接触器已成为发展趋势之一。同时城市地铁、油田钻井、电镀、风力发电等行业也需要大功率直流电磁接触器。

如图 4.2 所示，交流接触器利用主触点来开闭电路，用辅助触点来导通控制回路。

图 4.1 电空接触器　　　　　　　　　　图 4.2 交流接触器

主触点一般是常开触点，而辅助触点常有两对常开触点和常闭触点，小型的接触器也经常作为中间继电器配合主电路使用。

交流接触器的触点由银钨合金制成，具有良好的导电性和耐高温烧蚀性。交流接触器动作的动力源于交流电通过带铁芯线圈产生的磁场，电磁铁芯由两个"山"字形的幼硅钢片叠成，其中一个固定铁芯，套有线圈，工作电压可多种选择。为了使磁力稳定，铁芯的

吸合面加上短路环。交流接触器在失电后，依靠弹簧复位。另一半是活动铁芯，构造和固定铁芯一样，用以带动主触点和辅助触点的闭合、断开。20A 以上的接触器加有灭弧罩，利用电路断开时产生的电磁力，快速拉断电弧，保护触点。

二、接触器的结构特点

1．交流接触器的结构特点

电磁接触器由以下四部分组成。

1）电磁机构

电磁机构由线圈、动铁芯（衔铁）和静铁芯组成，其作用是将电磁能转换成机械能，产生电磁吸力带动触点动作。

2）触点系统

触点系统包括主触点和辅助触点。主触点用于通断主电路，通常为三对常开触点。辅助触点用于控制电路，起电气连锁作用，故又称为连锁触点，一般有常开、常闭各两对辅助触点。

3）灭弧装置

容量在 10A 以上的接触器都有灭弧装置，对于小容量的接触器，常采用双断口触点灭弧、电动力灭弧、相间弧板隔弧及陶土灭弧罩灭弧。对于大容量的接触器，采用纵缝灭弧罩及栅片灭弧。

4）其他部件

其他部件包括反作用弹簧、缓冲弹簧、传动机构及外壳等。

CJ10-20 型交流接触器的外形与结构如图 4.3 所示。

型号说明：CJ10Z-40/3 为交流接触器，设计序号 10，重任务型，额定电流 40A 主触点为 3 极。CJ12T-250/3 为改型后的交流接触器，设计序号 12，额定电流 250A，3 个主触点。

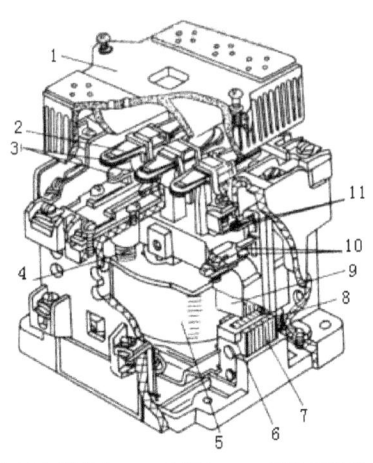

1—灭弧罩；2—触点压力弹簧片；3—主触点；4—反作用弹簧；5—线圈；6—短路环；
7—静铁芯；8—弹簧；9—动铁芯；10—辅助常开触点；11—辅助常闭触点

图 4.3 CJ10-20 型交流接触器外形与结构

2. 直流接触器的结构特点

直流电磁接触器一般由电磁机构、主触点、灭弧装置、辅助触点及支架和固定装置等组成。电磁机构由铁芯、带驱动杆的螺旋线圈、盖板组成。灭弧装置包括吹弧线圈和带电离栅的灭弧罩。电离栅将进入的电弧分割成一系列短弧，然后使电弧加速冷却，吹弧线圈确保快速和有效的灭弧。

触点是电器的执行机构，直接关系到电器工作的可靠性。触点有四种工作状态：闭合状态、闭合过程、断开状态和开断过程。在触点开断电流时，一般在两触点间会产生电弧，所以地铁列车上的接触器都有灭弧栅。触点的磨损有机械磨损、化学磨损和电气磨损三种，而电气磨损是主要的，发生在触点闭合电流的过程和触点开断电流的过程。触点熔焊主要发生在触点闭合电流的过程和触点处于闭合状态。触点熔焊后就不能执行开断电路的任务，甚至引起严重故障。

上海地铁一号线电动车辆主回路上使用的是 BMS.15.06 型单极直流电磁接触器，BMS.15.06 型直流电磁接触器的电磁机构是由铁芯、带驱动杆的螺管线圈、盖板组成，常称为螺管式电磁机构，如图 4.4 所示。

三、接触器的主要技术参数

1. 直流接触器的技术参数

额定电压：DC 1500V；
最大工作电压：DC 1800V；
额定绝缘电压：DC 1500V；
额定电流：600A；
一小时电流：630A；
短时电流（5s）：800A；
最大分断电流（15ms）：2400A；
闭合时间：约 100ms；
开断时间：约 75ms；
机械寿命：3×10^6 次；
电寿命：10^4 次；
触点压力：54~72N；
控制电源：DC 110V；
控制功率：30W。

图 4.4 直流接触器

2. 交流接触器的基本参数

1）额定电压

交流接触器的额定电压是指主触点额定工作电压，应等于负载的额定电压。一只接触器常规定几个额定电压，同时列出相应的额定电流或控制功率。通常，最大工作电压即为额定电压。常用的额定电压值为 220V、380V、660V 等。

2）额定电流

交流接触器的额定电流是指接触器触点在额定工作条件下的电流。380V 三相电动机控制电路中，额定工作电流可近似等于控制功率的两倍。常用额定电流等级为 5A、10A、20A、40A、60A、100A、150A、250A、400A、600A。

3）通断能力

通断能力可用最大接通电流和最大分断电流来表示。最大接通电流是指触点闭合时不会造成触点熔焊时的最大电流；最大分断电流是指触点断开时能可靠灭弧的最大电流。一般通断能力是额定电流的 5~10 倍。当然，这一数值与开断电路的电压等级有关，电压越高，通断能力越小。

4）动作值

交流接触器的动作值是指吸合电压和释放电压。吸合电压是指接触器吸合前，缓慢增加吸合线圈两端的电压，接触器可以吸合时的最小电压。释放电压是指接触器吸合后，缓慢降低吸合线圈的电压，接触器释放时的最大电压。一般规定，吸合电压不低于线圈额定电压的 85%，释放电压不高于线圈额定电压的 70%。

5）吸引线圈额定电压

吸引线圈额定电压是指接触器正常工作时，吸引线圈上所加的电压。一般该电压数值、线圈的匝数、线径等数据均标于线包上，而不是标于接触器外壳铭牌上，使用时应加以注意。

6）操作频率

接触器在吸合瞬间，吸引线圈需消耗比额定电流大 5~7 倍的电流，如果操作频率过高，则会使线圈严重发热，直接影响接触器的正常使用。为此，规定了接触器的允许操作频率，一般为每小时允许操作次数的最大值。

7）寿命

交流接触器的寿命包括电寿命和机械寿命。目前，接触器的机械寿命已达一千万次以上，电气寿命约是机械寿命的 5%~20%。

拓展知识

交流接触器技术的发展

交流接触器作为一个整体，外形和性能也在不断提高，但是功能始终不变。无论技术发展到什么程度，普通的交流接触器还是有其重要的地位。

空气式电磁接触器（Magnetic Contactor）：主要由触点系统、电磁操动系统、支架、辅助触点和外壳（或底架）组成。

因为交流电磁接触器的线圈一般采用交流电源供电，在接触器激磁之后，通常会有一声高分贝的"咯"的噪声，这也是电磁式接触器的特色。

20 世纪 80 年代后，各国研究交流接触器电磁铁的无声和节电，基本的可行方案之一是将交流电源用变压器降压后，再经内部整流器转变成直流电源后供电，但此复杂控制方式并不多见。

真空接触器：真空接触器是触点系统采用真空消磁室的接触器。

半导体接触器：半导体接触器是一种通过改变电路回路的导通状态和断路状态而完成电流操作的接触器。

永磁接触器：永磁接触器是利用磁极的同性相斥、异性相吸的原理，用永磁驱动机构取代传统的电磁铁驱动机构而形成的一种微功耗接触器。

任务二　认知接触器的工作过程

学习目标

（1）掌握交流接触器的工作过程。
（2）掌握直流接触器的工作过程。

学习任务

认知接触器的工作过程，主要包括交流接触器的工作过程、直流接触器的工作过程的认知。

工具设备

带接触器的城市轨道交通车辆车厢一节，城市轨道交通车辆各类接触器模型若干个，城市轨道交通车辆接触器实物若干个，以及计算机多媒体设备、课件、图片、示教板等。

教学环境

理实一体化教室或轨道交通综合实验室、地铁车辆检修基地现场。

基础知识

接触器是一种用来频繁地接通和分断主电路、辅助电路及较大容量控制电路的自动切换电器，它的特点是能进行远距离自动控制，操作频率较高，通断电流较大。

一、交流接触器工作过程

如图 4.5 所示，电磁式接触器的工作原理：线圈通电后，在铁芯中产生磁通及电磁吸力。此电磁吸力克服弹簧反力使得衔铁吸合，由于触点系统是与动铁芯联动的，动铁芯带动触点机构动作，常闭触点打开，常开触点闭合，互锁或接通线路或电源。当线圈失电或线圈两端电压显著降低时，电磁吸力小于弹簧反力，动铁芯联动部分依靠弹簧的反作用力而分离，使得衔铁释放，触点机构复位，断开线路或解除互锁，切断电源。

二、直流接触器工作过程

1. 直流接触器工作原理

如图 4.6 所示，在电磁线圈未得电时，衔铁在反力弹簧作用下保持在释放位置，当电磁线圈得电后，线圈电流会产生磁场，产生的磁场使静铁芯产生电磁吸力，铁芯在电磁力作用下带动驱动杆克服反力弹簧运动，并带动交流接触器触点动作，常闭触点断开，常开触点闭合，两者是联动的，动触点与静触点闭合，辅助触点依靠安装的驱动凹轮，正常地打开或闭

合，主接触器进入工作状态。失电后，电磁力小时，反力弹簧起作用，主触点分断，同时辅助触点的状态也跟着变化。直流接触器的工作原理跟温度开关的原理有点相似。

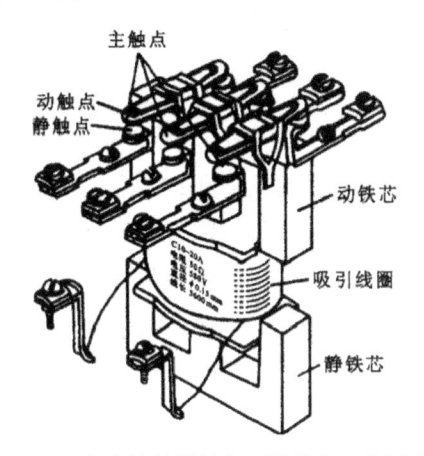

图4.5 交流接触器的主要结构和工作原理

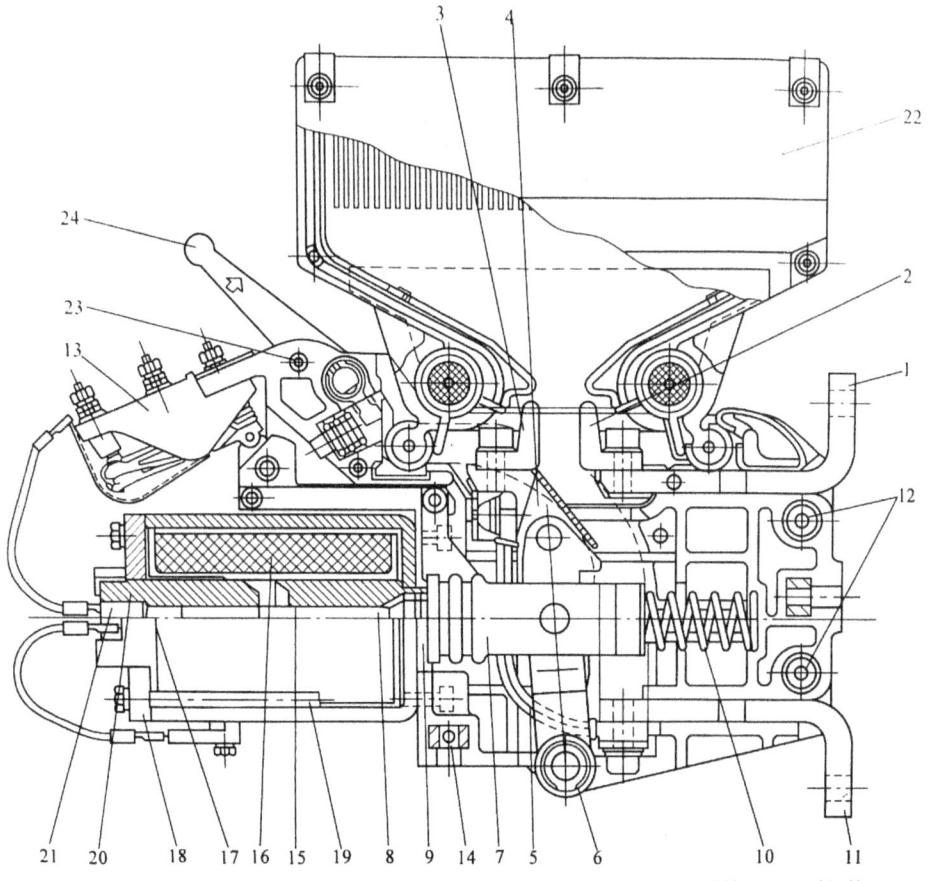

1—上接线端；2—静触点；3—动触点；4—触点座；5—软连接；6—驱动轴；7—驱动机构；8—活塞杆；9—缓冲器；10—反力弹簧；11—下接线端；12、14、19—螺栓；13—辅助开关；15—静铁芯；16—线圈；17—导向器；18—线圈盖；20—动铁芯；21—开槽螺母；22—灭弧罩；23—螺钉；24—手柄

图4.6 直流接触器的结构

反力主要由弹簧力产生，通常是圆柱螺旋弹簧。圆柱螺旋弹簧分为拉伸弹簧和压缩弹簧两种，BMS.15.06 型直流电磁接触器采用的是压缩弹簧。直流接触器设计为模块结构，外壳材料阻燃、无毒、无环境污染。

2. 直流接触器工作特点

在电磁圈未通电时，衔铁在反力弹簧作用下保持在释放位置，通电后，电磁力带动驱动杆克服反力弹簧运动。主触点用来通断电路，触点镀银。当动触点在驱动杆的带动下与静触点刚接触时，接触点为触点上部，随着驱动杆继续运动，触点上压力不断增加，一直到电磁力与反力弹簧力平衡为止。运动过程中动触点在静触点上边滚动边滑动，使接触点移到触点下部。触点断开的过程则相反，这就使触点分断时所产生的电弧不致损坏正常接触点，而触点的滑动将其表面的氧化物或脏物擦掉，减小接触电阻。

拓展知识

直流接触器与交流接触器的区别

（1）交流接触器在应急时可以代替直流接触器，吸合时间不能超过 2h（因为交流线圈散热比直流差，这是由它们的结构不同决定的），真的要长时间使用最好在交流线圈中串一电阻，反过来直流接触器却不能代替交流接触器。

（2）交流接触器的线圈匝数少，直流接触器的线圈匝数多，从线圈的体积可以区分。对于主电路电流过大（I_e>250A）的情况下，接触器采用串联双绕组线圈。

（3）直流接触器的线圈的电抗大，电流小，接上交流电不会损坏，时合时放。交流接触器的线圈的电抗小，电流就大了，接上直流电就会损坏线圈。

（4）交流接触器在铁芯上有短路环，直流接触器上从原理上没有短路环。

（5）交流接触器的铁芯是由许多层硅钢片叠加而成，因为要减小涡流损耗，直流接触器的铁芯则是整块的。

（6）交流接触器用来控制交流负载，直流接触器用来控制直流负载，但控制线圈的电流可以是交流也可以是直流。交流接触器的铁芯由硅钢片冲制成型后叠压成双 E 形磁铁，而直流接触器的铁芯是由整块软磁钢制成，多为 U 形。直流接触器的电磁机构无涡流和磁滞损耗，铁芯由整块软钢组成，端面上无须装短路环。直流接触器采用磁吹式灭弧装置。交流接触器启动电流大，不适于频繁吸合和分断的场合。而直流接触器的操作频率较高，直流接触器的固有动作时间和固有释放时间要长。交流接触器的线圈匝数少，阻抗大，电流小，噪声大。直流接触器线圈匝数多，内阻大，电流相对大，但噪声小。

任务三　认知接触器的维护与检修

学习目标

（1）掌握接触器的一般维护检修方法。

（2）了解接触器的常见故障处理方法。

项目四　接触器的结构认知与检修

学习任务

认知接触器的维护与检修，主要包括接触器的一般维护检修方法、接触器的常见故障处理方法等的认知。

工具设备

带接触器的城市轨道交通车辆车厢一节，城市轨道交通车辆各类接触器模型若干个，城市轨道交通车辆接触器实物若干个，接触器维护与检修工具设备若干套，以及计算机多媒体设备、课件、图片、示教板等。

教学环境

理实一体化教室或轨道交通综合实验室、地铁车辆检修基地现场。

基础知识

主接触器 IVK 是城市轨道交通列车辅助供电系统 SIV 的 1500V 高压输入接触器，控制电压为 110V，如图 4.7 所示。

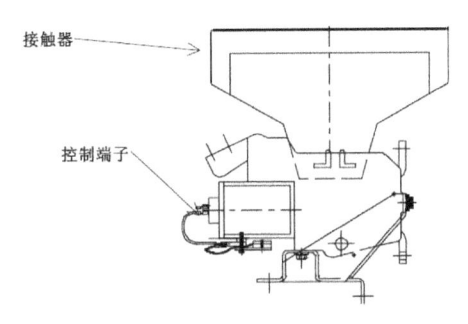

图 4.7　主接触器 IVK

一、接触器的运行与维护

1. 交流接触器的选用

（1）主回路触点的额定电流应大于或等于被控设备的额定电流，控制电动机的接触器还应考虑电动机的启动电流。为了防止频繁操作的接触器主触点烧蚀，频繁动作的接触器额定电流可降低使用。

（2）接触器的电磁线圈额定电压有 36V、110V、220V、380V 等，电磁线圈允许在额定电压的 80%～105%范围内使用。

2. 交流接触器使用中注意的事项

（1）励磁线圈电压应为（85%～105%）U_n。
（2）铁芯上短路环应完好。
（3）铁芯、触点支持件等活动部件动作应灵活。
（4）铁芯、衔铁端面接触良好、无异物。
（5）触点表面接触良好，有一定的超程和耐压力。

（6）操作频率应在允许范围内。

3. 交流接触器的运行维护

1）运行中检查项目。

（1）通过的负荷电流是否在接触器额定值之内。

（2）接触器的分合信号指示是否与电路状态相符。

（3）运行声音是否正常，有无因接触不良而发出放电声。

（4）电磁线圈有无过热现象，电磁铁的短路环有无异常。

（5）灭弧罩有无松动和损伤情况。

（6）辅助触点有无烧损情况。

（7）传动部分有无损伤。

（8）周围运行环境有无不利运行的因素，如震动过大、通风不良、尘埃过多等。

2）维护

在电气设备进行维护工作时，应一并对接触器进行维护工作。

（1）外部维护

① 清扫外部灰尘；

② 检查各紧固件是否松动，特别是导体连接部分，防止接触松动而发热。

（2）触点系统维护

① 检查动、静触点位置是否对正，三相线路触点是否同时闭合，如有问题应调节触点弹簧；

② 检查触点磨损程度，磨损深度不得超过 1mm，触点有烧损、开焊脱落时，须及时更换；轻微烧损时，一般不影响使用。清理触点时不允许使用砂纸，应使用整形锉；

③ 测量相间绝缘电阻，阻值不低于 10MΩ；

④ 检查辅助触点动作是否灵活，触点行程应符合规定值，检查触点有无松动脱落，发现问题时，应及时修理或更换。

（3）铁芯部分维护

① 清扫灰尘，特别是运动部件及铁芯吸合接触面间；

② 检查铁芯的紧固情况，铁芯松散会引起运行噪声加大；

③ 铁芯短路环有脱落或断裂要及时修复。

（4）电磁线圈维护

① 测量线圈绝缘电阻；

② 线圈绝缘物有无变色、老化现象，线圈表面温度不应超过 65℃；

③ 检查线圈引线连接，如有开焊、烧损应及时修复。

（5）灭弧罩部分维护

① 检查灭弧罩是否破损；

② 灭弧罩位置有无松脱和位置变化；

③ 清除灭弧罩缝隙内的金属颗粒及杂物。

4. 直流接触器触点的检查

主接触器在城市轨道交通列车年检以上修程中需要对触点进行打磨。检查过程中要注意，如果触点烧损的深度大于 3mm、长度大于 15mm，需要更换新的触点，如图 4.8 所示。

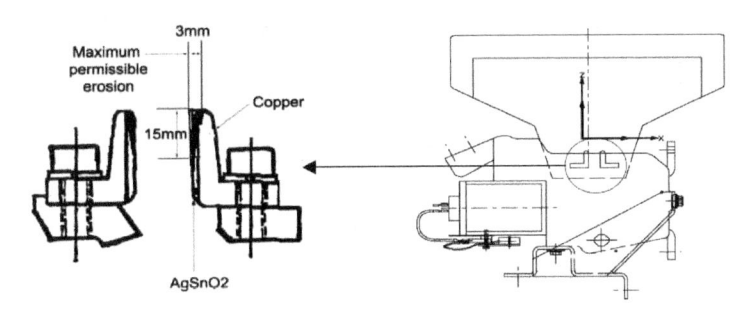

图 4.8　主接触器触点

二、接触器接触不牢靠的原因及处理方法

触点接触不牢靠会使动、静触点间接触电阻增大，导致接触面温度过高，使面接触变成点接触，甚至出现不导通现象。

1．造成此故障的原因

（1）触点上有油污、花毛、异物。

（2）长期使用，触点表面氧化。

（3）电弧烧蚀造成缺陷、毛刺或形成金属屑颗粒等。

（4）运动部分有卡阻现象。

2．处理方法

（1）对于触点上的油污、划毛或异物，可以用棉布蘸酒精或汽油擦洗即可。

（2）如果是银或银基合金触点，其接触表面生成氧化层或在电弧作用下形成轻微烧伤及发黑时，一般不影响工作，可用酒精和汽油或四氯化碳溶液擦洗。即使触点表面被烧得凸凹不平，也只能用细锉清除四周溅珠或毛刺，切勿锉修过多，以免影响触点寿命。

对于铜质触点，若烧伤程度较轻，只需用细锉把凸凹不平处修理平整即可，但不允许用细砂布打磨，以免石英砂粒留在触点之间，而不能保持良好的接触；若烧伤严重，接触面低落，则必须更换新触点。

（3）运动部分有卡阻现象，可拆开检修。

相关案例

牵引逆变器、辅助逆变器故障（接触器单元故障）

1．故障发生经过

（1）司机报告：MMI 显示××车牵引逆变器和辅助逆变器各有一个中级故障。到××站司机重启列车，故障仍然存在，运行到另外一个站，该车牵引逆变器和辅助逆变器出现严重故障。行调人员安排备用列车替换该车。

(2)第二天,某次在下行线地铁司机报告:MMI 显示该车牵引逆变器故障,无故障等级显示。SME 通知技术人员上车检查,确认为外部风扇启动顺序故障信息,外部风扇全速运转,列车可维持正常运营服务,直至运营结束。

2. 故障判断处理过程

(1)当天下午,中级故障车回库,检查 MMI,显示多次牵引逆变器和辅助逆变器的散热器过热的故障,检查测量外部风扇电动机绕组,发现电动机绕组相间电阻阻值有差异,更换了外部风扇,更换后试验风扇能转动。到晚上,又发现该车的牵引逆变器和辅助逆变器故障。检查发现外部风扇电动机绕组烧损,测量接触器单元的全速继电器的常开连锁开关导通,进一步检查发现为继电器机械卡位所致。随后更换了外部风扇和接触器单元,试验正常。

(2)第三天,该车回库后,检查 MMI,故障记录为该车外部风扇启动顺序错误。查看 PA 箱,外部风扇全速运转,复位 MCM 和 ACM 无效,用 DCUterm 软件强制全速停止无效。检查接触器单元,把接触器的辅助触块拆下,测量接触器各连锁开关逻辑正常,重新安装后试验故障消失,半/全速运行正常,判断为接触器单元的半速继电器机械作用不良所致。

3. 故障原因

(1)接触器单元的全速继电器机械卡位导致外部风扇相间短路烧损。
(2)接触器单元的半速继电器机械作用不良。

任务四　接触器的结构认知与检修操作运用案例

【操作运用案例1】　城市轨道交通车辆接触器的结构认知

1. 实训项目教师工作活页

实训项目教师工作活页　　　　NO:_____

实训项目	城市轨道交通车辆接触器的结构认知			
学　　时	2		班　级	略
实训场所	车底设备实验室或地铁车辆接触器检修基地现场			
工具设备	带接触器的城市轨道交通车辆车厢一节,城市轨道交通车辆各类接触器模型若干个,BMS.15.06 型直流电磁接触器和电空接触器若干个,以及计算机多媒体设备、课件、图片、示教板等。			
教学目标	专业能力	(1)能说出城市轨道交通车辆接触器的用途。 (2)能说出城市轨道交通车辆接触器的结构及类型。 (3)能指认城市轨道交通车辆接触器的主要部件,说出部件名称。 (4)能说出城市轨道交通车辆接触器的工作原理。 (5)能解释城市轨道交通车辆接触器的主要技术参数。		
^	方法能力	(1)能综合运用专业知识,通过利用专业书籍、多媒体课件和图片资料获得帮助信息。 (2)能根据实训项目学习任务确定实训方案,从中学会表达及展示活动过程和成果。		
^	社会能力	(1)能在实习训练活动中保持积极向上的学习态度。 (2)能与小组成员和教师就学习中的问题进行交流沟通。 (3)能与他人共享学习资源,具有较好合作能力和团队合作精神。		

项目四　接触器的结构认知与检修

续

教学活动	略（详见教学活动设计）		
教学评价	学生活动：① 以 5~7 人小组为单位开展实训活动，根据本组同学在实训过程中的能力表现及结果进行自评组内互评；② 根据其他小组同学在成果展示活动中的表现及结果进行互评。 教师活动：① 教师组织学生开展评价活动和总结；② 对学生在本实训项目单元中的成绩做出综合评价。		
教学资料	（1）城市轨道交通电气结构与检修教材。 （2）城市轨道交通车辆构造等参考书。 （3）实训项目学生学习活页（附页）。		
指导教师		教学时间	年　　月　　日

2. 实训项目学生学习活页

实训项目学生学习活页　　　　　　　　　　　NO:_____

实训项目 1　　城市轨道交通车辆接触器的结构认知

班级：_____　姓名：_____　学号：_____　时间：_____

一、实训目标
1. 专业能力目标
（1）能说出城市轨道交通车辆接触器的用途。
（2）能说出城市轨道交通车辆接触器的结构及类型。
（3）能指认城市轨道交通车辆接触器的主要部件，说出部件名称。
（4）能说出城市轨道交通车辆接触器的工作原理。
（5）能解释城市轨道交通车辆接触器的主要技术参数。
2. 方法能力目标
（1）能综合运用专业知识，通过利用专业书籍、多媒体课件和图片资料获得帮助信息。
（2）能根据实训项目学习任务确定实训方案，从中学会表达及展示活动过程和成果。
3. 社会能力目标
（1）在实习训练中保持积极向上的学习态度。
（2）能与小组成员和教师就学习中的问题进行交流沟通。
（3）能与他人共享学习资源，具有较好合作能力和团队协作精神。
二、知识总结
（1）简要说出城市轨道交通车辆接触器的用途和类型。

（2）简要说出城市轨道交通车辆接触器的组成。

（3）简要说出城市轨道交通车辆接触器的工作特点。

三、操作运用

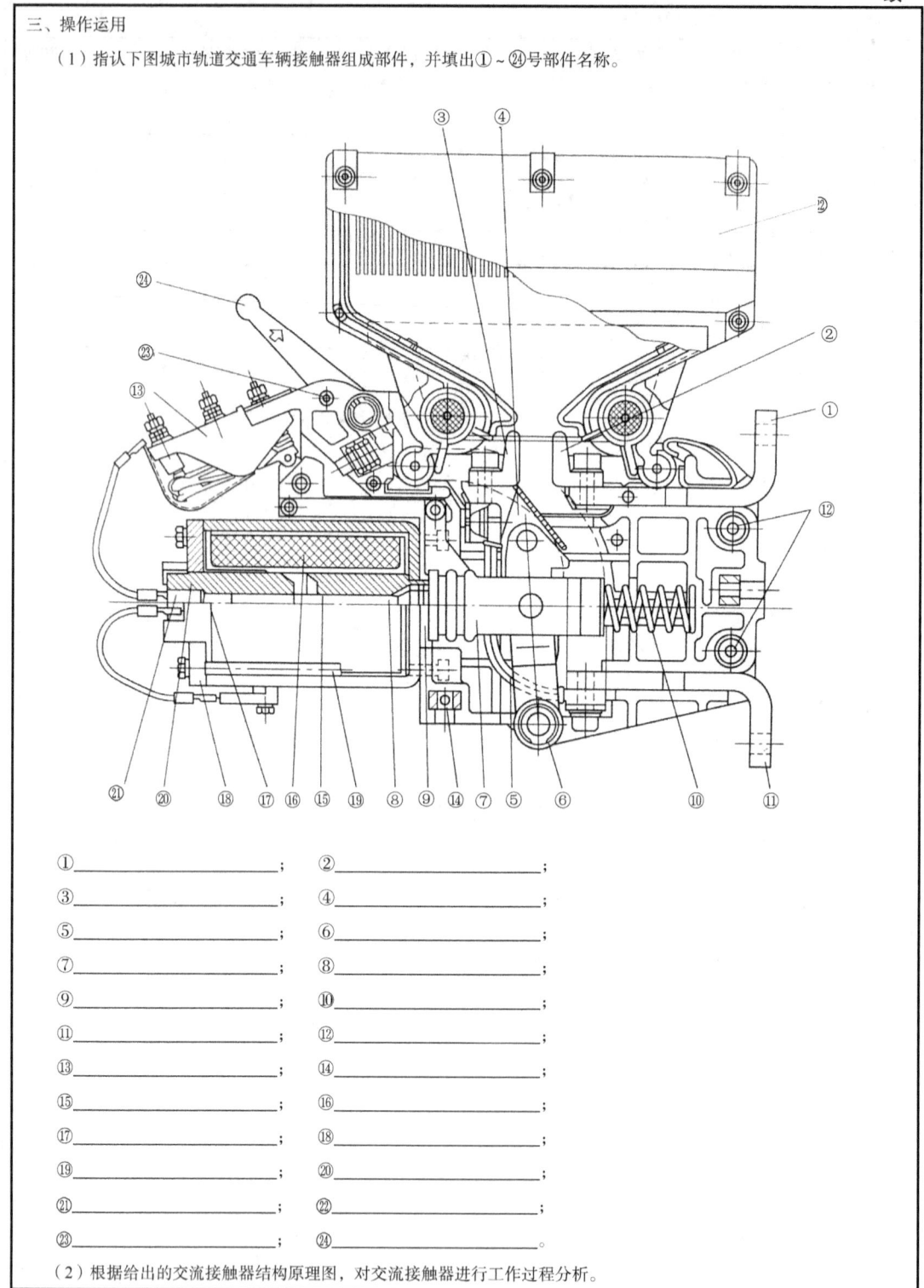

（1）指认下图城市轨道交通车辆接触器组成部件，并填出①~㉔号部件名称。

① _____ ；	② _____ ；
③ _____ ；	④ _____ ；
⑤ _____ ；	⑥ _____ ；
⑦ _____ ；	⑧ _____ ；
⑨ _____ ；	⑩ _____ ；
⑪ _____ ；	⑫ _____ ；
⑬ _____ ；	⑭ _____ ；
⑮ _____ ；	⑯ _____ ；
⑰ _____ ；	⑱ _____ ；
⑲ _____ ；	⑳ _____ ；
㉑ _____ ；	㉒ _____ ；
㉓ _____ ；	㉔ _____ 。

（2）根据给出的交流接触器结构原理图，对交流接触器进行工作过程分析。

续

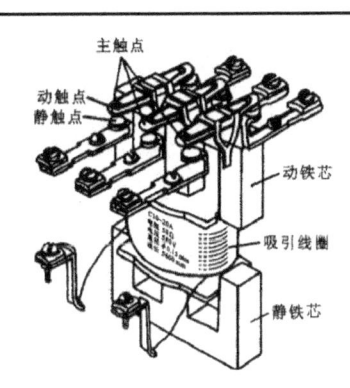

（3）回答下表中城市轨道交通车辆接触器的技术参数。

项目名称	BMS.15.06型直流电磁接触器
额定电压	
最大工作电压	
额定绝缘电压	
额定电流	
一小时电流	
短时电流（5s）	
最大整断电流（15ms）	
闭合时间	
开断时间	
机械寿命	
电寿命	
触点压力	
控制电源	
控制功率	

四、实训小结

_____
_____
_____

五、成绩评定

1. 学生评价

评价等级	A—优	B—良	C—中	D—及格	E—不及格
学生自评					
组内互评					
他组互评					

续

2. 教师评价

评价等级	A—优	B—良	C—中	D—及格	E—不及格
专业能力					
方法能力					
社会能力					
评价结果					

3. 综合评价

评价等级	A—优	B—良	C—中	D—及格	E—不及格
评价结果					

注：按照学生自评占10%、组内互评占10%、他组互评占20%、教师评价占60%比例计分，其中：A—100分、B—85分、C—75分、D—60分、E—50分。

4. 评价量规

等　级	行为表现描述
A	能圆满高效地完成实训任务的全部内容
B	能顺利完成实训任务的全部内容
C	能完成实训任务的全部内容，但需要一些帮助和指导
D	自己只能完成实训任务的部分内容，但在现场的指导下，已经能完成任务的全部内容
E	不能完成实训任务的全部内容

【操作运用案例2】 城市轨道交通车辆接触器的维护与检修

1. 实训项目教师工作活页

实训项目教师工作活页　　　　　　　　　　NO:＿＿＿

实训项目	城市轨道交通车辆接触器的维护与检修		
学　时	2	班　级	略
实训场所	车底设备实验室或地铁车辆接触器检修基地现场		
工具设备	带接触器的城市轨道交通车辆车厢一节，城市轨道交通车辆各类接触器模型若干个，BMS.15.06型直流电磁接触器和电空接触器若干个，接触器维护与检修工具设备若干套，以及计算机多媒体设备、课件、图片、示教板等。		
教学目标	专业能力	（1）能说出城市轨道交通车辆接触器的用途及结构。 （2）能说出城市轨道交通车辆接触器的维护方法。 （3）能说出城市轨道交通车辆接触器的常见故障处理方法。 （4）能规范检查城市轨道交通车辆接触器的基本技术状况。	
	方法能力	（1）能综合运用专业知识，通过利用专业书籍、多媒体课件和图片资料获得帮助信息。 （2）能根据实训项目学习任务确定实训方案，从中学会表达及展示活动过程和成果。	
	社会能力	（1）能在实习训练活动中保持积极向上的学习态度。 （2）能与小组成员和教师就学习中的问题进行交流沟通。 （3）能与他人共享学习资源，具有较好合作能力和团队协作精神。	
教学活动	略（详见教学活动设计）		

续

教学评价	学生活动：① 以 5~7 人小组为单位开展实训活动，根据本组同学在实训过程中的能力表现及结果进行自评组内互评；② 根据其他小组同学在成果展示活动中的表现及结果进行互评。 教师活动：① 教师组织学生开展评价活动和总结；② 对学生在本实训项目单元中的成绩做出综合评价。		
教学资料	（1）城市轨道交通电气结构与检修教材。 （2）城市轨道交通车辆运用与检修等参考书。 （3）实训项目学生学习活页（附页）。		
指导教师		教学时间	年　　月　　日

2. 实训项目学生学习活页

实训项目学生学习活页　　　　　　　　　　　　NO:_____

实训项目 2　　　城市轨道交通车辆接触器维护与检修

班级：_____　姓名：_____　学号：_____　时间：_____

一、实训目标

1. 专业能力目标

（1）能说出城市轨道交通车辆接触器的用途及结构。

（2）能说出城市轨道交通车辆接触器的维护方法。

（3）能说出城市轨道交通车辆接触器的常见故障处理方法。

（4）能规范检查城市轨道交通车辆接触器的基本技术状况。

2. 方法能力目标

（1）能综合运用专业知识，通过利用专业书籍、多媒体课件和图片资料获得帮助信息。

（2）能根据实训项目学习任务确定实训方案，从中学会表达及展示活动过程和成果。

3. 社会能力目标

（1）在实习训练中保持积极向上的学习态度。

（2）能与小组成员和教师就学习中的问题进行交流沟通。

（3）能与他人共享学习资源，具有较好合作能力和团队协作精神。

二、知识总结

（1）简要说出城市轨道交通车辆接触器的一般维护方法。

（2）简要说出城市轨道交通车辆接触器常见故障的处理方法。

三、操作运用

（1）根据给出的接触器检查作业指导，进行接触器技术状况检查并填写检查结果。

续

作业项目、内容	作业标准及要求	检查手段	检查结果
检查接触器单元	（1）接触器单元安装紧固 （2）各电气连接线紧固，紧固螺钉、防松标识线清晰无错位，无放电痕迹 （3）电气连接插安装紧固	目视、操作检查	
检查接触器单元	（1）打开分离、充电接触器灭弧罩，检查分离、充电接触器主动、静触点无烧损现象 （2）分离、充电接触器手动闭合正常 （3）分离、充电接触器灭弧罩安装到位，紧固	目视、操作检查	
清洁接触器单元	用酒精清洗分离接触器、充电接触器的触点，检查触点无明显的烧损痕迹	清洁	
检查风扇控制单元接触器阻值	（1）测量线圈的阻值为进口接触器：3.4~3.8kΩ；国产接触器：5.8~6.5kΩ （2）手动闭合接触器，测量其主触点及常开连锁触点阻值正常范围是 0~1Ω 且无跳变 （3）接触器断开位测量常闭连锁触点阻值正常范围是 0~1Ω 且无跳变	测量检查	
检查车间供电接触器	车间供电接触器安装螺钉、防松线清晰无错位，各电气连接螺钉、防松线清晰无错位	操作检查	
清洁车间供电接触器	用酒精清洗车间供电接触器触点，触点无明显的烧损痕迹	清洁	

（2）操作演示怎样进行城市轨道交通车辆接触器触点阻值的测量，并完成以下测量记录表（在轨道交通实验室城市轨道交通车辆接触器实物实操区域中操作演示）。

PA/PH 箱风扇接触器触点阻值测量记录表

	检查内容	全速1	全速2	半速	制动电阻
断开时测量	绕组电阻				
	常开触点 1/2（∞）				
	常开触点 3/4（∞）				
	常开触点 5/6（∞）				
	常开触点 33/34（∞）				
	常闭触点 21/22（1Ω以下）				
闭合时测量	常开触点 1/2（1Ω以下）				
	常开触点 3/4（1Ω以下）				
	常开触点 5/6（1Ω以下）				
	常开触点 33/34（1Ω以下）				
	常闭触点 21/22（∞）				

续

检查内容		是否卡滞	备注
检查内容	全速空开		
	半速空开		
	制动电阻空开		
	制动电阻接触器		
	全速1接触器		
	全速2接触器		
	半速接触器		
注意：测量绕组电阻时一定要先把全速接触器的线圈一端（239-2线）甩开				
检测仪器：万用表 型号： 精度： 量程： 出厂编号：				

注：① 测量线圈的阻值正常范围为进口接触器：3.4～3.8kΩ；国产接触器：5.8～6.5kΩ。

② 手动闭合接触器，测量其主触点及常开连锁触点阻值正常范围是0～1Ω且无跳变；接触器断开位测量常闭连锁触点阻值正常范围是0～1Ω，且阻值无跳变。

③ 若测量值不在标准范围内，则在记录表的"备注"栏对故障进行简要说明，且须注明故障单号。

四、实训小结

_____
_____
_____

五、成绩评定

1. 学生评价

评价等级	A—优	B—良	C—中	D—及格	E—不及格
学生自评					
组内互评					
他组互评					

2. 教师评价

评价等级	A—优	B—良	C—中	D—及格	E—不及格
专业能力					
方法能力					
社会能力					
评价结果					

3. 综合评价

评价等级	A—优	B—良	C—中	D—及格	E—不及格
评价结果					

注：按照学生自评占10%、组内互评占10%、他组互评占20%、教师评价占60%比例计分，其中：A—100分、B—85分、C—75分、D—60分、E—50分。

续

4. 评价量规	
等　　级	行为表现描述
A	能圆满高效地完成实训任务的全部内容
B	能顺利完成实训任务的全部内容
C	能完成实训任务的全部内容，但需要一些帮助和指导
D	自己只能完成实训任务的部分内容，但在现场的指导下，已经能完成任务的全部内容
E	不能完成实训任务的全部内容

思考与练习

（1）接触器一般有几种类型？

（2）城市轨道交通车辆接触器的用途是什么？城市轨道交通车辆一般用哪种类型的接触器？

（3）简述城市轨道交通车辆接触器的组成。

（4）简述交流接触器的组成。

（5）结合交流接触器结构原理图说明交流接触器的工作原理点。

（6）结合城市轨道交通车辆接触器结构原理图说明它的工作原理点。

（7）城市轨道交通车辆受电弓的主要技术参数有哪些？

（8）城市轨道交通车辆接触器的维护内容有哪些？

（9）如何检查城市轨道交通车辆接触器的触点？

（10）城市轨道交通车辆接触器的常见故障处理方法有哪些？

项目五 制动电阻器的结构认知与检修

在变频调速系统中,电机的降速和停机是通过逐渐减小频率来实现的,在频率减小的瞬间,电机的同步转速随之下降,而由于机械惯性的原因,电机的转子转速未变。当同步转速小于转子转速时,转子电流的相位几乎改变了180°,电机从电动状态变为发电状态;与此同时,电机轴上的转矩变成了制动转矩,使电机的转速迅速下降,电机处于再生制动状态。电机再生的电能经续流二极管全波整流后反馈到直流电路。由于直流电路的电能无法通过整流桥回馈到电网,仅靠变频器本身的电容吸收,虽然其他部分能消耗电能,但电容仍有短时间的电荷堆积,形成"泵升电压",使直流电压升高。过高的直流电压将使各部分器件受到损害。因此,负载处于发电制动状态中,必须采取措施处理这部分再生能量。处理再生能量的方法:能耗制动和回馈制动。

任务一 认知电阻制动基础知识

学习目标

(1)理解制动模式与制动力分配原则。
(2)掌握制动单元的功能和制动电阻器的作用、基本结构。
(3)了解制动电阻器的主要技术参数。

学习任务

认知电阻制动基础知识,主要包括制动模式与制动力分配原则、制动单元的功能和制动电阻器的作用及基本结构、制动电阻器的主要技术参数的认知。

工具设备

带制动电阻箱的城市轨道交通车辆车厢一节,城市轨道交通车辆制动电阻器模型一套,城市轨道交通车辆制动电阻器实物一套,以及多媒体设备课件、图片、电阻制动示教板、计算机多媒体设备等。

教学环境

理实一体化教室或轨道交通综合实验室。

基础知识

电阻制动又称为动态制动,是铁路机车车辆和地铁车辆的一种常见制动方式,广泛应用于电力机车和电传动柴油机车。在制动过程中，将原来驱动轮对的牵引电动机转变为发电机，利用列车的惯性由轮对带动电动机转子旋转而发电，从而产生反转力矩，消耗列车的动能，达到产生制动作用的目的。而电机发出的电流通过专门设置的电阻器，采用通风散热将热量消散于空气中。

一、制动模式与制动力分配原则

1. 制动方式

城市轨道交通车辆采用的制动方式有再生制动、电阻制动、磁轨制动和空气（摩擦）制动。

1）再生制动

再生制动就是将列车的动能经牵引电动机及控制电路，转换为电能反馈到供电线路上。

2）电阻制动

电阻制动也称为能耗制动，它是将列车的动能经牵引电动机及控制电路，转换为电能消耗在电阻上。

3）磁轨制动

磁轨制动是用电磁铁与钢轨间的作用力实施制动的，如图 5.1 所示。

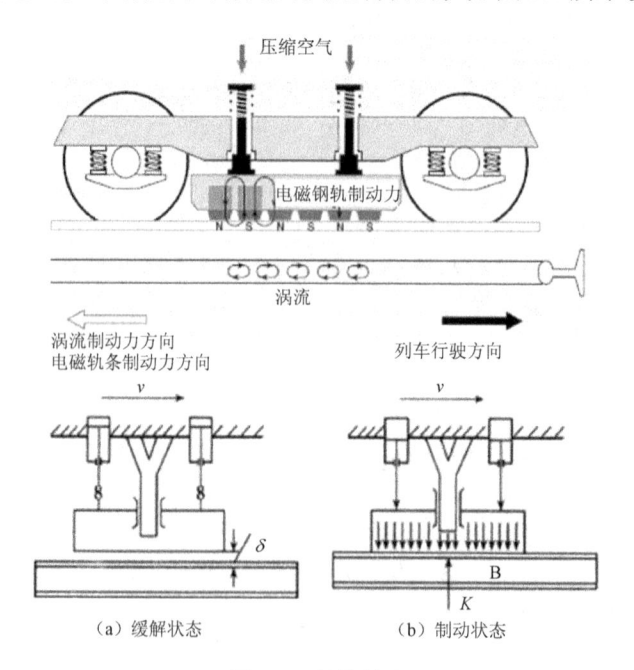

图 5.1 磁轨制动

4）摩擦制动

摩擦制动又称为机械制动，分为闸瓦制动和盘型制动。闸瓦制动又称为踏面制动，它是由闸瓦压紧车轮的踏面产生阻力实现制动，如图 5.2 所示。盘型制动就是在车轴上安装制动盘，闸片夹紧制动盘产生阻力实现制动，如图 5.3 所示。

图 5.2　闸瓦制动　　　　　　　　图 5.3　盘型制动

2. 制动模式

1）紧急制动

紧急情况下，为使列车尽快停住而施加的制动，称为紧急制动。其特点与快速制动类似，但只采用空气制动。

2）快速制动（非常制动）

紧急情况下，为使列车尽快停住而施加的制动，称为快速制动（非常制动）。其特点是把列车所有的制动力全部用上，且作用迅猛，制动力为最大常用制动力的 1.4~1.5 倍，通常是电、空联合制动。

3）常用制动

正常情况下，为调节、控制列车速度或列车进站停车所施加的制动，称为常用制动。其特点是作用比较缓和，且作用可以调节。通常，常用制动只有列车制动力的 20%~80%，多数情况下只有列车制动力的 50%。

4）保压制动

保压制动是列车在停车过程中（电制动逐渐减小，气制动逐渐增加）施加的制动。

5）停放制动

为使列车存放在一定坡度的坡道上不下滑而施加的制动。

3. 制动力的分配原则

1）电制动力的分配原则

编组方式为一拖两动的列车，假设每节车自己制动，总共需要 300% 的制动力，因此电制动时，两节动车（B 车和 C 车）各承担 150% 的制动力。

2）气制动力的分配原则

由于每节车有独立的气制动控制电路及部件，假设每节车自己制动，总共需要 300% 的制动力，因此气制动时，每节车的 ECU 根据每节车的重量，负责本车 100% 的制动力。

二、制动单元的功能和制动电阻器的作用

能耗制动采用的方法是在变频器直流侧加放电阻单元组件，将再生电能消耗在功率电阻上来实现制动。这是一种处理再生能量的最直接的办法，它是将再生能量通过专门的能耗制动电路消耗在电阻上，转化为热能，因此又称为"电阻制动"，它包括制动单元和制动电阻两部分。

1. 制动单元的功能

如图 5.4 所示,制动单元的功能是当直流回路的电压超过规定的限值(如 660V 或 710V)时,接通耗能电路,使直流回路通过制动电阻后以热能方式释放能量。制动单元可分内置式和外置式两种,前者是适用于小功率的通用变频器,后者则是适用于大功率变频器或是对制动有特殊要求的工况中。从原理上讲,二者并无区别,都是作为接通制动电阻的"开关",它包括功率管、电压采样比较电路和驱动电路。

图 5.4 制动控制单元

2. 制动电阻器的作用

1)制动电阻的安装位置和类型特点

制动电阻用于车辆的电阻制动,承担电机电流中不能再生的那部分制动电流,该电阻应有充分的容量来承受持续制动下 100%的制动负载,直到电机电压升到极限。制动电阻箱悬挂安装于车辆底架下方,如图 5.5 所示,制动电阻冷却方式为强迫风冷(卧式通风)。

带状电阻条通过制动电流以发热的方式将能量传递出去。根据这一原理,带状电阻条除要求有良好的热容量、耐震动外,还要求能防腐蚀,在高温下不生成氧化层,特别要注意在正常使用周期内不断裂。通常在工程上选用较多的是波纹电阻和铝合金电阻两种:前者采用表面立式波纹有利于散热减低寄生电感量,并选用高阻燃无机涂层,有效保护电阻丝不被老化,延长使用寿命;后者则具有耐气候性、耐震动性,优于传统瓷骨架电阻器,广泛应用于有高要求的恶劣工控环境,易紧密安装,易附加散热器,外形美观。

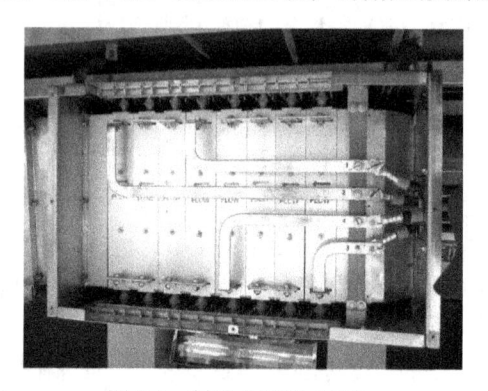

图 5.5 制动电阻箱(柜)

2）制动电阻的作用

制动电阻将电机快速制动过程中的再生电能直接转化为热能，这样再生电能就不会反馈到电源电网中，不会造成电网电压波动，从而起到了保证电源电网平稳运行的作用。

电机在快速停车过程中，由于惯性作用，会产生大量的再生电能，如果不及时消耗掉这部分再生电能，就会直接作用于变频器的直流电路部分，轻者，变频器会报故障，重者，则会损害变频器；制动电阻的出现，很好地解决了这个问题，它能保护变频器不受电机再生电能的危害。

3. 制动电阻器的基本结构

如图 5.6 所示，地铁制动电阻装置由制动电阻柜、冷却通风机、电控箱、安装吊挂装置、过渡风道、出风筒等部分组成。制动电阻具有短时高功率的特点，用做再生制动的补充。整个装置外露部分全部采用不锈钢材料，采用轻量化设计，制动电阻装置为卧式安装，通风机将气体下的空气通过网罩吸进导风筒，经过电阻柜冷却电阻带，然后从出风筒吹向轨道。

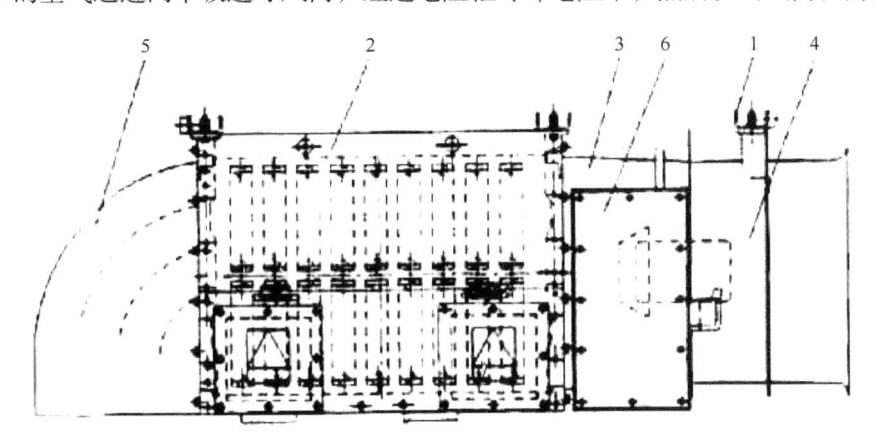

1—安装吊挂装置；2—电阻柜；3—过渡风道；4—通风机；5—出风筒；6—电控箱

图 5.6 地铁制动电阻装置

如图 5.7 所示，制动电阻箱（柜）共装有 18 个电阻元件，共分两层九列，每层九个元件用连接母线串联成一电阻段，两个电阻段并联成一个电阻，阻值约 1.7Ω。从进风口到出风口分别采用三种厚度不同的电阻带，厚度递增，阻值递减，其消耗的能量递减，更有利于散热。

三、制动电阻器的主要技术参数

（1）电阻值：20℃时的阻值与热态时的阻值。

（2）电阻材料：材质及温度系数。

（3）功率：等效持续功率与短时最大功率。

（4）最高工作温度：一般 600℃左右。

（5）冷却：多数采用强迫风冷，少数采用自然风冷（列车走行风）。

（6）保护：过热、过流、失风（若用强迫风冷）保护、IP 等级（电阻箱外观保护等级）。

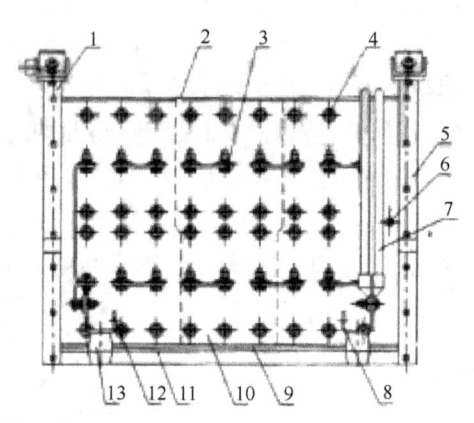

1—出风口框架；2—顶侧云母板；3—连接母线；4—元件固定螺母；5—进风口框架；6—风压开关扇子；7—连接电缆；8—出线扇子；9—底侧云母板；10—侧云母板；11—底部支撑梁；12—出线端子；13—绝缘子

图 5.7 地铁制动电阻箱（柜）

拓展知识

制动单元与制动电阻的选配

（1）首先，估算出制动转矩＝(电机转动惯量+电机负载侧折算到电机侧的转动惯量)×(制动前速度－制动后速度)]/375×减速时间－负载转矩。

一般情况下，在进行电机制动时，电机内部存在一定的损耗，约为额定转矩的 18%～22%，因此计算出的结果小于此范围就无须接制动装置。

（2）接着，计算制动电阻的阻值＝制动元件动作电压值的平方/[0.1047×(制动转矩－20%电机额定转矩)×制动前电机转速]。在制动单元工作过程中，直流母线的电压升降取决于常数 RC，R 为制动电阻的阻值，C 为变频器内部电解电容的容量。这里制动单元动作电压值一般为 710V。

（3）然后进行制动单元的选择。在进行制动单元的选择时，制动单元的工作最大电流是选择的唯一依据，其计算公式：制动电流瞬间值＝制动单元直流母线电压值/制动电阻值。

（4）最后计算制动电阻的标称功率。由于制动电阻为短时工作制，因此根据电阻的特性和技术指标，我们知道电阻的标称功率将小于通电时的消耗功率，一般可用公式求得：制动电阻标称功率＝制动电阻降额系数×制动期间平均消耗功率×制动使用率。

相关案例

制动电阻器主要技术参数举例

A 型车、网压 DC 1 500V、4M2T 编组的列车使用的制动电阻参数如下：

20℃时的电阻值：$2×3.0Ω$；

热态电阻：$2×3.5Ω$；

材料：aisi 310s；

短时功率：$2×750$kW；

等效持续功率：2×220kW；

冷却方法：强迫风冷；

风量：1.2m³/s；

风压：300Pa；

风机功率：1.2kW，AC 380V，50Hz；

最高工作温度：600℃（电阻带处）。

任务二　认知制动电阻器的工作过程

学习目标

（1）掌握电阻制动的原理过程。

（2）掌握常规制动、快速制动、紧急制动指令的作用及电路原理。

（3）了解停放制动的电路原理。

学习任务

认知制动电阻器的工作过程，主要包括电阻制动的原理过程、常规制动、快速制动、紧急制动指令的作用及电路原理和停放制动的电路原理。

工具设备

带制动电阻箱的城市轨道交通车辆车厢一节，城市轨道交通车辆制动电阻器模型一套，城市轨道交通车辆制动单元和制动电阻器实物一套，以及多媒体设备课件、图片、列车制动控制电路示教板、计算机多媒体设备等。

教学环境

理实一体化教室或轨道交通综合实验室、地铁车辆检修基地现场。

基础知识

电阻制动的原理是因为转子有电流流动，在定子的磁场产生与转动方向相反的力矩，制动力与速度成正比，因此当机车运行速度较低（<10km/h）的时候，由于转子转速慢，减少了产生的电流和反转力矩，会导致制动效率大幅下降甚至失效。加馈电阻制动正是为了解决这个问题而出现，在低速制动时由机车电路系统为转子供给一定电流，增加制动力，使机车在慢速下也能进行电阻制动，有效扩大电阻制动的应用范围。

一、电阻制动原理过程

1. 电阻制动的动作过程

（1）当电动机在外力的作用下减速时，电机以发电状态运行，产生再生能量。其产生的三相交流电动势被变频器逆变部分的六个续流二极管组成的三相全控桥整流，使变频器内直流母线电压持续升高。

（2）当直流电压达到某一电压（制动单元的开启电压）时，制动单元功率开关管开通，电流流过制动电阻。

（3）制动电阻释放热量，吸收再生能量，电机转速下降，变频器直流母线电压降低。

（4）当直流母线电压降到某一电压（制动单元停止电压）时，制动单元的功率管关断。此时没有制动电流流过电阻，制动电阻自然散热，降低自身温度。

（5）当直流母线的电压重新升高使制动单元动作时，制动单元将重复以上过程，平衡母线电压，使系统正常运行。

2．制动单元动作情况

（1）由于制动单元的工况属于短时工作，即每次的通电时间很短，在通电时间内，其温升远远达不到稳定温升；而每次通电后的间歇时间则较长，在间歇时间内，其温度足以降到与环境温度相同，因此制动电阻的额定功率将大大降低。

（2）由于制动单元只有一个，制动时间为毫秒级，对功率管开通与关断的暂态性能指标要求低，要求关断时间尽量短，以降低关断脉冲电压，保护功率管。

二、列车制动控制

驾驶台的方向手柄、牵引手柄也是列车制动的主要控制器，牵引手柄（2A01-S21、-S22、-S23、-S24）有四个位置：牵引（DR）、中间（0）、常用制动（BR）、快速制动（FB）。

制动指令均为低电平有效（即失电时发生制动作用）。制动指令有常规制动指令（NO SERVICE BRAKE）/BB、快速制动指令（NO FAST BRAKE）/BSB 和紧急制动指令（NO EMERGENCY BRAKE）/BNB 三种。列车制动控制电路如图 5.8 所示。

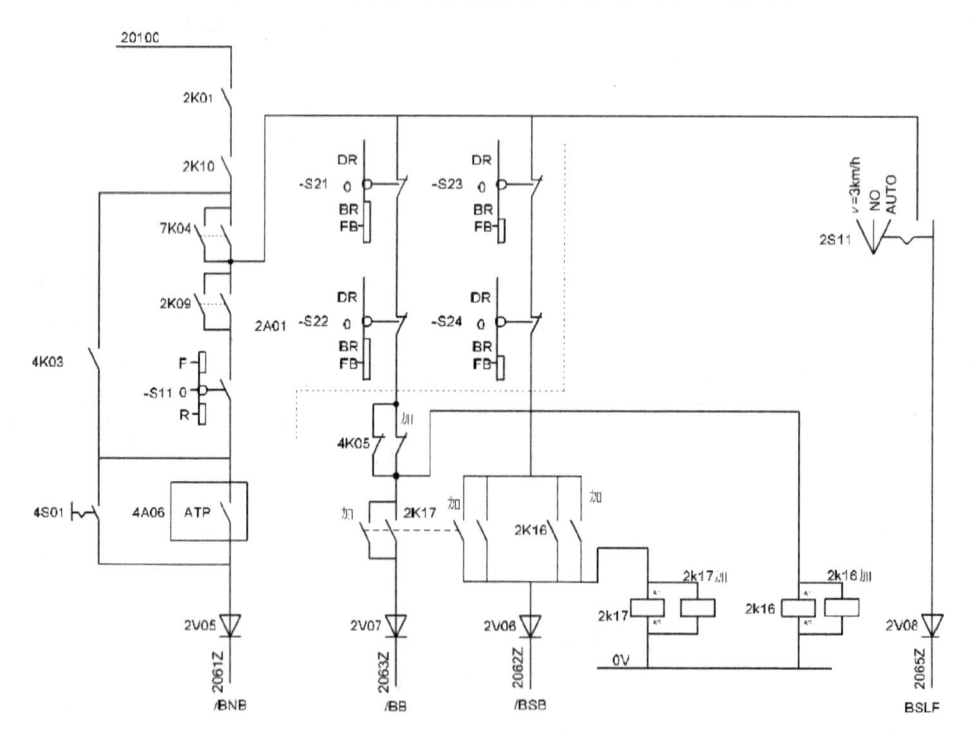

图 5.8 列车制动控制电路

1. 常用制动/BB

牵引手柄向后拉到制动（BR）位，或 ATO/ATP 系统动作时，均可使/BB 线路有效（失电），断开两个触点（-S21、-S22），使 2063Z 线路失电，"常用制动"信号传入制动控制系统，2K17 失电，产生常用制动。

得电线路：20100（DC 110V）→2K01（激活）→2K10→7K04（车间电源）→2A01（控制手柄）→S21→4K05（自动制动模式继电器）→2K17 常开触点（制动中间继电器）→2V07→2063Z（/BB）。

常用制动产生的条件如下。

（1）若由 ATP 输出常用制动命令，使 4K05 常闭触点断开，2063Z 线路为低电平，有常用制动命令输出。

（2）若是主控手柄拉制动区，2A01-S21、2A01-S22 触点断开，使 2063Z 线路为低电平，有常用制动命令输出。

（3）人工驾驶时，方向手柄回"0"位，使 2063Z 线路为低电平，有常用制动命令输出。

2. 快速制动/BSB

牵引手柄向后拉到快速制动（FB）位，断开四个触点（-S21、-S22、-S23、-S24），使 2063Z、2062Z 线路失电，"快速制动"信号传入制动控制系统，2K16、2K17 同时失电，产生快速制动。

得电线路：20100（DC 110V）→2K01（激活）→2K10→7K04（车间电源）→2A01（控制手柄）→S23→4K05（自动制动模式继电器）→2K16 常开触点（制动中间继电器）→2V06→2062Z（/BSB）。

快速制动产生的条件如下。

（1）人工驾驶时，方向手柄回"0"位，可以快速制动。

（2）人工驾驶时，主控手柄在 0、D 位，方向手柄在 F、R 位时，2K16 线圈方可得电。

（3）当主控手柄从 0、D 位拉至 B 区时，2K17 线圈得电自持，2K16 线圈失电，可以常用制动，不可以快速制动。

（4）当牵引手柄拉至 FB 位时，2K17 线圈失电，可以快速制动，不可以常用制动。

（5）牵引手柄拉至 FB 位后，快速拉回 BR 位，2K17 线圈无法得电，可以快速制动。

/BSB 指令产生时，2K17 线圈失电。因此，当/BB 指令产生时随之产生。当快速制动作用发生后，若/BB 指令未消除，2K16 线圈不能得电，则/BSB 指令不能消除。

3. 紧急制动指令/BNB

制动控制系统的速度传感器监测到列车速度超过 88km/h 时，制动系统发出"ATO"激活、"ATP"切除信号，断开触点（-S11），使 2061Z 线路失电，"紧急制动"信号传入制动控制系统，紧急继电器 2K10 线圈失电，产生紧急制动。

得电线路：20100（DC 110V）→2K01（司机台激活）→2K10（紧急制动）→7K04（车间电源）→2K09→2A01-S11→ATP→2V05→2061Z（/BNB）。

紧急制动产生的条件如下。

（1）紧急继电器2K10失电。继电器2K10的作用是确保紧急环路开路时，能产生紧急制动，在AR模式下若无2K10常开触点，则不能确保安全。

（2）警惕继电器2K09保护动作。

（3）错打方向手柄。

（4）ATP保护。

4．停放制动

如图5.9所示，按下2S06按钮，施加电空阀得电，停放制动风缸排风，停放制动施加；按下2S05按钮，释放电空阀得电，停放制动风缸充风，停放制动缓解。列车启动前必须缓解停放制动。

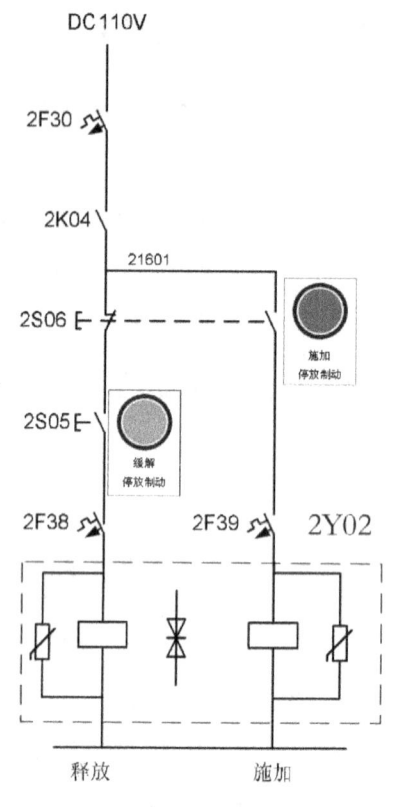

图5.9 停放制动控制电路

拓展知识

地铁车辆牵引/电制动系统

部分地铁车辆的牵引和电制动系统是由德国Adtranz公司提供的，该地铁车辆系统采用交流传动和动力分散型控制技术。整个牵引/电制动系统由受电弓、高速断路器HSCB、线路滤波器模块、VVVF牵引逆变器、DCU/UNAS（牵引控制单元）、牵引电机、制动电阻等组成，如图5.10所示。

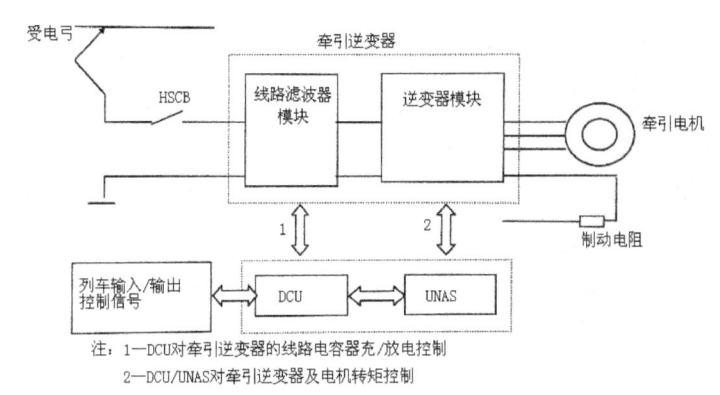

项目五 制动电阻器的结构认知与检修

注：1—DCU对牵引逆变器的线路电容器充/放电控制
2—DCU/UNAS对牵引逆变器及电机转矩控制

1—DCU 对牵引逆变器的线路电容器充/放电控制；2—DCU/UNAS 对牵引逆变器及电机转矩控制

图 5.10　牵引/电制动系统组成

列车受电弓从接触网受流，通过高速断路器后，将 DC 1500V 送入 VVVF 牵引逆变器。VVVF 牵引逆变器采用 PWM 脉宽调制模式，将 DC 1500V 直流电逆变成频率、电压可调的三相交流电，平行供给车辆四台交流异步牵引电机，对电机进行调速，实现列车的牵引、制动功能，其半导体变流元件采用 4500V/3000A 的 GTO，最大斩波频率为 450Hz。VVVF 输出电压的频率调节范围为 0～112Hz，幅值调节范围为 0～1147V。

任务三　认知制动电阻器的维护和检修

学习目标
（1）掌握制动电阻器的检查和保养方法。
（2）掌握制动电阻及其冷却风机的检修方法。

学习任务
认知制动电阻器的维护与调整，主要包括制动电阻器的检查和保养方法、制动电阻及其冷却风机的检修方法等的认知。

工具设备
带制动电阻箱的城市轨道交通车辆车厢一节，城市轨道交通车辆制动电阻器模型一套，城市轨道交通车辆制动电阻器及其冷却风机实物一套，制动电阻及其冷却风机维护和检修工具设备若干套，以及多媒体设备课件、图片、示教板、计算机多媒体设备等。

教学环境
理实一体化教室或轨道交通综合实验室、地铁车辆检修基地现场。

基础知识
制动电阻是城市轨道交通车辆进行电阻制动的能量消耗器件，由于城市轨道交通车辆频繁制动的特点，制动电阻也长期工作在高温下。因此，对制动电阻的清洁、检查和检测是十分重要的。

一、制动电阻器的检查与保养

受环境温度、湿度、粉尘、震动及制动单元内部元器件老化的影响,制动单元在运行过程中可能会出现一些潜在的问题,为使制动单元能够长期、稳定地运行,必须每月进行一次定期检查。制动单元内有些元器件在使用过程中会发生磨损或性能下降,为保证制动单元稳定可靠地运行,应对制动单元进行预防性检查与保养,检查与保养要点如表5.1所示,必要时更换元器件。检查必须由专业技术人员进行,必要时应先切断制动单元的电源。

表5.1 检查与保养要点

检查频度		检查项目	检查内容	判别标准
日常	定期			
√		运行环境	1. 温度、湿度 2. 灰尘、气体	1. 温度>40℃时应打开盖板,湿度<90%,无积霜 2. 无异味,无易燃、易爆气体
	√	冷却系统	1. 安装环境 2. 制动单元本体、风机	1. 安装环境通风良好,风道无阻塞 2. 本体、风机运转正常,无异常噪声
√		制动单元本体	1. 震动、温升 2. 噪声 3. 导线、端子	1. 震动平稳、出风口风温正常 2. 无异常噪声、无异味 3. 紧固螺钉无松动、导线无损坏

二、制动电阻及其冷却风机的检修

制动电阻是否良好事关城市轨道交通车辆的正常运行,制动电阻如果发生故障,轻者引起启动车封锁,影响列车正常运营。重者引起电阻元件烧损或主电路其他元器件损坏。因此,为保证制动电阻的技术状况良好,定期对制动电阻及其冷却风机进行检修是非常必要的。

制动电阻及冷却风机定期检修要点如下。

(1) 使用干燥压缩空气清洁电阻元件并检查元件外形、进出风口和箱体。
(2) 检查电阻元件有无变形或发热痕迹。
(3) 清洁并检查差压开关、压力传感器和温度传感器。
(4) 清洁并检查冷却风机叶片、冷却风机电动机。
(5) 使用电桥测量电阻元件的阻值。
(6) 使用测震仪测试风机震动。

相关案例

制动电阻风扇电动机保护开关跳闸

1. 故障发生经过

司机报告牵引逆变器故障,制动电阻风扇电动机保护开关跳闸,行车调度报告SME,

项目五　制动电阻器的结构认知与检修

SME 要求换车。换车后该车退出服务，空车回厂。

2. 故障判断处理过程

故障列车回库后检查 MMI 故障信息情况，发现多次出现"制动电阻风扇故障"，并伴随有"制动力低"故障信息，通过复位 03S01 后列车故障现象暂时消失。

经检查故障列车的 PH 箱，发现制动电阻风扇电动机交流 380V 保护断路器跳闸，复位后在试车线运行两个小时仍未发生故障。

在库内进行制动电阻风机强制通风试验，未发生制动电阻风扇电机保护断路器跳闸和其他异常情况。

3. 故障原因

制动电阻风扇电动机保护断路器跳闸导致制动电阻冷却风扇不工作，进一步导致制动力低，反应到 MMI 上为 MCM 故障。

对于保护断路器跳闸原因，将对制动电阻风扇电动机电流进行测试后确定。

任务四　制动电阻器的结构认知与检修操作运用案例

【操作运用案例1】　制动电阻器总体结构认知

1. 实训项目教师工作活页

实训项目教师工作活页　　　　　　　　　　　　NO:_____

实训项目	制动电阻器总体结构认知		
学　时	2	班　级	略
实训场所	牵引制动系统实验室或地铁车辆制动电阻器检修基地现场		
工具设备	制动电阻箱的城市轨道交通车辆车厢一节，城市轨道交通车辆制动电阻器模型一套，城市轨道交通车辆制动电阻器及冷却风机实物若干套，以及多媒体设备课件、图片、示教板、计算机多媒体设备等。		
教学目标	专业能力	（1）能说出城市轨道交通车辆制动单元和制动电阻器的作用。 （2）能指认城市轨道交通车辆制动电阻器主要部件，说出部件名称。 （3）能解释城市轨道交通车辆制动电阻器的主要技术参数。 （4）能说出制动模式与制动力分配原则。 （5）能说出电阻制动的原理过程。 （6）能解释常规制动、快速制动、紧急制动指令的作用及电路原理。	
	方法能力	（1）能综合运用专业知识，通过利用专业书籍、多媒体课件和图片资料获得帮助信息。 （2）能根据实训项目学习任务确定实训方案，从中学会表达及展示活动过程和成果。	
	社会能力	（1）能在实习训练活动中保持积极向上的学习态度。 （2）能与小组成员和教师就学习中的问题进行交流沟通。 （3）能与他人共享学习资源，具有较好合作能力和团队协作精神。	
教学活动	略（详见教学活动设计）		
教学评价	学生活动：① 以 5~7 人小组为单位开展实训活动，根据本组同学在实训过程中的能力表现及结果进行自评组内互评；② 根据其他小组同学在成果展示活动中的表现及结果进行互评。 教师活动：① 教师组织学生开展评价活动和总结；② 对学生在本实训项目单元中的成绩做出综合评价。		

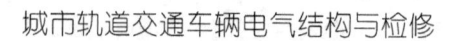

续

教学资料	（1）城市轨道交通电气结构与检修教材。 （2）城市轨道交通车辆等参考书。 （3）实训项目学生学习活页（附页）。				
指导教师		教学时间	年	月	日

2. 实训项目学生学习活页

实训项目学生学习活页　　　　　　　　　　NO:_____

实训项目 1　　制动电阻器总体结构认知

班级：_____　姓名：_____　学号：_____　时间：_____

一、实训目标

  1. 专业能力目标

（1）能说出城市轨道交通车辆制动单元和制动电阻器的作用。

（2）能指认城市轨道交通车辆制动电阻器主要部件，说出部件名称。

（3）能解释城市轨道交通车辆制动电阻器的主要技术参数。

（4）能说出制动模式与制动力分配原则。

（5）能说出电阻制动的原理过程。

（6）能解释常规制动、快速制动、紧急制动指令的作用及电路原理。

  2. 方法能力目标

（1）能综合运用专业知识，通过利用专业书籍、多媒体课件和图片资料获得帮助信息。

（2）能根据实训项目学习任务确定实训方案，从中学会表达及展示活动过程和成果。

  3. 社会能力目标

（1）在实习训练中保持积极向上的学习态度。

（2）能与小组成员和教师就学习中的问题进行交流沟通。

（3）能与他人共享学习资源，具有较好的合作能力和团队协作精神。

二、知识总结

（1）简要说出城市轨道交通车辆制动单元和制动电阻器的作用。

（2）简要说出城市轨道交通车辆制动电阻器的组成。

（3）简要说出城市轨道交通车辆电阻制动的原理过程。

续

三、操作运用

(1) 指认下图城市轨道交通车辆制动电阻箱组成部件，并填出①~⑦号部件的名称。

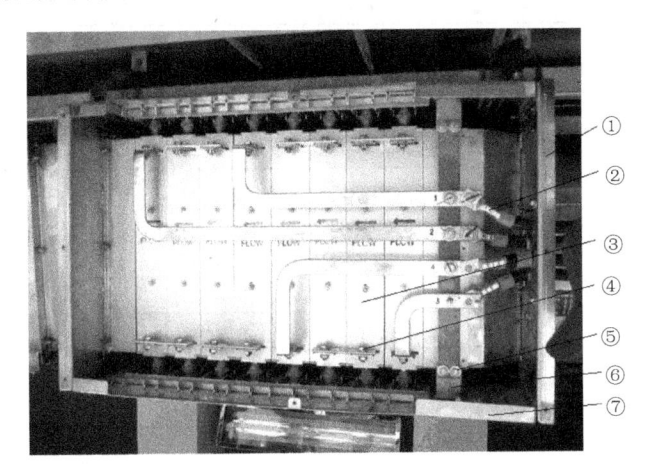

① _____ ； ② _____ ；
③ _____ ； ④ _____ ；
⑤ _____ ； ⑥ _____ ；
⑦ _____ 。

(2) 根据给出的列车控制电路图，对常规制动、快速制动、紧急制动指令的作用及电路原理进行分析。

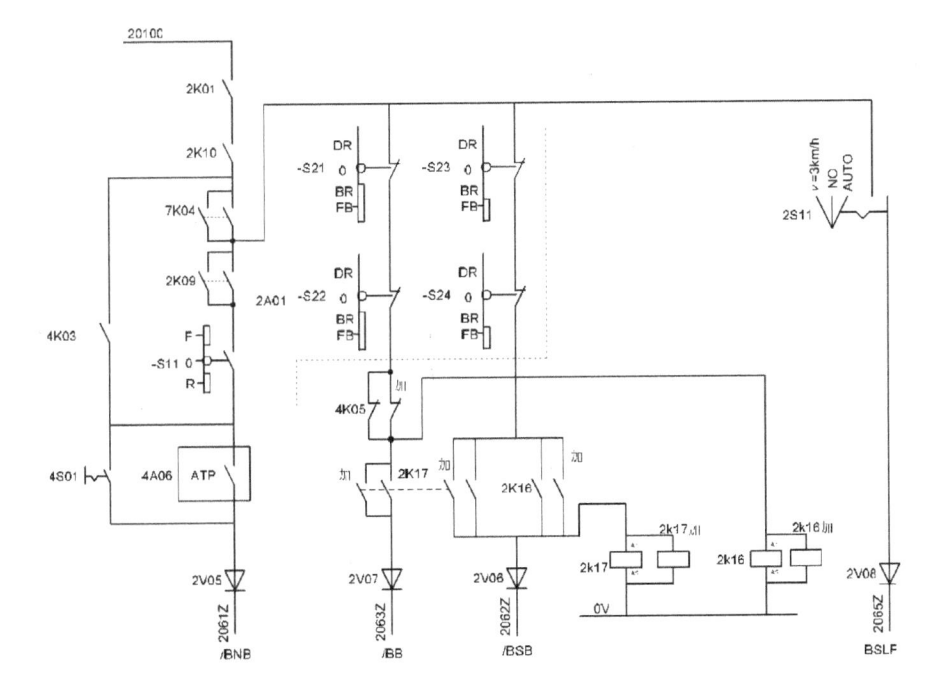

(3) 回答下表中城市轨道交通车辆制动电阻的技术参数。

续

项目名称	A 型车、网压 DC 1500V、4M2T 编组的列车
20℃时的电阻值	
热态电阻	
材料	
短时功率	
等效持续功率	
冷却方法	
风量	
风压	
风机功率	
最高工作温度	

四、实训小结

_____
_____

五、成绩评定

1. 学生评价

评价等级	A—优	B—良	C—中	D—及格	E—不及格
学生自评					
组内互评					
他组互评					

2. 教师评价

评价等级	A—优	B—良	C—中	D—及格	E—不及格
专业能力					
方法能力					
社会能力					
评价结果					

3. 综合评价

评价等级	A—优	B—良	C—中	D—及格	E—不及格
评价结果					

注：按照学生自评占10%、组内互评占10%、他组互评占20%、教师评价占60%的比例计分，其中：A—100分、B—85分、C—75分、D—60分、E—50分。

4. 评价量规

等　级	行为表现描述
A	能圆满高效地完成实训任务的全部内容
B	能顺利完成实训任务的全部内容
C	能完成实训任务的全部内容，但需要一些帮助和指导
D	自己只能完成实训任务的部分内容，但在现场的指导下，已经能完成任务的全部内容
E	不能完成实训任务的全部内容

项目五　制动电阻器的结构认知与检修

【操作运用案例2】　制动电阻及其冷却风机的检修

1. 实训项目教师工作活页

实训项目教师工作活页　　　　　　　　　NO：_____

实训项目	制动电阻及其冷却风机的检修		
学　时	2	班　级	略
实训场所	牵引制动实验室或地铁车辆制动电阻器检修基地现场		
工具设备	制动电阻箱的城市轨道交通车辆车厢一节，城市轨道交通车辆制动电阻器模型一套，城市轨道交通车辆制动电阻器及其冷却风机实物若干套，制动电阻及其冷却风机维护和检修工具设备若干套，以及多媒体设备课件、图片、示教板、计算机多媒体设备等。		
教学目标	专业能力	（1）能规范检查制动电阻及其冷却风机的基本技术状况。 （2）能说出制动电阻的检查与保养方法。 （3）能说出制动电阻的常见故障处理方法。	
	方法能力	（1）能综合运用专业知识，通过利用专业书籍、多媒体课件和图片资料获得帮助信息。 （2）能根据实训项目学习任务确定实训方案，从中学会表达及展示活动过程和成果。	
	社会能力	（1）能在实习训练活动中保持积极向上的学习态度。 （2）能与小组成员和教师就学习中的问题进行交流沟通。 （3）能与他人共享学习资源，具有较好合作能力和团队协作精神。	
教学活动	略（详见教学活动设计）		
教学评价	学生活动：① 以5～7人小组为单位开展实训活动，根据本组同学在实训过程中的能力表现及结果进行自评组内互评；② 根据其他小组同学在成果展示活动中的表现及结果进行互评。 教师活动：① 教师组织学生开展评价活动和总结；② 对学生在本实训项目单元中的成绩做出综合评价。		
教学资料	①城市轨道交通电气结构与检修教材。 ②城市轨道交通车辆运用与检修等参考书。 ③实训项目学生学习活页（附页）。		
指导教师		教学时间	年　　月　　日

2. 实训项目学生学习活页

实训项目学生学习活页　　　　　　　　　NO：_____

实训项目2　　制动电阻及其冷却风机的检修

班级：_____　姓名：_____　学号：_____　时间：_____

一、实训目标
1. 专业能力目标
（1）能规范检查制动电阻及其冷却风机的基本技术状况。
（2）能说出制动电阻的检查与保养方法。
（3）能说出制动电阻的常见故障处理方法。
2. 方法能力目标
（1）能综合运用专业知识，通过利用专业书籍、多媒体课件和图片资料获得帮助信息；
（2）能根据实训项目学习任务确定实训方案，从中学会表达及展示活动过程和成果。

续

　　3. 社会能力目标
　　（1）在实习训练中保持积极向上的学习态度。
　　（2）能与小组成员和教师就学习中的问题进行交流沟通。
　　（3）能与他人共享学习资源，具有较好合作能力和团队协作精神。

二、知识总结

（1）简要说出城市轨道交通车辆制动电阻常见故障的处理方法。

（2）简要说出城市轨道交通车辆制动电阻的主要技术参数。

（3）简要说出城市轨道交通车辆制动电阻的检查与保养方法。

三、操作运用

（1）根据给出的制动电阻及其冷却风机检查作业指导，对制动电阻及其冷却风机技术状况进行检查并填写检查结果。

作业项目、内容	作业标准及要求	检查手段	检查结果
检查制动电阻箱体安装情况	检查制动电阻箱体紧固螺栓无丢失，防松线清晰无错位	目视检查	
检查制动电阻	（1）检查制动电阻进风口及出风口无异物阻塞、进风过滤网及出风过滤网连接紧固（手动轻拉） （2）检查制动电阻连接导线（四根）无破损，与车体无干涉 （3）检查电阻片，要求电阻片无过热痕迹、无变形 （4）检查各绝缘子，要求绝缘子无破损 （5）检查制动电阻箱内部和电阻片安装框架 （6）测量电阻单元阻值	目视、操作、测量检查	
制动电阻冷却风机检查	（1）检查风机筒和悬挂处各焊接部位，要求无裂纹、无变形、悬挂处平整、无开焊 （2）检查风机网罩和风机座板，要求焊缝无开焊，焊区周围无裂纹，网罩无变形 （3）检查电动机机座、定子线圈、端盖，要求机座无裂纹，线圈无损伤，无老化，端盖口良好，端盖轴承座无拉伤，无磨损 （4）进行电动机通电试验，并检查电动机轴承，要求通电30min，轴承不发热 （5）检查风机叶片，要求安装孔应无拉伤，叶片完好，无损伤，无积垢 （6）进行风机震动测试，要求低速震动值不大于3.0mm/s、高速震动值不大于7.0mm/s	目测、操作、测试检查	

续

（2）操作演示怎样进行城市轨道交通车辆制动电阻单元的阻值和风机震动测试（在轨道交通实验室城市轨道交通车辆牵引制动实物实操区域中操作演示）

四、实训小结

_____
_____
_____

五、成绩评定

1. 学生评价

评价等级	A—优	B—良	C—中	D—及格	E—不及格
学生自评					
组内互评					
他组互评					

2. 教师评价

评价等级	A—优	B—良	C—中	D—及格	E—不及格
专业能力					
方法能力					
社会能力					
评价结果					

3. 综合评价

评价等级	A—优	B—良	C—中	D—及格	E—不及格
评价结果					

注：按照学生自评占10%、组内互评占10%、他组互评占20%、教师评价占60%的比例计分，其中：A—100分、B—85分、C—75分、D—60分、E—50分。

4. 评价量规

等 级	行为表现描述
A	能圆满高效地完成实训任务的全部内容
B	能顺利完成实训任务的全部内容
C	能完成实训任务的全部内容，但需要一些帮助和指导
D	自己只能完成实训任务的部分内容，但在现场的指导下，能完成任务的全部内容
E	不能完成实训任务的全部内容

思考与练习

（1）制动方式有哪些种类？

（2）制动模式与制动力分配原则是什么？
（3）城市轨道交通车辆制动单元的作用有哪些？
（4）城市轨道交通车辆制动电阻器的作用有哪些？
（5）城市轨道交通车辆制动电阻装置的组成有哪些？
（6）城市轨道交通车辆制动电阻箱（柜）的组成有哪些？
（7）城市轨道交通车辆制动电阻的主要技术参数有哪些？
（8）城市轨道交通车辆电阻制动的原理过程是怎样的？
（9）常规制动指令的作用是什么？并根据列车制动控制电路进行常规制动电路原理分析。
（10）快速制动指令的作用是什么？并根据列车制动控制电路进行快速制动电路原理分析。
（11）紧急制动指令的作用是什么？并根据列车制动控制电路进行紧急制动电路原理分析。
（12）简述城市轨道交通车辆制动电阻及冷却风机的检修方法。

项目六　蓄电池的结构认知与检修

蓄电池箱安装在 B 车底架的左右两侧，蓄电池箱分为蓄电池箱 1（B65）和蓄电池箱 2（B66），箱体采用悬挂安装模式。蓄电池箱 1 带有温度传感器及外挂熔断器箱，蓄电池采用铅酸蓄电池，蓄电池通过熔断器箱内的熔断器连接到蓄电池充电机。

任务一　认知蓄电池箱的结构特点和安装位置

学习目标

（1）理解蓄电池的结构特点。
（2）掌握蓄电池的安装位置和结构组成。
（3）了解蓄电池的主要技术参数。

学习任务

认知蓄电池的结构特点和安装位置，主要包括蓄电池的结构特点、蓄电池的安装位置和结构组成、蓄电池的主要技术参数的认知。

工具设备

带蓄电池的城市轨道交通车辆车厢一节，城市轨道交通车辆各类蓄电池模型一套，城市轨道交通车辆蓄电池模型及实物各一套，以及多媒体设备课件、图片、示教板、计算机多媒体设备等。

教学环境

理实一体化教室或轨道交通综合实验室。

基础知识

一、蓄电池的结构特点

阀控式铅酸蓄电池采用密封结构，其电池盖子上设有单向排气阀（安全阀），使电池保持一定的内压，允许多余气体向外排出，阀内设置了双层滤酸防爆片，确保电池无酸雾析出，不污染环境，安全可靠。电池电解液为凝固状胶体，因此电池内无流动的电解液。

阀控式铅酸蓄电池较镍镉蓄电池的优点：环保性好、维护工作量小、工作安全、可靠性高、全寿命、成本低。

阀控式铅酸蓄电池较镍镉蓄电池的缺点：电池能量密度低，过于笨重，存在自持放电，储存期不应超过 6 个月（储存超过 6 个月时，应对电池进行均衡充电）。

二、蓄电池的安装位置

1. 蓄电池箱的安装位置

蓄电池箱安装在 B 车底架上，其安装位置如图 6.1 所示。蓄电池箱 1（附带熔断器盒）如图 6.2 所示。蓄电池箱 1（B65）如图 6.3 所示。蓄电池箱 2（B66）如图 6.4 所示。

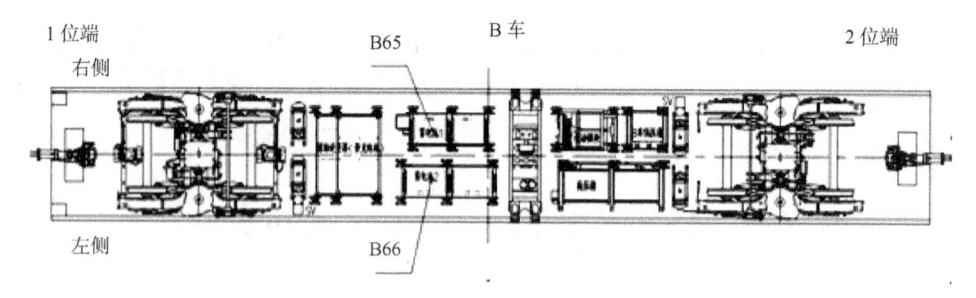

图 6.1 蓄电池箱的安装位置

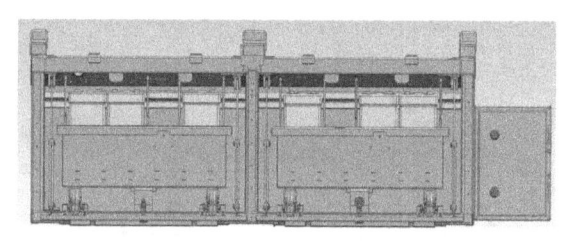

图 6.2 蓄电池箱 1（附带熔断器盒）

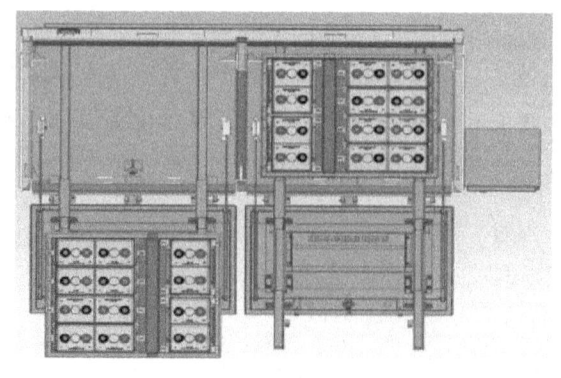

图 6.3 蓄电池箱 1（B65）

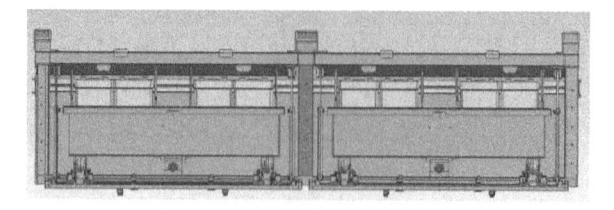

图 6.4 蓄电池箱 2（B66）

2. 拖链位置和母排位置

（1）拖链位置如图 6.5 所示。

（2）母排位置如图 6.6 所示。

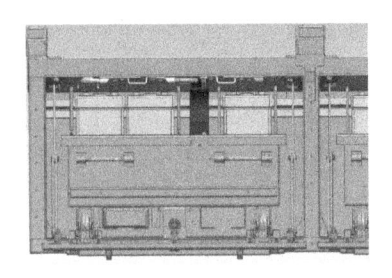

图 6.5　拖链位置

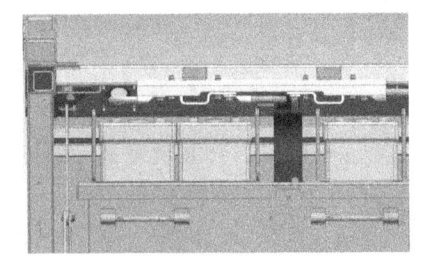

图 6.6　母排位置

（3）蓄电池小框如图 6.7 所示。

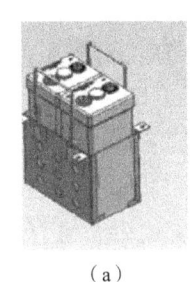

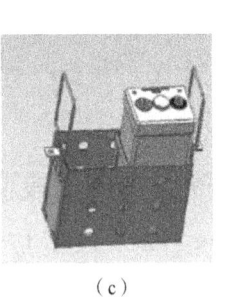

（a）　　　　　　（b）　　　　　　（c）

图 6.7　蓄电池小框

三、蓄电池的主要技术参数

额定电压：2V；

单体型号：DTM-160-2；

额定容量：160Ah；

放电终止电压：1.75V/单体；

长度：123mm；

宽度：152mm；

高度：331mm；

重量：13.5kg。

任务二　蓄电池组的组装和拆卸

学习目标

（1）认知蓄电池更换所需工具。

（2）理解蓄电池的组装和拆卸。

（3）了解蓄电池装卸的注意事项。

📖 学习任务

认知蓄电池的组装和拆卸,主要包括蓄电池的组装和拆卸及其主要注意事项的认知。

🔧 工具设备

带蓄电池的城市轨道交通车辆车厢一节,城市轨道交通车辆各类蓄电池模型一套,城市轨道交通车辆蓄电池模型及实物各一套,蓄电池组装和拆卸工具若干套,以及多媒体设备课件、图片、示教板、计算机多媒体设备等。

📚 教学环境

理实一体化教室或轨道交通综合实验室。

📝 基础知识

列车的蓄电池为阀控式铅酸蓄电池,每个蓄电池由两个蓄电池箱共 53 个蓄电池单体串联起来给直流负载供电。当接触网电压不可用或充电机故障时,蓄电池可提供 45min 的 110V 直流供电。

一、更换蓄电池需准备的工具及劳护用品

(1)工具:"38 件套"、棘轮扳手及套筒(14mm)、剪线钳、扭力尺(5~25N)、画线笔、万用表等。

(2)劳护用品:安全帽、护目镜、绝缘手套等,如图 6.8 所示。

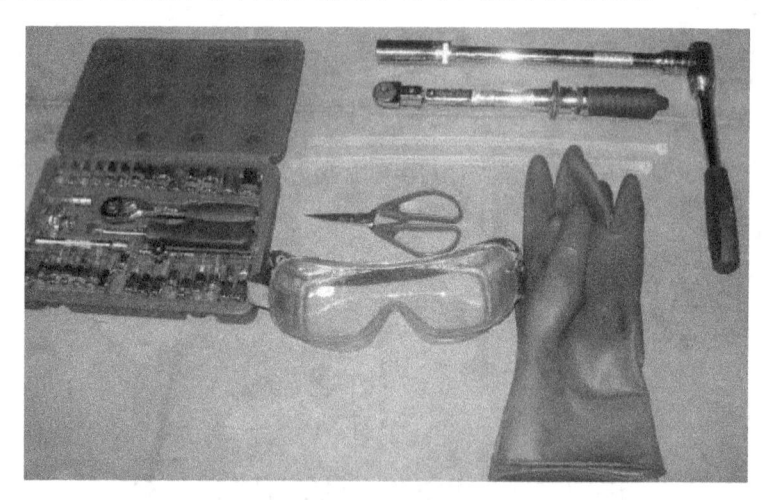

图 6.8　蓄电池更换工具

二、更换蓄电池与安装蓄电池的流程

1. 更换蓄电池的流程

(1)打开并将列车两端 B 车的蓄电池刀开关拉下,如图 6.9 所示。

(2)拉下的刀开关分别放至两端司机室内,如图 6.10 所示。

（3）列车两端 B 车的蓄电池闸刀箱上挂好严禁合闸警示牌，如图 6.11 所示。

图 6.9　拉下蓄电池刀开关

图 6.10　刀开关放置

图 6.11　警示牌

（4）打开蓄电池箱，松开两个紧固螺栓及图 6.12 中所示的三个插销后，拉出蓄电池箱。

图 6.12　插销

（5）拆下电池母线，如图 6.13 所示。
（6）拆下温度传感器上的小螺钉，如图 6.14 所示。

图 6.13　电池母线

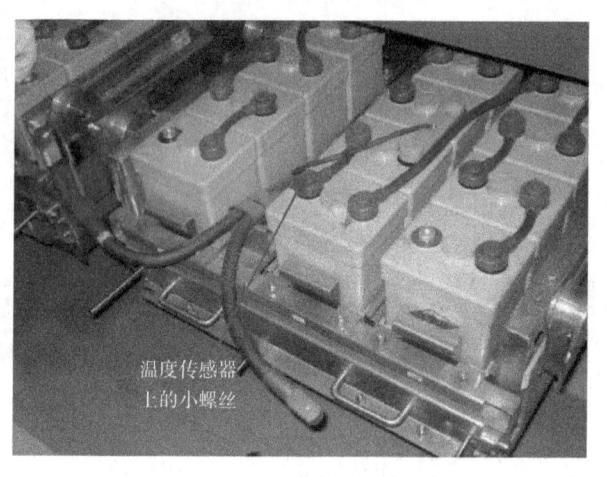

图 6.14　温度传感器的小螺钉

（7）拔下速度传感器上的塑料盖，需要用力拔，但是要小心不能拔断，如图 6.15 所示。

图 6.15　温度传感器的塑料盖

（8）拆完后的温度传感器如图 6.16 所示。

项目六　蓄电池的结构认知与检修

(9)将导线拆下放好,如图6.17所示。

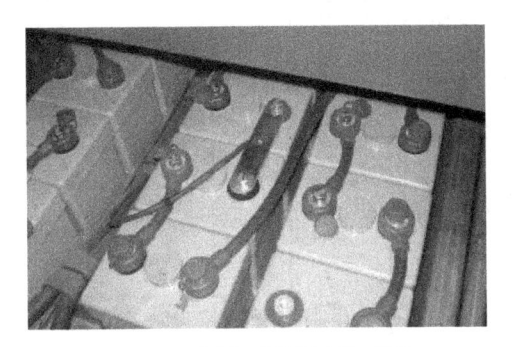

图6.16　拆完后的温度传感器　　　　　图6.17　拆下的导线

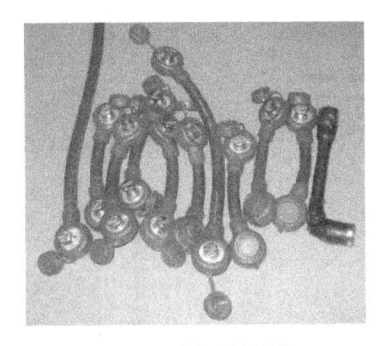

(10)将蓄电池单体取出在小推车上放好,如图6.18所示。

图6.18　小车上的蓄电池

2．安装蓄电池的流程

(1)将蓄电池单体按图6.19~图6.22所示放入蓄电池箱,并排列好。每码好一个单体就装好相应的嵌块,然后再装下一个单体。

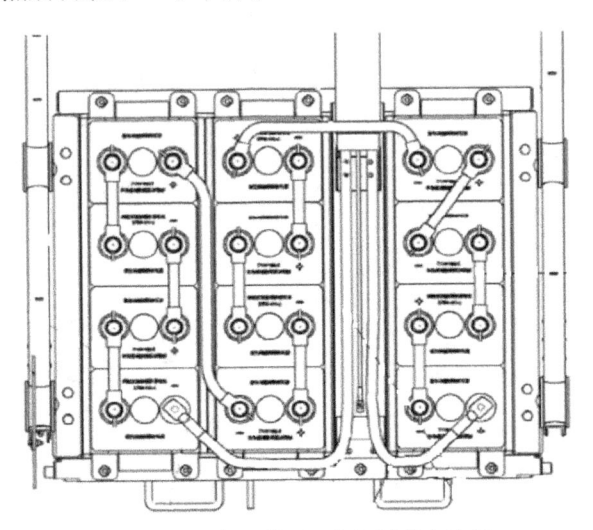

图6.19　右侧1位(2位)端蓄电池箱

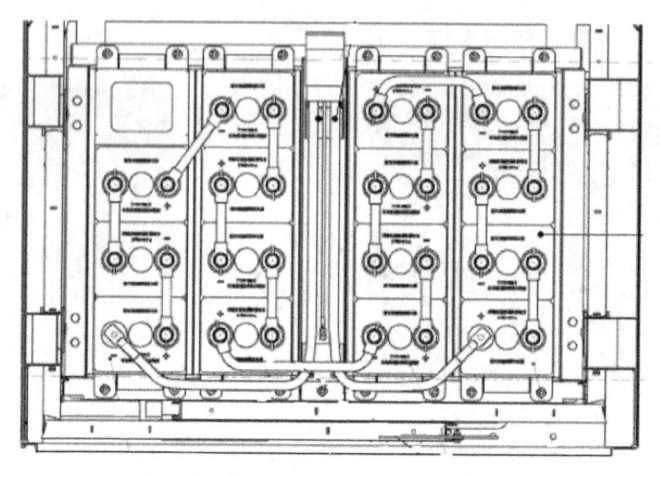

图 6.20　左侧 1 位端蓄电池箱

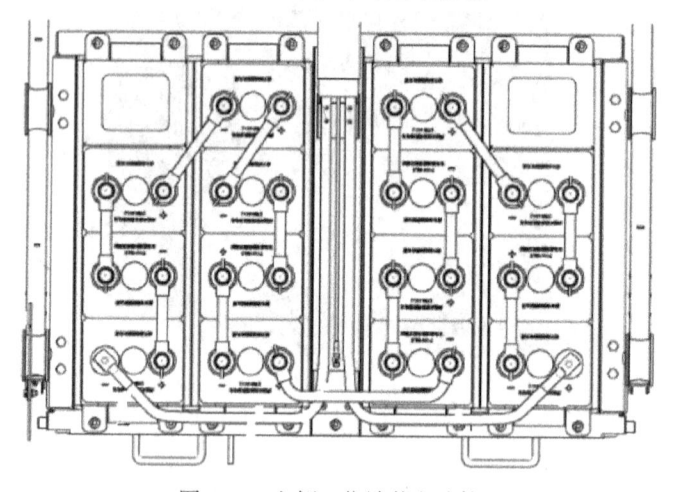

图 6.21　左侧 2 位端蓄电池箱

（2）连接好相应导线，如图 6.23 所示。

图 6.22　蓄电池箱　　　　图 6.23　连接导线

（3）用 15N·m 的扭矩给所有螺钉打扭力，如图 6.24 所示。

项目六 蓄电池的结构认知与检修

图 6.24 给螺钉打扭力

（4）确认所有螺钉已打好扭力后，做防松标记，并合上蓄电池单体上的塑料盖子，如图 6.25 所示。

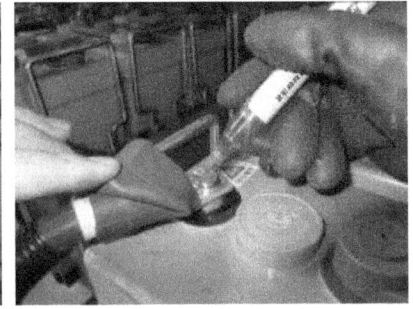

图 6.26 做防松标记

（5）测量蓄电池电压。

蓄电池安装完毕后，分别测量蓄电池单体电压及整体电压。单体电压约为 2.18V，整体电压应与相应司机室电压表所示相同，约为 115V，如图 6.26 所示。

（6）关好蓄电池箱，合上刀开关，取下严禁合闸牌，并对作业场地进行清场。

（7）到列车两端司机室检查电压表指示是否正常，激活列车并做电功能试验，如图 6.27 所示。

图 6.26 测量蓄电池电压

图 6.27　电压表

特殊工具设备如表 6.1 所示。

表 6.1　特殊工具设备

序号	名称	规格型号	功能作用	备注
1	扭力尺	5~25N·m	打扭力	
2	棘轮扳手及套筒	14mm	拆装	
3	组套工具	38 件套	拆装	
4	画线笔	红色	便于日后目视检查	
5	万用表	最大可测电压大于 150V	开路电压测试	
6	安全帽	无	劳动保护	
7	护目镜	无	劳动保护	
8	绝缘手套	无	劳动保护	

3．注意事项

（1）由于电池组电压较高，存在着电击的危险，因此装卸、连接时应使用绝缘工具与防护，防止短路与电击。

（2）安装时应仔细注意蓄电池的正、负极性，绝对不可以接反，以免造成蓄电池短路。

（3）连接螺钉必须拧紧，拧紧螺母时扭矩为 15N·m，以保证接触良好，脏污和松散的连接会引起电路接触不良或造成打火，因此要仔细检查。

（4）安装末端连接线和导通电池系统前，应再次检查系统的总电压和极性连接，以保证正确接线。

（5）连接线连接紧固后，戴上保护罩，避免外部导体掉入，造成电池组短路。

（6）应有良好通风环境，电池要远离热源和易产生火花的地方，电池要避免阳光直射。

4．其他注意事项

（1）阀控密封电池为贫液式结构，使用过程中不进行补水，因此保持电液中的水分含量是保证电池容量充足和寿命的关键。为了长期保持电液中的水分，用户切不可使用超过 0.2C5A（即 DMT-160 电池超过 32A）的恒电流直接充电至电池容量饱和，而只能采用初期充电限流，充电至 2.35V/单节×节数后，保持恒压充电数小时，再转为 2.27V/单节×节数的浮充充电方式。

（2）电池组运行过程中，倘若出现异常情况应及时查找原因，弄清是充电设备还是电池组的原因，并根据情况采取相应的处理方法，倘若经过处理尚未解决，要及时通知厂家处理。

（3）电池组在浮充运行过程中，倘若出现重大质量事故，如电池发生裂开、电池外形严重变形、鼓肚、电液泄漏、电池外表温度异常（＞500℃），须立即记录当时有关充电设备的充电电压、充电电流，逐台检测并记录电池充电电压，同时应妥善保持好事故现场，立即通知厂家做相应处理。

（4）进行电池使用和维护时，请用绝缘工具。电池上面不可以放置任何金属工具，不能使用有机溶剂清洗电池，不要在电池组附近吸烟或使用明火，所有的维护工作必须由专业人员进行。

（5）电池外壳不能使用有机溶剂清洗，由于其他原因引起电池起火时，必须使用灭火器具进行扑灭。

任务三　认知蓄电池的检修维护

学习目标

（1）理解蓄电池的修程。
（2）掌握蓄电池的检修方法。

学习任务

认知蓄电池的检修维护，主要包括蓄电池的修程、蓄电池的检修方法的认知。

工具设备

带蓄电池的城市轨道交通车辆车厢一节、城市轨道交通车辆各类蓄电池模型及实物各一套，以及多媒体设备课件、图片、示教板、计算机多媒体设备等。

教学环境

理实一体化教室或轨道交通综合实验室。

基础知识

在对蓄电池进行操作的过程中，操作人员应穿戴防护服、橡胶手套和护目镜。在操作过程中必须保证蓄电池从列车系统中隔离，只有专业人员在进行参数测量时才可以保持蓄电池连接。

一、蓄电池的修程

蓄电池修程分为：日检、月检、半年检、年检、架修、大修。

蓄电池检修专用工具：扭力扳手、数字万用表、压缩空气、刷子、安全鞋、防护服、橡胶手套。

二、蓄电池的检修

1. 日检

日检就是目视检查。

2. 月检

（1）每月正常的维护检查包括日常检修的所有内容。

（2）对蓄电池外观进行检查，外观是否有变形、鼓胀、裂纹现象，如有则应进行更换。

（3）用 0.2~0.3MPa 压缩空气清理、清扫电池和电池箱内杂物及灰尘。

（4）检查蓄电池各连接端子的紧固状况，松动的连接导线必须扭紧，扭矩值为 15N·m，并用凡士林涂抹保护。

（5）检查连线是否破损，必要时进行更换。

（6）测量蓄电池的开路电压，在无负载的情况下开路电压应不低于 2.13V/单体，如低于则应进行均衡充电。

（7）根据环境温度对车辆的浮充充电电压输出进行调整。

（8）每月检查并记录充电设备的运行状态、电池组总的充电电压值及充电电流值。

（9）每次均衡充电时，每隔 4 小时应分别记录每个电池的充电电压及充电电流。

3. 半年检

（1）半年检包括月检的所有内容。

（2）对蓄电池进行均衡充电（6 个月内均衡充电无须下车，由厂家用便携充电机在车上完成）。

（3）校对蓄电池组的总电压（浮充电压）与车上电压表的电压值是否一致，必要时进行调整。检查并记录一次电池组中每个电池的浮充电压值、检测并记录电池组两端的充电电压同充电设备的输出电压是否一致，检查并记录电池的外形、外表温度是否正常。

4. 架修

架修包括年检的全部内容。

5. 大修

大修包括架修的全部内容。

注意：检查电池小箱情况，如有破裂等情况应进行维修或更换。

任务四　认知蓄电池加水工艺

学习目标

（1）理解蓄电池加水工艺的安全注意事项。

（2）熟悉蓄电池加水时所需的工具和材料。
（3）掌握蓄电池的加水工艺流程。

学习任务

认知蓄电池加水工艺，主要包括蓄电池加水工艺的安全注意事项、蓄电池加水所需的工具和材料、蓄电池的加水工艺流程的认知。

工具设备

带蓄电池的城市轨道交通车辆车厢一节，城市轨道交通车辆各类蓄电池模型及实物各一套，蓄电池加水工具和材料若干，以及多媒体设备课件、图片、示教板、计算机多媒体设备等。

教学环境

理实一体化教室或轨道交通综合实验室。

基础知识

一、安全注意事项与工具材料准备

1. 安全注意事项

（1）水管连接处必须防尘，避免有杂质进入电解液。
（2）只有在蓄电池充电完毕并从充电系统分离开后，才可加注满。
（3）蓄电池充电后等待两小时再加注满。
（4）不允许注满放电的蓄电池或充电未满的蓄电池。
（5）只能使用蒸馏水或去离子水，不能使用含硫酸的水。蓄电池中使用硫酸会立即损坏镍镉蓄电池。
（6）不能向镍镉蓄电池中添加硫酸。同时，严禁使用用于铅酸蓄电池的水对镍镉蓄电池进行加注，因为水中可能含有硫酸。禁止使用铅酸蓄电池维护用的工具来维护镍镉电池，如加注枪、刷子等。
（7）要确保适当的通风，避免气体积聚。千万不要让明火或火星靠近蓄电池，特别是在充电中，否则会引起爆炸。连接及断开蓄电池时避免电弧产生，要断开充电或使用过的电路。

2. 需要的工具材料及准备工作

（1）专用工具（维护设备）及维护用备件，如表6.2所示。
除常规车间设备外，还包括SAFT维护工具、非标准工具，用于常规维护。

表 6.2 维护用备件

维护用备件	编　号
12 螺栓	214867
- 12 垫片	100111
- 1 母连接器	214278
- 1 公连接器	280308
加水站	27-34-60 型

（2）用于维护的一些必要消耗品如表 6.3 所示。

表 6.3 消耗品

名　称	性　质
蒸馏水或去离子水	透明，无色 在 20℃情况下，电阻率>30kΩ/cm 5<Ph<7 无有机物及还原物质。还原物质含量（以氧气重量表示）<30mg/L 总离子量 SO_4^{2-}+Cl⁻<10mg/L 和 Cl⁻<2mg/L 干燥含量=15ml/L 硅含量=20mg/L

（3）准备工作。

打开低压电气柜，切断蓄电池电源隔离开关 BIS，如图 6.28 所示。

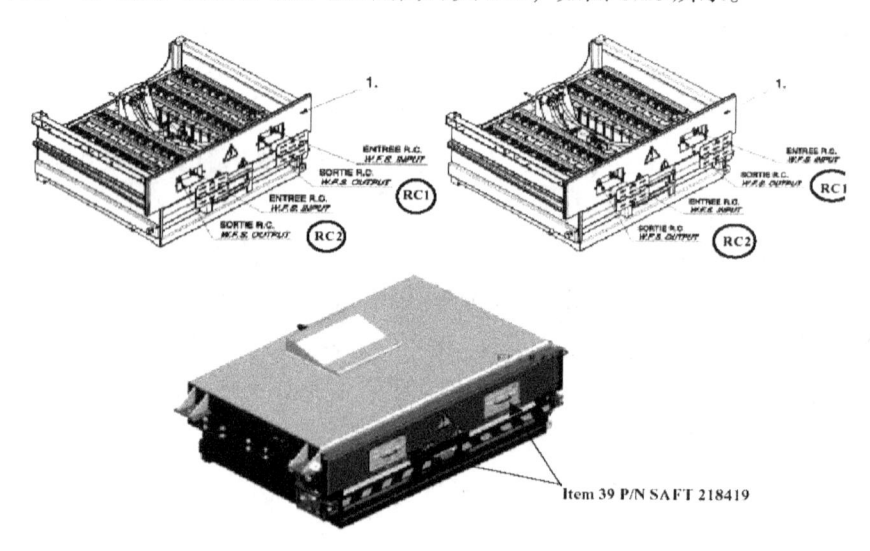

图 6.28 切断 BIS

（4）检修工序内容。

在正常操作情况下过充蓄电池时，电池只损失水，而不损失电解液。电池电解液只通过增加水来达到最高液面。

（5）检查蓄电池是否处在水平面上。

(6)取下在蓄电池箱上固定通风罩的螺母和垫圈。

(7)取下通风罩(零件39 P/N SAFT 218419)。

(8)将加水站与进口和出口的连接器相连。

(9)当有大约1升水的过度补充,则注满操作完成,并且加注操作自动停止。

(10)注入蓄电池的水总量加上过量的水由加注站显示,根据显示记录注入蓄电池的水量。

(11)断开水加注站与进口和出口的连接器。

(12)固定通风罩(件号39 P/N SAFT 218419)。

(13)拧紧固定在蓄电池箱上通风罩的螺母和垫圈。

(14)对每个水路,重复此项操作(整套蓄电池共有4个水路)。

(15)全部蓄电池加水结束后,及时对加水机进行充电,加水机充满电,充电指示灯就会变为绿灯,然后拔除电源。

二、蓄电池加水记录表

完成蓄电池加水工艺流程后,完成表6.4。

表6.4 蓄电池加水记录表

列车号:_____ 修程:_____ 日期:_____ 作业人:_____

单 元	车 号	位 置	加水量(L)
单元	A车	Ⅰ-Ⅰ	
		Ⅰ-Ⅱ	
		Ⅱ-Ⅰ	
		Ⅱ-Ⅱ	
	B车	Ⅰ-Ⅰ	
		Ⅰ-Ⅱ	
		Ⅱ-Ⅰ	
		Ⅱ-Ⅱ	
单元	B车	Ⅰ-Ⅰ	
		Ⅰ-Ⅱ	
		Ⅱ-Ⅰ	
		Ⅱ-Ⅱ	
	A车	Ⅰ-Ⅰ	
		Ⅰ-Ⅱ	
		Ⅱ-Ⅰ	
		Ⅱ-Ⅱ	
备注:			

注:Ⅰ-Ⅰ为在1位侧面向车体左边蓄电池单元。

Ⅰ-Ⅱ为在1位侧面向车体右边蓄电池单元。

Ⅱ-Ⅰ为在2位侧面向车体右边蓄电池单元。

Ⅱ-Ⅱ为在2位侧面向车体左边蓄电池单元。

相关案例

案例1　蓄电池充电机直流连接过电压（变压器绝缘不良）

1. 发生经过

3月19日4时，1051列车突发蓄电池充电机故障，故障代码——36，为直流连接过电压。故障判断处理过程如下。

3月19日8时，根据故障现象，针对性地检查了IGBT驱动板、IGBT的通断情况、IGBT的触发波形等，未发现问题，蓄电池充电机高压仍不能启动；之后，对整个1051车蓄电池充电机的充电线路进行了检查，发现蓄电池充电机变压器一次绕组绝缘性能降低，万用表测量为600kΩ，摇表测量为零，因无可更换的变压器，决定更换整个蓄电池充电机箱。

3月19日16时，1051车调入检修库开始更换蓄电池充电机。

3月19日20时，1051车蓄电池充电机更换完毕。

3月19日21时，1051车调回运用库。

3月19日22时，1051车蓄电池充电机恢复正常工作。

2. 故障原因

蓄电池充电机输出变压器绕组绝缘性能降低，导致蓄电池充电机直流连接电压波动，进而自身保护关断。

3. 更换配件情况

更换蓄电池充电机（整机）1个。

案例2　蓄电池接反

1. 故障发生经过

2005年107车三月检，发现1076车蓄电池开路电压只有85V，进行蓄电池单节电压测量，其中，第9组电池电压只有1V，每个单节0.2V左右。

2. 故障判断处理过程

确认此故障时，发现第1076主蓄电池第9组电压上升到5V（每个单节1V左右），但测量第10组和第9组串联电压为1.4V，而此时第10组电池电压为6.6V，另外也发现第9组电池的不锈钢槽上标签与其他槽标签不一致（应贴在箱体外侧），确认是第9组电池极性接反。经CBRC确认，对第9组蓄电池进行了更换，故障消除。

3. 故障原因

由于1076主蓄电池在装配过程中工作失误，导致第9组蓄电池与其他蓄电池接反，主蓄电池电压偏低，同时在后续的检测中未能及时发现、处理。

4. 更换配件情况

更换蓄电池 1 组（5 节）。

任务五　认知 110V 安全回路

学习目标

（1）理解 110V 安全回路的原理及重要电气元件。
（2）掌握 110V 安全回路的检修和维护。

学习任务

认知 110V 安全回路，主要包括 110V 安全回路的用途、类型及主要技术的认知。

工具设备

带完整 110V 安全回路的城市轨道交通车辆车厢一节，110V 安全回路涉及的电气元件若干个、多媒体设备课件、图片、示教板、计算机多媒体设备等。

教学环境

理实一体化教室或轨道交通综合实验室。

基础知识

110V 安全电路主要是通过硬导线、接线端子等物理连接将各基本功能模块或部件连接在一起，按设计所需的逻辑功能完成各系统之间的电路连接。

110V 安全电路描述了车辆电气元件之间的电气连接关系。它包含了列车激活回路、司机室占有回路、牵引/制动控制回路、主断/受电弓控制回路、照明控制回路、车门控制回路等，回路畅通是实现列车各功能的基础。

110V 安全电路涵盖了绝大多数的车辆电气元件。包含列车微动开关、列车控制继电器及接触器、电容、电阻、二极管、电磁阀、110V 负载设备等，实现了各模块之间的连接与控制。

一、110V 安全回路

1. 升弓保持回路

当列车满足升弓条件，即司机室占有、紧急停车回路未激活、有升弓允许命令的情况下，按升弓按钮 21-S02，升弓保持继电器 21-K205 得电，触点 13-14 和 23-24 闭合，升弓阀得电，受电弓升起。此时，松开升弓按钮，升弓保持继电器 21-K205 即可通过自身触点 13-14 接通 110V 电压并保持吸合状态，这就是所谓的自保持，如图 6.29 所示。

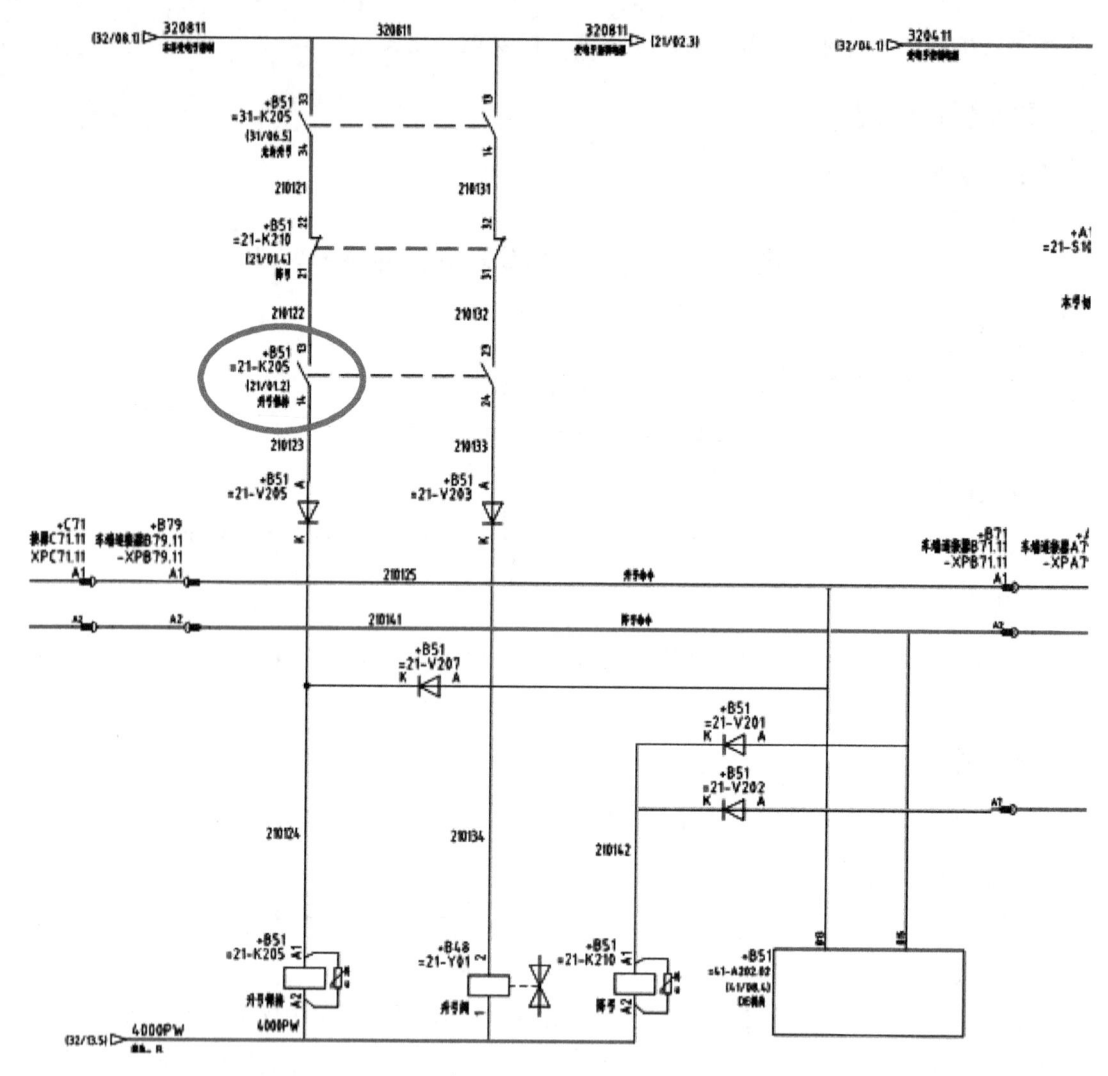

图 6.29 升弓保持回路

2. 停放制动检测回路

如图 6.30 所示，当各节车的停放制动缓解后，相应车的 EP2002 阀通过压力检测做出相应的动作，接通停放制动缓解继电器（A 车停放制动缓解继电器为 27-K101，B 车停放制动缓解继电器为 27-K201，C 车停放制动缓解继电器为 27-K301），使停放制动缓解继电器得电，一方面通过一对触点将结果送给 SKS，反馈给 VCU，如图 6.30 所示；另一方面当所有车的停放制动继电器得电后，各车停放制动缓解继电器的触点 13-14 闭合，110V 的低压直流电从非司机室占有端送来，分别经过非司机室占有端的 A/B/C 车停放制动缓解继电器的触点 13-14 和司机室占有端的 C/B/A 车停放制动缓解继电器的触点 13-14，从而使司机室占有端的所有停放制动缓解继电器 27-K108 得电，所有停放制动缓解灯亮起，使司机直观判断停放制动的状态，如图 6.31 所示。当某节车的停放制动故障不能缓解，则相应的停放制动缓解继电器不得电，VCU 检测到停放制动没有全部缓解，继而产生牵引封锁。

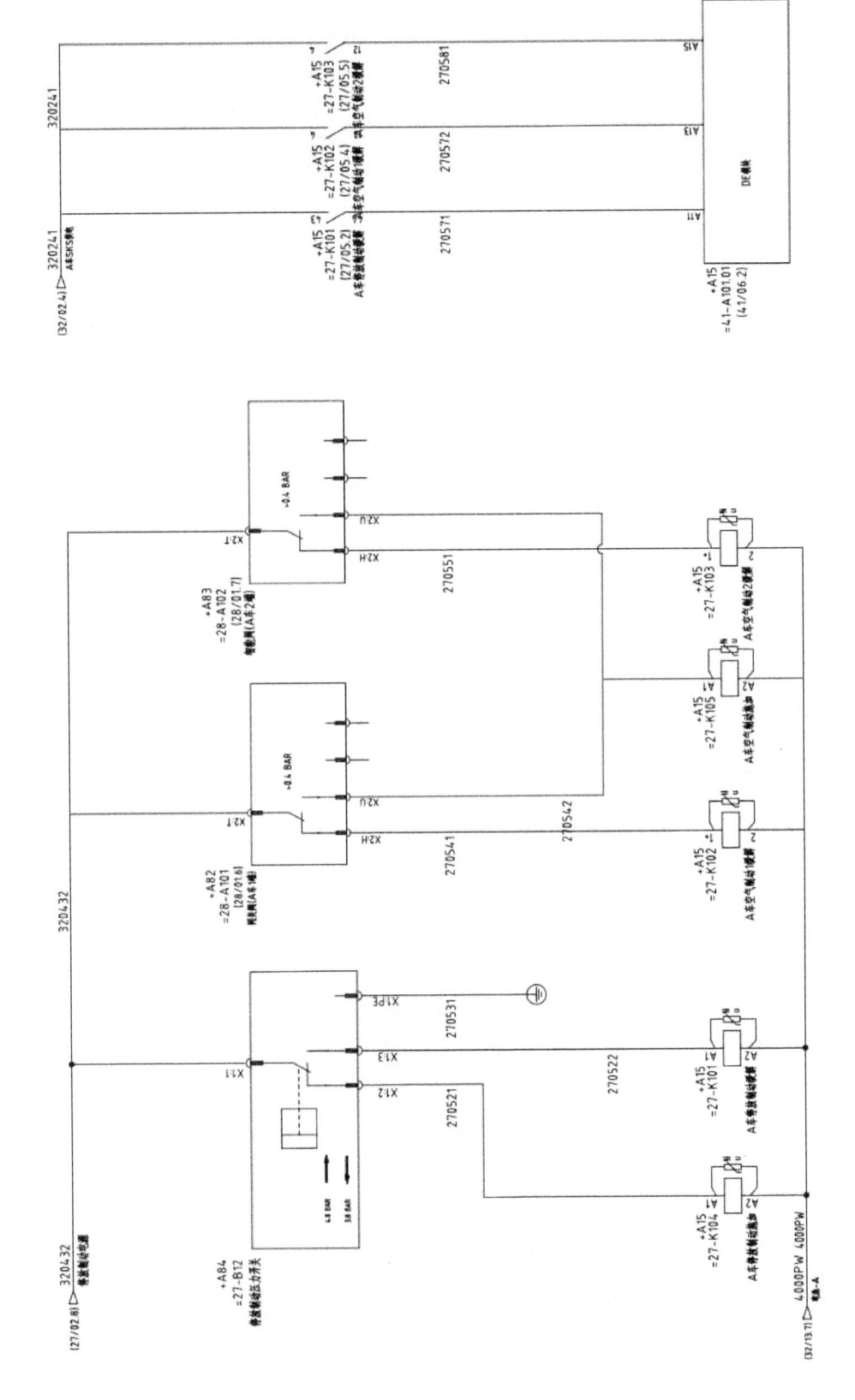

图 6.30 停放制动检测回路（1）

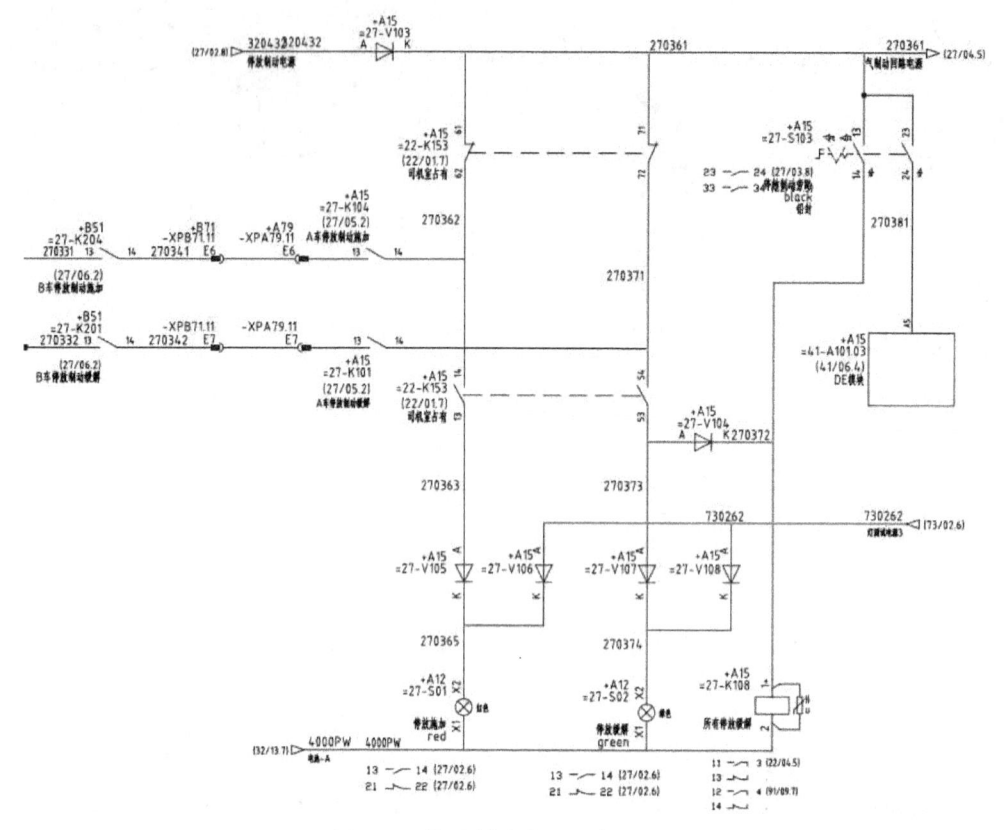

图 6.31 停放制动检测回路（2）

二、110V 重要电气元件

1. 继电器

继电器是一种电气控制元件，具有控制系统和被控制系统，通常应用于自动控制电路中，它实际上是一种用较小的电流去控制较大电流的"自动开关"，故在电路中起着自动调节、安全保护、转换电路等作用。列车除了常用的继电器，如图 6.32 所示，还有几种有特殊作用的继电器。

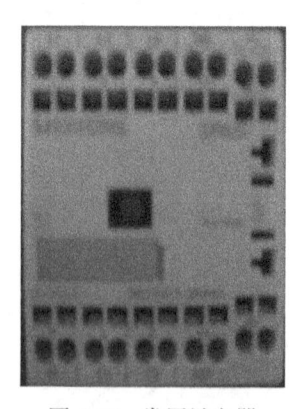

图 6.32 常用继电器

2. 欠压继电器

如图 6.33 所示，列车在激活回路中使用了欠压继电器 32-K05，用于当蓄电池电压低时，切断列车电子负载和电池负载。

欠压继电器的工作原理：当电压从小增大到 106V（上限值）时，欠压继电器吸合（触点 3-11 接通）；当电压从大减小到 93V（下限值）时，欠压继电器分断（触点 3-13 接通）。

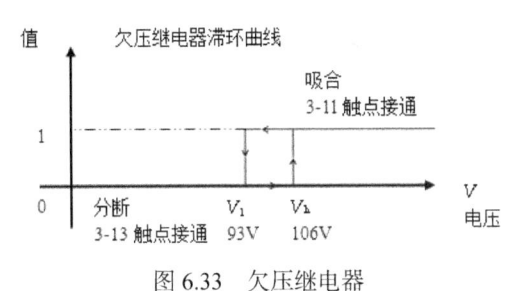

图 6.33 欠压继电器

3. 延时继电器

延时继电器分为失电延时继电器和得电延时继电器两种。

（1）失电延时继电器：当继电器失电时，在相应触点延时设定的时间后释放；列车上使用的延时 5min 断电的继电器 32-K04 就是该类型继电器，即列车切断激活后的 5min 内该继电器仍处于吸合状态，保证延时供电输出。

（2）得电延时继电器：当继电器得电时，在相应触点延时设定的时间后才吸合；列车在连挂时使用的继电器 72-K09 就是该类型继电器，即两列车在连挂一段时间后该继电器才吸合，保证列车可靠连挂好才得电。

4. 接触器

接触器具有继电器所有的特点，是一种特殊的继电器。它用来频繁地接通和分断主电路、辅助电路，以及较大容量控制电路的自动切换电器。它的特点是能进行远距离自动控制，操作频率较高，通断电流较大。B2 和 B4 型列车上的较大型接触器有：牵引系统的 K100、辅逆系统的 Q1、高速断路器等。

5. 接触器与继电器的异同

相同点：工作原理相同，都是通过线圈励磁产生电磁力吸合衔铁带动触点分断/闭合。

不同点：接触器带有灭弧装置，控制触点容量较大，可分断大电流，主要用来接通和断开主电路；继电器一般不带灭弧装置，控制触点容量小，主要用于控制电路。

三、列车旁路开关

为了保证行车安全，列车设置了连锁保护功能，该功能保证列车在具备一定基本条件时才能动车。为了保证列车在故障时能根据需要动车，设置了以下旁路开关，用来解除相应的连锁保护。

1. 允许升弓旁路

使用条件：当刀开关触点监视回路故障时使用，列车降弓后无法升弓时使用。

HMI 显示：状态区显示"切除激活"，消息区显示"受电弓升弓允许旁路"。
注意事项：使用时须确保刀开关不在接地位。

2. 气压不足旁路

使用条件：在正线运营时，当主风缸的压力太低时，为了使列车能继续运行时使用该旁路开关。

HMI 显示：状态区显示"切除激活"，消息区显示"列车主风管压力旁路"。
注意事项：当主风压力低于 5bar 时，列车牵引封锁，使用该旁路开关无效。

3. 气制动旁路

使用条件：当气制动检测回路故障，列车气制动无法缓解时可尝试使用。
HMI 显示：状态区显示"切除激活"，消息区显示"所有制动缓解旁路"。
注意事项：气制动实际不能缓解时，必须要使用人工缓解。

4. 停放制动旁路

使用条件：当停放制动反馈回路故障或正线不能缓解时使用。
HMI 显示：状态区显示"切除激活"，消息区显示"停放制动旁路"。
注意事项：使用停放制动旁路时，必须保证停放制动实际已缓解，如果没有缓解需要手动缓解停放制动。

5. 车门旁路

使用条件：当车门检测回路故障或车门故障电气隔离失效时使用。
HMI 显示：状态区显示"切除激活"，消息区显示"门关好旁路"。
注意事项：使用该旁路开关时，必须确定所有车门已经机械锁好。

6. 安全回路旁路

使用条件：当安全回路受到中断或紧急制动不能缓解时，使用该旁路开关。
HMI 显示：状态区显示"切除激活"，消息区显示"安全环路旁路"。
注意事项：在 Cut-out 模式和 ATP 模式且信号系统未触发紧急制动的情况下，均为安全回路旁路有效；在 ATP 模式下，信号系统触发紧急制动后，旁路随即失效，这种情况下 HMI 无相关显示。安全回路旁路生效后，拍打紧急停车按钮有效，列车最大速度为 60km/h。

7. 门零速旁路

使用条件：当零速继电器出现故障时使用。
HMI 显示：状态区显示"切除激活"，消息区显示"零速旁路"。
注意事项：使用该旁路开关后，必须在动车前恢复。

8. 车钩监视旁路

使用条件：当半自动车钩连好的继电器 72-K303 故障、列车不能激活时使用。

项目六 蓄电池的结构认知与检修

HMI 显示：状态区显示"切除激活"，消息区显示"车钩监视旁路"。
注意事项：半自动车钩旁路使用后，列车不限速。

9. 司机室占有旁路

使用条件：主要在司机室占有继电器故障时使用，在其他旁路无效情况时也可尝试使用。

HMI 显示：由于旁路信号未送入 SKS，因此无显示。

注意事项：司机室占有旁路时，安全控制是处于司机监控下，拍打紧急停车按钮有效，列车不限速。

任务六　蓄电池的结构认知与检修操作运用案例

【操作运用案例】 城市轨道交通车辆蓄电池总体结构认知与检修

1. 实训项目教师工作活页

实训项目教师工作活页　　　　　NO：

实训项目	城市轨道交通车辆受电弓总体结构认知与检修		
学　时	2	班　级	略
实训场所	蓄电池设备实验室或地铁车辆蓄电池检修基地现场		
工具设备	城市轨道交通车辆常用的蓄电池模型各一套，条件许可的话，可增加城市轨道交通车辆列车用的阀控式铅酸蓄电池，以及多媒体设备课件、图片、示教板、计算机多媒体设备等。		
教学目标	专业能力	（1）能说出城市轨道交通车辆蓄电池的用途。 （2）能说出城市轨道交通车辆蓄电池的结构及类型。 （3）能指认城市轨道交通车辆蓄电池主要部件，说出部件名称。 （4）能说出城市轨道交通车辆蓄电池电路构成及原理。 （5）能解释城市轨道交通车辆蓄电池的主要技术参数。	
	方法能力	（1）能综合运用专业知识，通过利用专业书籍、多媒体课件和图片资料获得帮助信息。 （2）能根据实训项目学习任务确定实训方案，从中学会表达及展示活动过程和成果。	
	社会能力	（1）能在实习训练活动中保持积极向上的学习态度。 （2）能与小组成员和教师就学习中的问题进行交流沟通。 （3）能与他人共享学习资源，具有较好合作能力和团队协作精神。	
教学活动	略（详见教学活动设计）		
教学评价	学生活动：① 以 5~7 人小组为单位开展实训活动，根据本组同学在实训过程中的能力表现及结果进行自评组内互评；② 根据其他小组同学在成果展示活动中的表现及结果进行互评。 教师活动：① 教师组织学生开展评价活动和总结；② 对学生在本实训项目单元中的成绩做出综合评价。		
教学资料	（1）城市轨道交通电气结构与检修教材。 （2）城市轨道交通车辆检修等参考书。 （3）实训项目学生学习活页（附页）。		
指导教师		教学时间	年　　月　　日

1. 实训项目学生学习活页

实训项目学生学习活页　　　　　　　　　　NO：_____

实训项目　　城市轨道交通车辆蓄电池维护与检修

班级：_____　姓名：_____　学号：_____　时间：_____

一、实训目标

1. 专业能力目标

（1）能说出城市轨道交通车辆蓄电池的用途及结构。

（2）能说出蓄电池的主要参数。

（3）能说出蓄电池的常见故障处理方法。

（4）能规范检查蓄电池的基本技术状况。

2. 方法能力目标

（1）能综合运用专业知识，通过利用专业书籍、多媒体课件和图片资料获得帮助信息。

（2）能根据实训项目学习任务确定实训方案，从中学会表达及展示活动过程和成果。

3. 社会能力目标

（1）在实习训练中保持积极向上的学习态度。

（2）能与小组成员和教师就学习中的问题进行交流沟通。

（3）能与他人共享学习资源，具有较好合作能力团队协作精神。

二、知识总结

（1）简要说出城市轨道交通车辆蓄电池常见故障的处理方法。

（2）简要说出城市轨道交通车辆蓄电池的主要技术参数。

（3）简要说出城市轨道交通车辆蓄电池故障检测方法。

三、操作运用

1. 根据给出的蓄电池检查作业指导，对蓄电池技术状况进行检查并填写检查结果。

作业项目、内容	作业标准及要求	检查手段	检查结果
检查各蓄电池单体	（1）无腐蚀或者无漏液 （2）外壳无变形或破裂	目视检查	
蓄电池箱里面整体检查	（1）检查蓄电池单体电缆无松动 （2）正负极连接正确 （3）温度传感器安装良好 （4）确保蓄电池顶部清洁、干燥；灰尘和湿痕用洁净的抹布擦掉 （5）检查蓄电池箱外观无损坏、与车底连接是否紧固无松动	目视、测量检查	

续

负载以及电压检测	（1）充放电前后分别测量蓄电池单体电压，单体电压变化应不超出整体电压平均值±50mV （2）对蓄电池进行紧急负载试验后，浮充电至满电，再进行均衡充电 （3）螺栓是否紧固，划线是否清晰可见	目测
箱盖外观检查	（1）各部件无破损，无刮痕 （2）各固定螺钉紧固状态良好	目视检查

（2）操作演示怎样进行城市轨道交通车辆蓄电池的负载实验和单体电压检测（在轨道交通实验室城市轨道交通车辆蓄电池仿真模型或者实物实操区域中操作演示）。

四、实训小结

_____
_____

五、成绩评定

1. 学生评价

评价等级	A—优	B—良	C—中	D—及格	E—不及格
学生自评					
组内互评					
他组互评					

2. 教师评价

评价等级	A—优	B—良	C—中	D—及格	E—不及格
专业能力					
方法能力					
社会能力					
评价结果					

3. 综合评价

评价等级	A—优	B—良	C—中	D—及格	E—不及格
评价结果					

注：按照学生自评占10%、组内互评占10%、他组互评占20%、教师评价占60%比例计分，其中：A—100分、B—85分、C—75分、D—60分、E—50分。

4. 评价量规

等　　级	行为表现描述
A	能圆满高效地完成实训任务的全部内容
B	能顺利完成实训任务的全部内容
C	能完成实训任务的全部内容，但需要一些帮助和指导
D	自己只能完成实训任务的部分内容，但在现场的指导下，能完成任务的全部内容
E	不能完成实训任务的全部内容

思考与练习

（1）城市轨道交通车辆蓄电池的用途是什么？蓄电池一般有几种类型？
（2）简述城市轨道交通车辆蓄电池的组成。
（3）蓄电池在运行维护过程中，需要经常检查哪些项目？
（4）蓄电池为何必须进行容量测试？主要有哪几种方法？
（5）蓄电池日常维护项目有哪些？
（6）阀控式铅酸蓄电池的浮充电压选择依据是什么？
（7）为什么新旧电池、不同类型电池、不同容量电池最好不要混合使用？
（8）结合电路图说明受电弓升弓控制过程、升弓原理。
（9）简述城市轨道交通车辆蓄电池单体检测流程。
（10）简述城市轨道交通车辆蓄电池负载检测方法。
（11）简述影响自放电速率大小的因素。

项目七 列车主电路

列车主电路将电力传动车辆产生牵引力和制动力的各种电器、电机、电子设备连成一个电气系统，实现电动列车的功率传输，它是电动列车非常重要的组成部分。

任务一 认知列车主电路的组成及原理

学习目标
（1）掌握列车主电路的组成及电路原理。
（2）掌握 A 车供电线路、B 车供电线路、C 车供电线路工作原理。
（3）掌握高压牵引电路和牵引辅助电路工作原理。

学习任务
认知列车主电路的组成及原理，主要包括列车主电路的组成及电路原理的认知。

工具设备
带完整列车主电路及组成设备的城市轨道交通车辆列车一列，城市轨道交通车辆模型若干个，城市轨道交通车辆主电路设备实物若干套，以及计算机多媒体设备、课件、图片、列车主电路示教板若干个等。

教学环境
理实一体化教室或轨道交通电气实验室。

基础知识
列车主电路主要由 A 车供电线路、B 车供电线路、C 车供电线路、高压牵引电路和牵引辅助电路组成。

如图 7.1、图 7.2、图 7.3、图 7.4 和图 7.5 所示，主电流从架空接触网流入 01Q01 受电弓（位于 B 车）、经过 01F01 避雷器、通过 10101 线路流入 01A01 牵引箱。在牵引箱内进行电流分配（配电）。

B 车启动电流经线路感应器、LCB1（HSCB1）高速断路器、线路接触器（瞬时通过线路电容器预充电电路）、接地故障检测器流入到牵引逆变器模块，然后由 10116/10117 线路流到 01Q08 接地总线、经 01Q04～01Q07 车轮接地刷接触器流向大地。

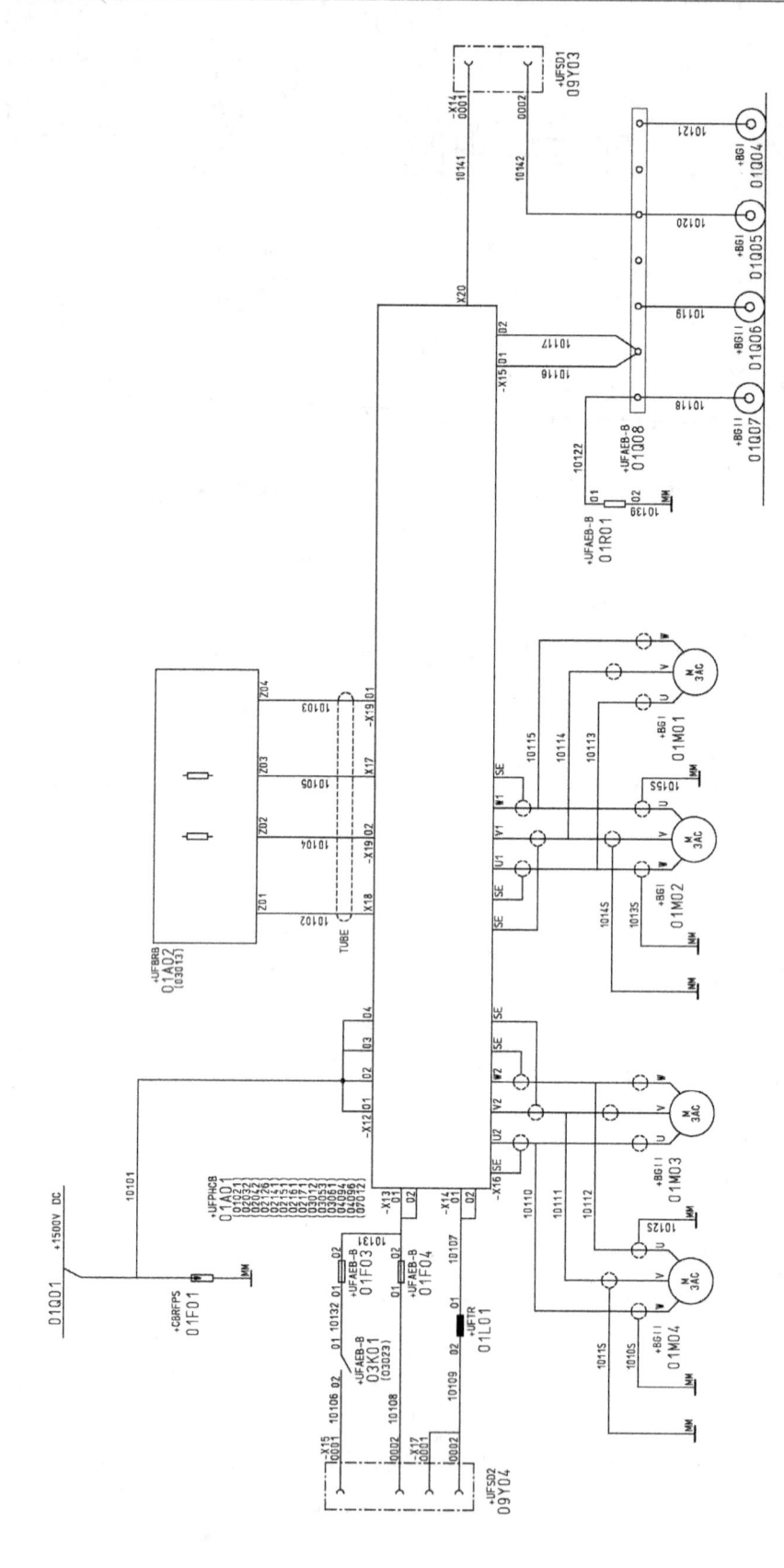

图 7.1 位于 B 车的主电路

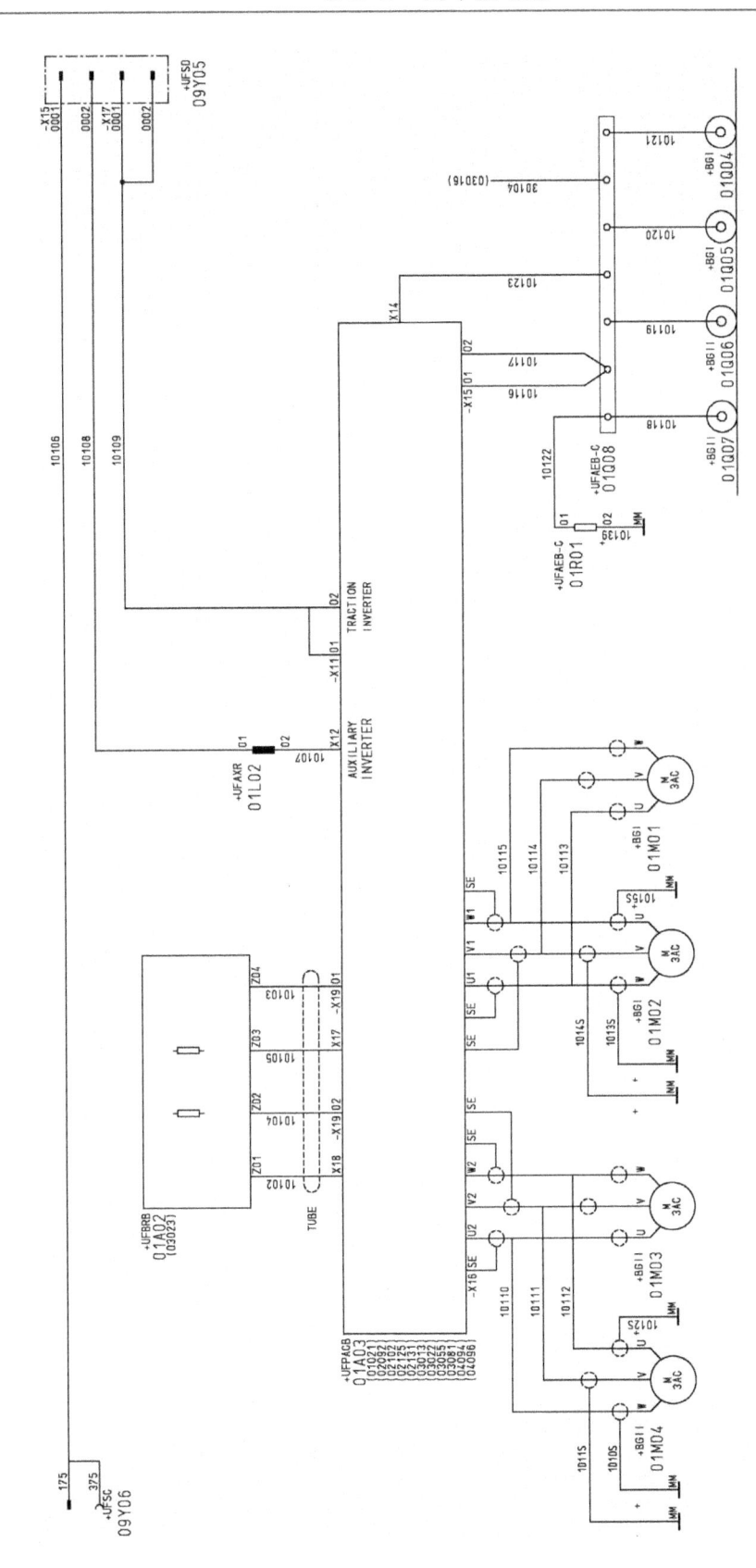

图 7.2 位于 C 车的主电路

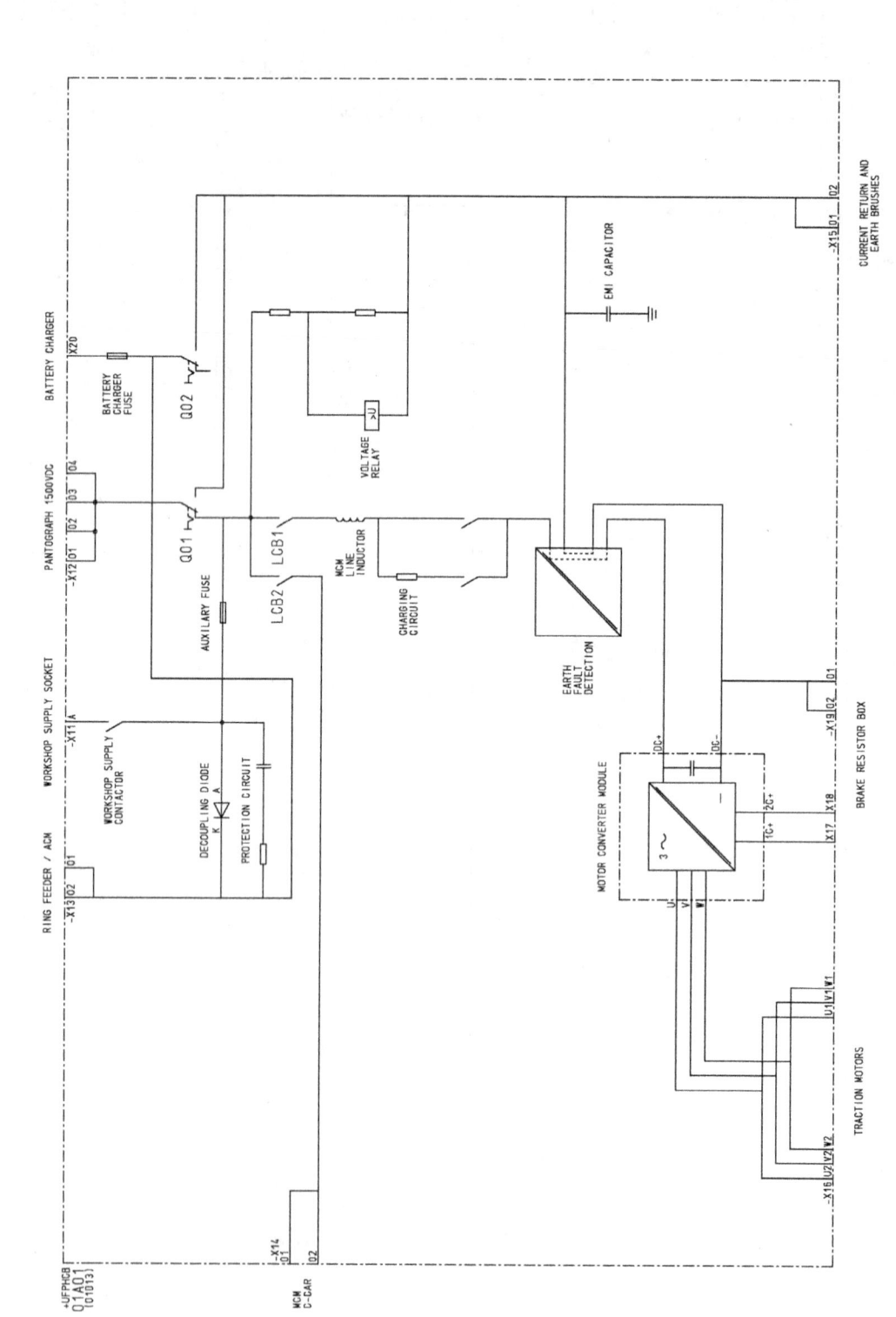

图 7.3 位于 PH 箱的主电路

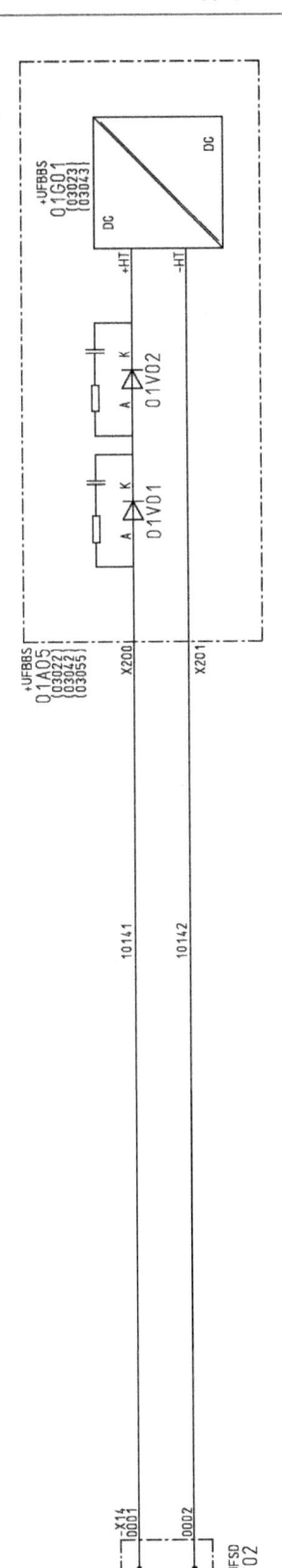

图 7.4 位于 A 车的主电路

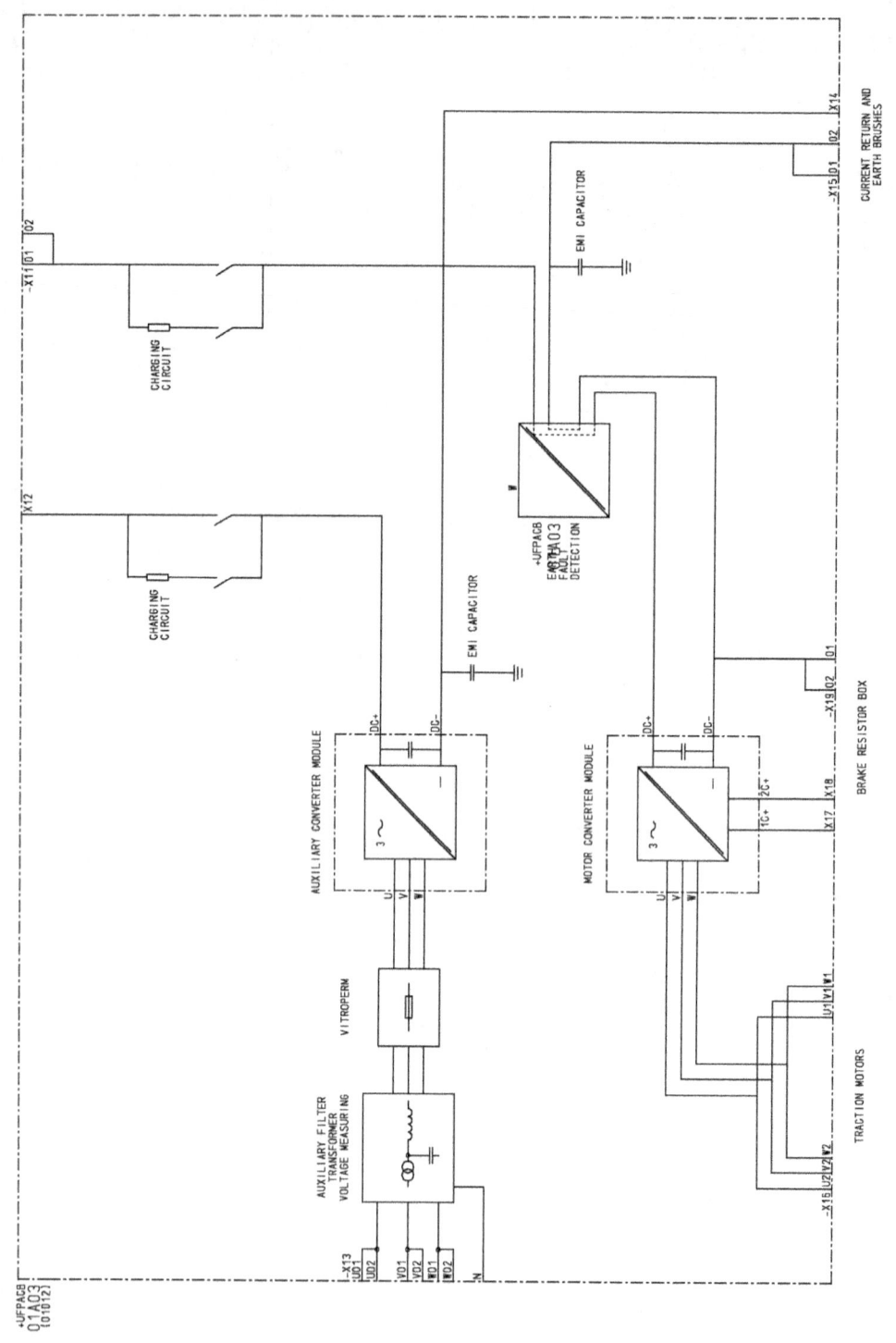

图 7.5 位于 PA 箱的主电路

C车启动电流通过01L01线路感应器流经LCB2（HSCB2）高速断路器、09Y04连接器（电势10109）流入到C车，从那里流入到01A03牵引箱。

在牵引箱里，电流流经线路接触器（瞬时通过线路电容器预充电电路）、接地故障检测器后流入牵引逆变器模块，然后通过10116/10117线路流入接地总线、经过01Q04～01Q07车轮接地刷接触器流回到大地。

如果出现过电流时，使用LCB（HSCB）高速断路器隔离牵引电路。

辅助逆变器的一次电流流经辅助熔断器、解耦二极管（两个都在01A01内）、01F04熔断器、09Y04连接器（电势10108）流入到C车，从那里经01L02线路感应器流入到01A03牵引箱。

在牵引箱内，电流流经线路接触器（瞬时通过线路电容器预充电电路）流入到辅助逆变器模块，然后流到01Q08接地总线、经过01Q04～01Q07车轮接地刷接触器流回到大地。

蓄电池充电器的一次电流流经辅助熔断器、解耦二极管、蓄电池充电器熔断器（在01A01内所有熔断器）、09Y03连接器（10141线路）进入到A车，再进入到01G01蓄电池充电器（安装在01A05蓄电池箱内）。

电流经09Y03连接器（电势10142）流回到B车的01Q08接地总线、经01Q04—01Q07车轮接地刷接触器流回到大地。

01R01电阻（位于01Q08接地总线和大地电势之间）能够强迫反向电流经车轮接地刷、接触器流入到铁轨、阻止电流流经车辆构架。

使用馈电环将两个3车单元的车载辅助供电系统的一次电路连接起来，因此6车编组列车的所有辅助供电系统能够只通过一个受电弓供电。

这两个系统的连接流经熔断器01F03、电源接触器03K01（两个B车）、10106线路、连接器09Y04、09Y05（-X15_0001）和09Y06（终端175/375）。

经电机线路10110～10115流入到01M01～01M04牵引电机的牵引电流，是在牵引箱的牵引逆变器模块中产生的。

在制动期间，牵引逆变器模块使牵引电机反转，这样再生能量就被反馈到高压供电系统或者由安装在制动电阻箱内的制动电阻将其转换成热能。

C车辅助逆变器模块产生380V的三相交流车载供电电压。

任务二　认知列车交流传动主电路

学习目标

（1）掌握列车交流传动主电路结构组成及原理。
（2）掌握列车高压设备的组成。
（3）掌握线路滤波器和牵引逆变器工作原理。
（4）理解牵引逆变器的主要技术参数。

学习任务

认知列车交流传动主电路，主要包括列车交流传动主电路结构组成及原理、列车高压

设备的组成、线路滤波器和牵引逆变器工作原理和牵引逆变器的主要技术参数等的认知。

工具设备

带完整列车交流传动电路及主电路设备的城市轨道交通列车一列,城市轨道交通列车模型(可模拟真实列车主电路控制过程)一套,以及计算机多媒体设备、课件、图片、列车主电路示教板等。

教学环境

理实一体化教室或轨道交通综合实验室、地铁车辆检修基地现场。

基础知识

一、地铁车辆交流传动主电路

如图 7.6 所示,列车受电弓从接触网受流,通过高速断路器后,将 DC 1500V 送入 VVVF 牵引逆变器。VVVF 牵引逆变器采用 PWM 脉宽调制模式,将 DC 1500V 直流电逆变成频率、电压可调的三相交流电,平行供给车辆四台交流笼型异步牵引电机,对电机进行调速,实现列车的牵引、制动功能,其半导体变流元件采用 4500V/3000A 的 GTO,最大斩波频率为 450Hz。VVVF 输出电压的频率调节范围为 0 ~ 112Hz,幅值调节范围为 0 ~ 1147V。

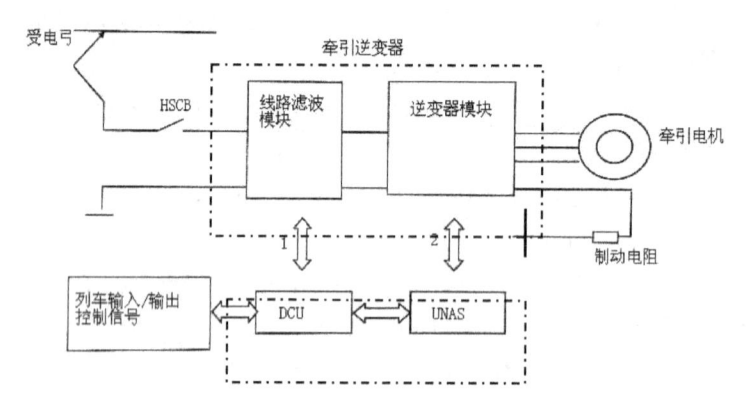

1—DCU 对牵引逆变器的线路电容器充/放电控制;2—DCU/UNAS 对牵引逆变器及电机转矩控制

图 7.6 牵引系统的组成

如图 7.7 所示,地铁列车高压设备如下。

(1)受电弓(Pantograph)位于 A 车车顶,代号为 1Q01。

(2)避雷器(Surge arrester)位于 A 车车顶,代号为 1F1。

(3)高速断路器(High speed circuit breaker,缩写 HSCB)位于 A 车底架,代号为 1Q02、1Q03。

(4)快速熔断器代号为 1F02、1F03,1F02 用来保护 DC/AC 和 DC/DC,1F03 是用来保护 1U01 的高压电压传感器。

(5)受电弓电源连锁继电器位于车间电源箱的里面,代号为 1K01。

(6)车间电源接触器位于车间电源箱的里面,代号为 1K02。

(7)车间电源插座位于车间电源箱边,代号为 1X01。

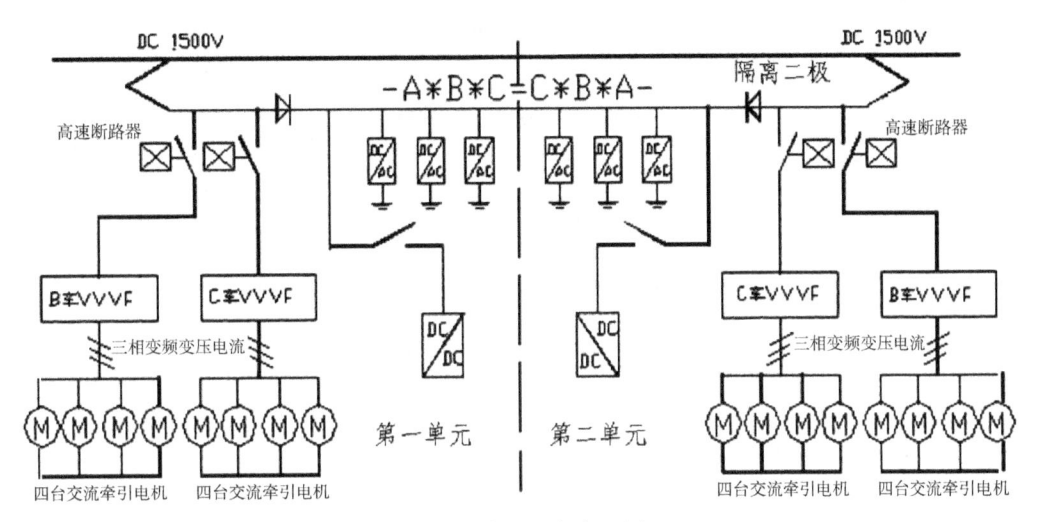

图 7.7　高压设备布置图

（8）A 车车钩电路连接器，代号为 9Y02；B 车车钩电路连接器，代号为 9Y03。
（9）高压电压传感器（potential transducer）位于车间电源箱内，代号为 1U01。
（10）接地母排位于 A、B、C 车的车底，代号为 1Q08、1Q09。
（11）接地（碳刷）装置，一、三轴位于轴的左边，二、四轴位于轴的右边，代号为 1Q4～1Q07。
（12）线路滤波器、牵引逆变器（DC/AC inverter）位于 A、B、C 车底架，代号为 DASU6-1 和 DASU6-2。
（13）制动电阻（Braking resistor）位于 B、C 车底架，代号为 1R01。
（14）交流牵引电机位于 B、C 车车底，代号为 1M01～1M04。

二、地铁 A 型车主电路分析

地铁车辆电路用于将各电气设备连接起来构成一个整体，以实现一定功能，通常由三部分组成，分别是主电路、辅助电路和控制电路，各种保护设备在各电路之中，不独立存在。

主电路是指将牵引电机及与其相关的电气设备用导线（或铜排）连接而成的电路，它能够实现按一定的要求驱动地铁车组运动的功能。

1. 结构分析

（1）变频调压方式：通过 DC/AC 逆变器把 DC 1500V 电源变成频率、电压可调的三相交流电，以供交流牵引电机使用，以满足其牵引运行的需要。
（2）供电方式：半集中供电方式，一套逆变器对应一单元车。
（3）电气制动方式：电阻制动和再生制动相结合。

2. 电路分析（如图 7.8 所示）

1）受电弓供电通路
接触网的 DC 1500V 由受电弓 1Q01 引入两端的 A 车内后，分为以下四路。

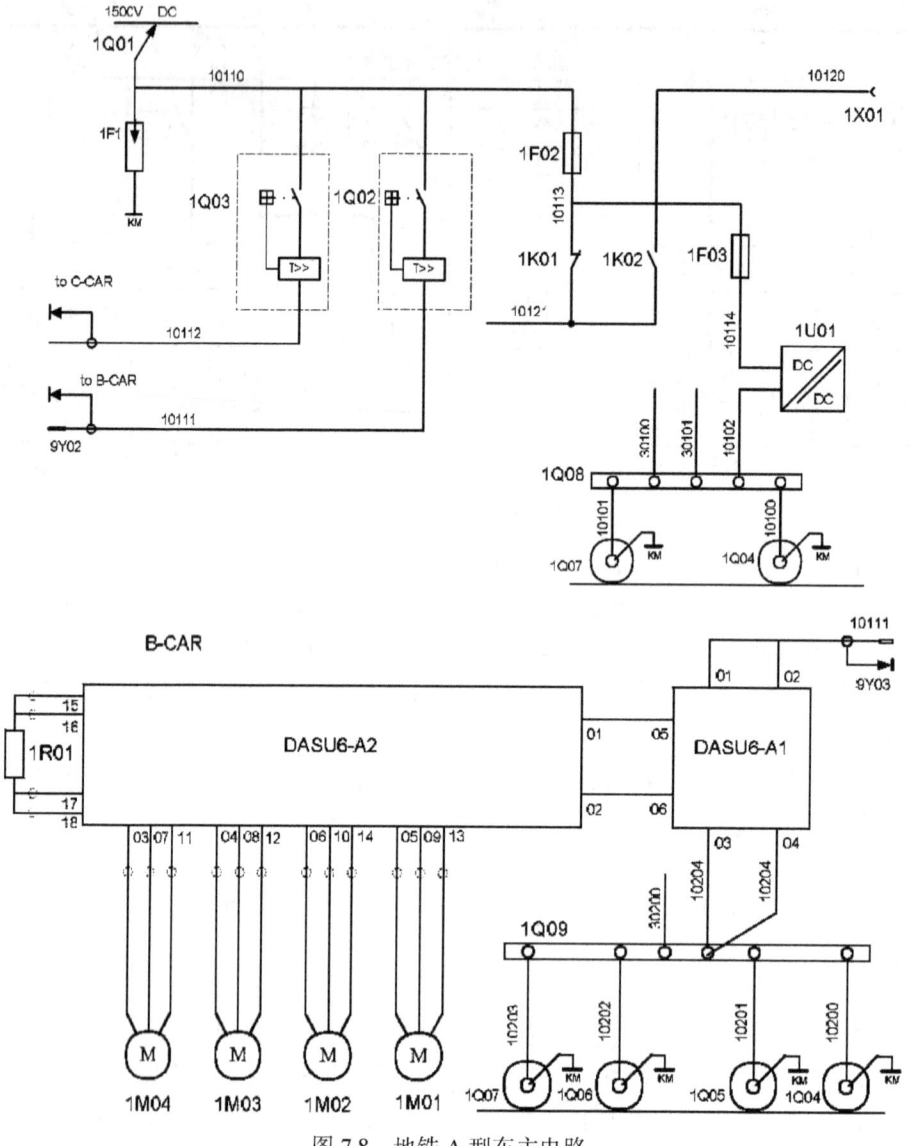

图 7.8 地铁 A 型车主电路

（1）受电弓 1Q01→高速断路器 1Q02→10111→A 车车钩电路连接器 9Y02→向 B 车的牵引逆变器供电。

（2）受电弓 1Q01→高速断路器 1Q03→10112→A 车车钩电路连接器 9Y02→向 C 车的车牵引逆变器供电。

（3）受电弓 1Q01→快速熔断器 1F02→受电弓电源连锁接触器 1K01 常闭触点→10121 线，向整列车的辅助电源（2XDC/DC、6XDC/AC）提供 DC 1500V 电源。

（4）受电弓 1Q01→快速熔断器 1F02→熔断器 1F03→电压传感器（欠压继电器）DC/DC →接地母排 1Q09→接地（碳刷）装置 1Q07、1Q04→钢轨→牵引变电所。

欠压继电器 DC/DC 用于检测网压，同时当网压>1000V 时，点亮受电弓升弓按钮指示灯；当网压>1200V 时，允许空调器启动。

2）关于车间电源

1X01：车间电源插座，列车在车厂时从车间送入 DC 1500V 和 DC 110V 电源，目的是给全列车提供辅助电源。

（1）1K01 和 1K02 线圈的 DC 110V 控制电源仅由车间提供，在不插车间电源时，两者都处于失电状态，1K01 常闭触点闭合，1K02 常开触点断开，由受电弓向辅助电源供电。

（2）打开车间电源盖，开关 2S15 动作，使受电弓自动降下，插入车间电源插座后，使（3K07/3K08 得电）1K01 得电，其常闭触点断开，切断来自受电弓的供电支路，在 1K01 得电后使 1K02 得电，常开触点闭合，允许车间内的 DC 1500V 经 1K02 常开触点，仅向辅助电源（DC/DC、DC/AC）提供电源。

（3）受电弓与车间电源之间的连锁关系：若在升弓状态，打开车间电源盖，受电弓会自动降下；反之，当车间电源盖在打开状态时，受电弓将无法在升起。

（4）车间电源供电时，无网压信息。

3）注意的问题

（1）因辅助电源（DC/DC、DC/AC）的供电支路，不经过高速断路器，只要全部车钩连挂好，在升弓后就会开始工作，空压机、空调器和照明可正常工作。

（2）在车间电源供电时，不能进行 DC 1500V 的电压检测，同时不能向动车 B 和 C 的牵引逆变器提供 DC 1500V 电源，所以车间电源无法用于动车。

4）B 车供电通路

受电弓 1Q01→高速断路器 1Q02→A 车车钩 9Y02→B 车车钩电路连接器 9Y03→10111→B 车线路滤波器 1A01→B 车牵引逆变器 1A02→向四台并联的异步电动机 1M01—1M04 供电。同时，线路滤波器 1A01 分四路经该车的接地装置接地。

5）C 车供电通路

受电弓 1Q01→高速断路器 1Q03→A 车车钩电路连接器 9Y02→B 车车钩电路连接器 9Y03→10112→B 车车钩 9Y04 电路连接器→C 车车钩电路连接器 9Y05→10112→C 车线路滤波器 1A01→C 车牵引逆变器 1A02→向四台并联的异步电动机 1M01—1M04 供电。同时，线路滤波器 1A01 分四路经该车的接地装置接地。

主电路中，DC 1500V 分别由该单元的受电弓独立供电，所以只有一个受电弓升起时，仅有该单元车有动力，全列车的动力失去一半。另一单元车主电路与上述情况完全相同。

3．线路滤波器和牵引逆变器工作原理

1）线路滤波器工作原理

线路滤波器的组成如下。

（1）电容 C1、R1 并联，共有四组。这四组并联，在简化图 7.9 上用一组表示。

（2）电感线圈对称分布，分别为 L1.1 和 L1.2，后文用 L1（L1=L1.1+L1.2）表示。

由电容 C1 与 L1 构成了线路滤波器。电容具有"阻直流，通交流"的作用，而电感则有"通直流，阻交流"的功能。如果把伴有许多干扰信号的直流电通过 LC 滤波电路，那么，交流干扰信号将被电容变成热能消耗掉；变得比较纯净的直流电流通过电感时，其中的交流干扰信号也被变成磁感电动势和热能，频率较高的最容易被电感阻抗，这就可以抑制较高频率的干扰信号。

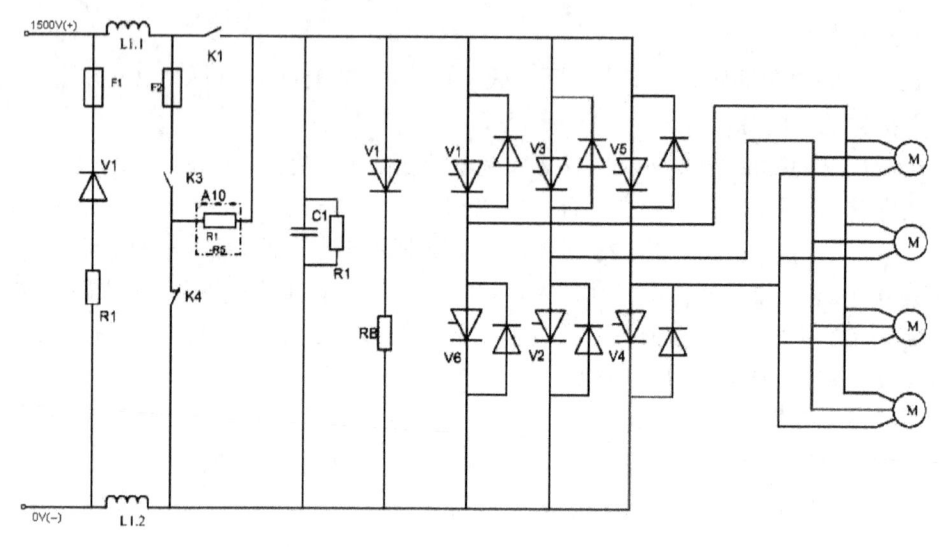

图 7.9　A 型车主电路 VVVF 简化电路

（3）线路接触器 K1。

（4）充电接触器 K3。

（5）放电接触器 K4。

K3 与 K4 之间有软件和硬件连锁，保证不会同时闭合，以避免主电路短路充电时，首先放电接触器 K4 断开，然后预充电接触器 K3 闭合，充电电流通过受电弓、线路电感 L1（L1.1+L1.2）、电阻 A10（R1～R5）、线路电容器 A31～A34（C1//R1）。当线路电容器电压充至与电网电压相差 100V 时，线路接触器 K1 闭合，预充电接触器 K3 断开。

2）牵引逆变器工作原理

VVVF 逆变器的组成如下。

（1）主 GTO V1～V6 与续流二极管，如图 7.9 所示。

（2）RLCD 缓冲电路，电容为△接法，在图 7.9 中被略去。

（3）RC 阻容吸收电路，在图 7.8 中被略去。

（4）GTOV1 与制动电阻 RB 构成了电阻制动回路。

VVVF 逆变器的主要参数如下。

线电压（DC）：$U_N=1000～1800V$；

输入线电流：$I_N=480A$；

最大线电流（牵引）：$I_{NMAX}=692A$；

最大线电流（制动）：$I_{NMAX}=1171A$；

输出电流：$I_A=720A$；

最大输出电流：$I_{AMAX}=1080A$；

最大保护电流：$I_{MAX}=2900A$；

输出电压：$U_N=0～1050V$；

输出频率：$f_A=0～112Hz$；

GTO 最大开关频率：$f_P=450Hz$；

制动斩波模块斩波频率：$f_B=250Hz$；

模块冷却方式：强迫风冷；

模块冷却风速：$V_L=8m/s$。

牵引电机（1TB2010—0GA02）的主要参数：

主要参数	连续定额	小时定额	单位
输出功率 P_M	190	210	kW
额定电压 U_N	1050	1050	V
额定电流 I_N	132（1800min-1）	144（1800min-1）	A
额定转矩 M_N	1008	1114	N·m
最大转速 n_{MAX}	3510	3510	r/min

逆变原理参看三相桥式逆变器工作原理。传统的三相桥式逆变器电路如图7.10所示。图7.10中，VT1～VT6为晶闸管，L1～L6为换向电感，C1～C6为换向电容，L和C组成晶闸管关断电路。VD1～VD6为反馈二极管。依据晶闸管工作原理，在三相交流输入电源作用下，若晶闸管承受最大正向阳极电压，而控制极又获得触发脉冲时便转入导通状态。反之，处于导通状态的晶闸管在足够的反向阳极电压作用下会转为截止状态。

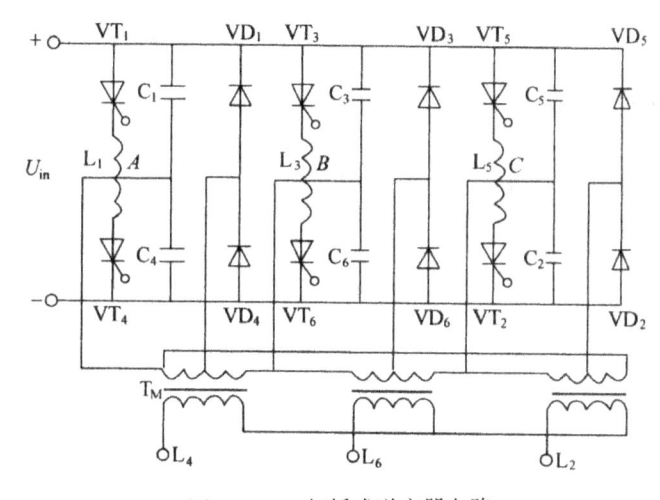

图7.10 三相桥式逆变器电路

相关案例

案例1 IGBT烧损

IGBT（绝缘栅双极型晶体管）是由BJT（双极型三极管）和MOS（绝缘栅型场效应管）组成的复合全控型电压驱动式功率半导体器件，兼有MOSFET的高输入阻抗和GTR的低导通压降两方面的优点。GTR饱和压降低，载流密度大，但驱动电流较大；MOSFET驱动功率很小，开关速度快，但导通压降大，载流密度小。IGBT综合了以上两种器件的优点，驱动功率小而饱和压降低。非常适合应用于直流电压为600V及以上的变流系统，如交流电机、变频器、开关电源、照明电路、牵引传动等领域

IGBT是一个模块集成化的电子器件。在地铁上主要作为辅助系统，如列车空调器、通风机、空压机、蓄电池充电器及照明等。目前，世界上的地铁列车的辅助系统主要采用绝

缘栅双极型晶体管 IGBT 模块来构成。有了它之后，列车的辅助系统可以更好地实现电的逆变、变压器隔离等，即能更好地组成直—直变频变压隔离电路。

1. 故障发生经过

某地铁某次车在上行时报告该车上一个 DCU 严重故障，列车继续运行到一段时间后，司机重新激活列车，但故障仍然不能消除，导致某站始发的另外一车次延误开车，列车继续运营，同时行调决定备用车去替换该故障车，该车退出服务。

2. 故障判断处理过程

故障列车回库后检查 MMI 故障信息情况，发现多次出现"制动电阻风扇故障"，并伴随有"制动力低"故障信息，通过复位 03S01 后列车故障现象暂时消失。

经检查故障列车的 PH 箱，发现制动电阻风扇电机的交流 380V 保护断路器跳闸，复位后在试车线运行两个小时仍未发生故障。

在库内进行制动电阻风机强制通风试验，未发生制动电阻风扇电机保护断路器跳闸和其他异常情况。

3. 故障原因

制动电阻风扇电机保护断路器跳闸导致制动电阻冷却风扇不工作，进一步导致制动力低，反应到 MMI 上为 MCM 故障。

对于保护断路器跳闸原因，将对制动电阻风扇电机电流进行测试后确定。

案例 2　牵引控制单元超时故障、牵引安全列车线故障

1. 故障发生经过

某地铁某次车司机发现车上的牵引逆变器故障（可暂时维持运营），通知 SME，SME 通知车辆人员上车检查，半个小时后 SME 确认故障存在，因此 OCC 决定用备用车上线替换该故障车。

2. 故障判断处理过程

傍晚该故障列车回库后，分析故障信息，发现在当天中午发生过牵引控制单元超时故障、牵引安全列车线故障，针对性地检查了 MVB 电缆、DCU 的 MVB 接口及 MCM 低压控制电源开关 02F21 未发现故障，进一步检查 MCM 模块，发现 MCM 显示电源故障，24V 内部冷却风扇抖动明显，将 1033PA 箱内的 MCM 模块更换后，恢复正常。

第三天上午对换下来的 MCM 进行了处理，更换了 IGBT2 及 GDU 单元。

3. 故障原因

GDU 单元故障将 MCM 模块内部 24V 电源拉低，导致 MCM 模块显示电源故障及引起 24V 内部冷却风扇工作异常。该车 MCM 故障前，刚刚对该车 MCM 的 GDU 单元整改过。

拓展知识 1

庞巴迪车型列车主电路介绍

列车主电路（庞巴迪车型）综述如图 7.11 所示。

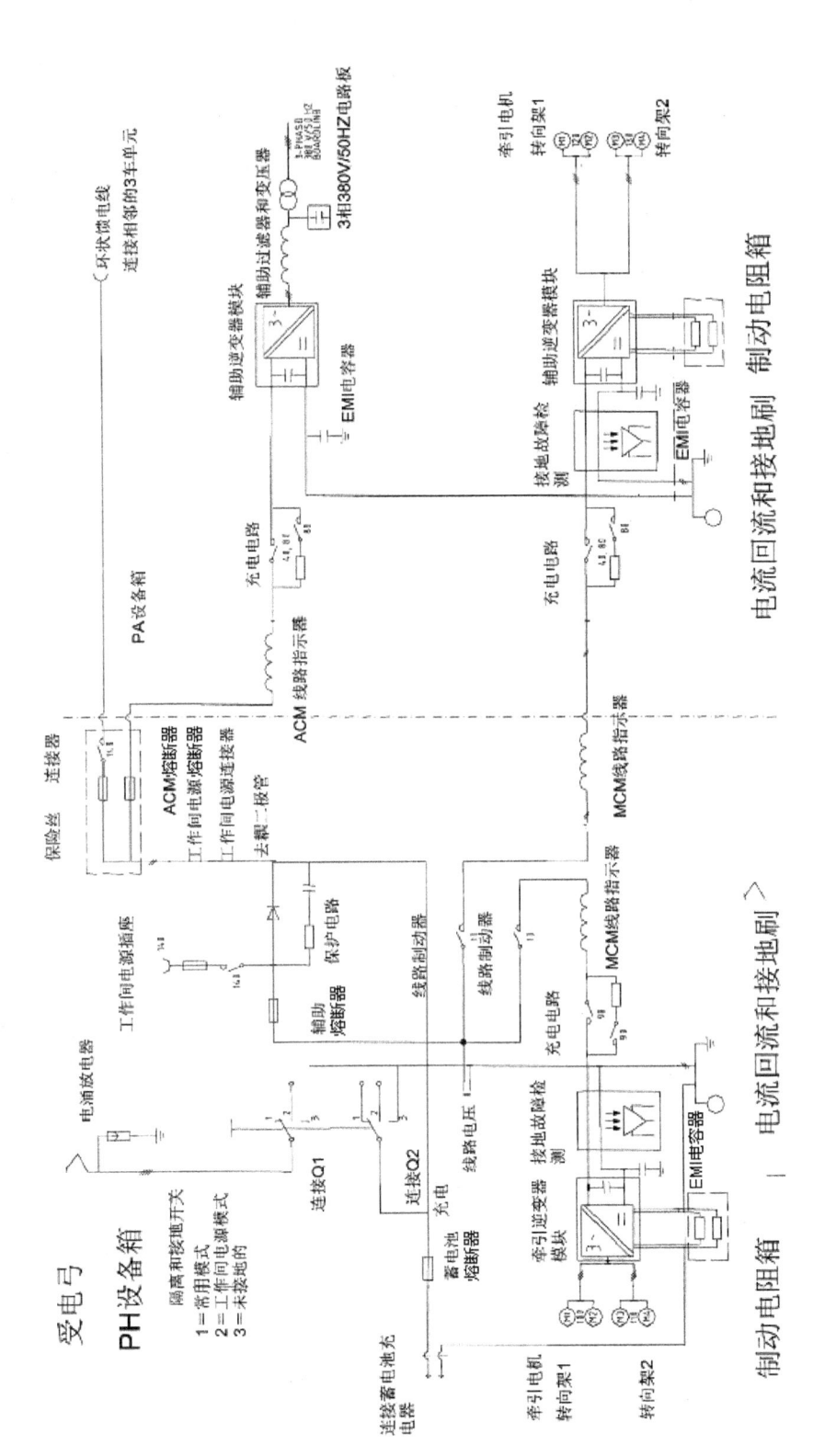

图 7.11 列车主电路（庞巴迪车型）综述

拓展知识 2

牵引电机

牵引逆变器的作用是将电网提供的 DC 1500V 直流电逆变成 AC 380V 供交流电机使用的三相交流电，并能够调节输出交流电的电压和频率的大小，从而实现对交流牵引电机的转矩和转速的控制。

1. 三相交流异步电动机的技术参数

型号：4EBA4040；

电压：1150V；

功率：220kW（持续制）；

转速：1708r/min；

最大转速：3690r/min（在最小轮径下）；

额定电流：130A；

重量：685kg；

冷却方式：自然冷却；

执行标准：ICE60349-2 1993。

2. 交流电动机的优点

可靠性高、使用维护成本低、重量轻、体积小。

3. 直线电动机

通常，电动机是旋转型的。定子包围着圆筒形的转子，定子形成磁场，在转子中流过电流，使转子产生旋转力矩。而直线电动机则是将两个圆筒形部件展开成平板状，面对面，定子在相应于转子移动的长度方向上延直线排列。

直线电动机是一种新型电动机，近年来应用日益广泛。磁悬浮列车、广州地铁 4~6 号线列车就是用直线电动机来驱动的。此外，直线电动机还广泛地应用于其他方面，如用于传送系统、电气锤、电磁搅拌器等。在我国，直线电动机也逐步得到推广和应用。直线电动机的原理虽不复杂，但在设计、制造方面有它自己的特点。直线电动机尚不如旋转电动机那样成熟，有待进一步研究和改进。

直线电动机可以认为是旋转电动机在结构方面的一种变形，它可以被看作一台旋转电动机沿其径向剖开，然后拉平演变而成。近年来，随着自动控制技术和微型计算机的高速发展，对各类自动控制系统的定位精度提出了更高的要求，在这种情况下，传统的旋转电动机再加上一套变换机构组成的直线运动驱动装置，已经远不能满足现代控制系统的要求，为此，近年来世界许多国家都在研究、发展和应用直线电动机，使得直线电动机的应用领域越来越广。

直线电动机与旋转电动机相比，主要有如下几个特点。

（1）结构简单，由于直线电动机不需要把旋转运动变成直线运动的附加装置，因而使得系统本身的结构大为简化，重量和体积大大地下降。

（2）定位精度高，在需要直线运动的地方，直线电动机可以实现直接传动，因而可以消除中间环节所带来的各种定位误差，故定位精度高，如采用微机控制，则还可以大大地提高整个系统的定位精度。

（3）反应速度快、灵敏度高，随动性好。直线电动机容易做到其动子用磁悬浮支撑，因而使得动子和定子之间始终保持一定的空气隙而不接触，这就消除了定、动子间的接触摩擦阻力，因而大大地提高了系统的灵敏度、快速性和随动性。

（4）工作安全可靠、寿命长。直线电动机可以实现无接触传递力，机械摩擦损耗几乎为零，所以故障少，免维修，因而工作安全可靠、寿命长。

直线电动机主要应用于三个方面。

（1）应用于自动控制系统，这类应用场合比较多。

（2）作为长期连续运行的驱动电机。

（3）应用在需要短时间、短距离内提供巨大的直线运动能的装置中。

任务三　列车主电路的认知及检查操作运用案例

【操作运用案例】　列车主电路系统设备的认知及检查

1. 实训项目教师工作活页

实训项目教师工作活页　　　　　　　　　　　NO：_____

实训项目	列车主电路系统设备的认知及检查		
学　　时	2	班　　级	略
实训场所	轨道交通实验室或地铁车辆电气系统检修基地现场		
工具设备	带完整列车主电路或交流传动电路及其组成设备的城市轨道交通车辆列车一列，城市轨道交通列车模型（可模拟真实列车主电路控制过程）若干个，城市轨道交通车辆主电路高压设备实物若干，列车主电路检查及故障处理工具设备若干，以及计算机多媒体设备、课件、图片、列车主电路示教板等。		
教学目标	专业能力	（1）能说出列车主电路系统的组成及电路原理。 （2）能说出列车交流传动主电路结构组成及原理。 （3）能指认列车高压设备，说出列车高压设备名称。 （4）能说出线路滤波器组成及工作原理。 （5）能说出牵引逆变器工作原理（含组成及技术参数）。	
	方法能力	（1）能综合运用专业知识，通过利用专业书籍、多媒体课件和图片资料获得帮助信息。 （2）能根据实训项目学习任务确定实训方案，从中学会表达及展示活动过程和成果。	
	社会能力	（1）能在实习训练活动中保持积极向上的学习态度。 （2）能与小组成员和教师就学习中的问题进行交流沟通。 （3）能与他人共享学习资源，具有较好合作能力和团队协作精神。	
教学活动	略（详见教学活动设计）		
教学评价	学生活动：① 以5~7人小组为单位开展实训活动，根据本组同学在实训过程中的能力表现及结果进行自评组内互评；② 根据其他小组同学在成果展示活动中的表现及结果进行互评。 教师活动：① 教师组织学生开展评价活动和总结；② 对学生在本实训项目单元成绩做出综合评价。		
教学资料	（1）城市轨道交通电气结构与检修教材。 （2）城市轨道交通车辆检修等参考书。 （3）实训项目学生学习活页（附页）。		
指导教师		教学时间	年　　月　　日

2. 实训项目学生学习活页

实训项目学生学习活页　　　　　　　　　　　NO：_____

实训项目　　列车主电路系统设备的认知及检查

班级：_____　姓名：_____　学号：_____　时间：_____

一、实训目标

1. 专业能力目标

（1）能说出列车主电路系统的组成及电路原理。

（2）能说出列车交流传动主电路结构组成及原理。

（3）能指认列车高压设备，说出列车高压设备名称。

（4）能说出线路滤波器组成及工作原理。

（5）能说出牵引逆变器工作原理（含组成及技术参数）。

2. 方法能力目标

（1）能综合运用专业知识，通过利用专业书籍、多媒体课件和图片资料获得帮助信息。

（2）能根据实训项目学习任务确定实训方案，从中学会表达及展示活动过程和成果。

3. 社会能力目标

（1）在实习训练中保持积极向上的学习态度。

（2）能与小组成员和教师就学习中的问题进行交流沟通。

（3）能与他人共享学习资源，具有较好合作能力和团队协作精神。

二、知识总结

（1）简要说出列车交流传动主电路系统高压设备的组成及作用。

（2）简要说出线路滤波器和牵引逆变器的组成。

三、操作运用

（1）指认下图列车高压设备组成图，请在图上标出受电弓、避雷器、高速断路器、快速熔断器、受电弓电源连锁继电器、车间电源接触器、车间电源插座、A车车钩电路连接器、B车车钩电路连接器、高压电压传感器、接地母排、接地（碳刷）装置、线路滤波器、牵引逆变器、制动电阻、交流牵引电机等部件的位置。

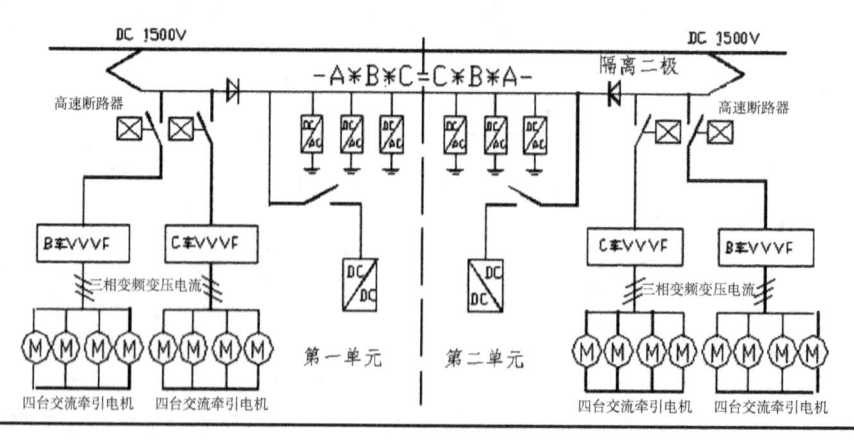

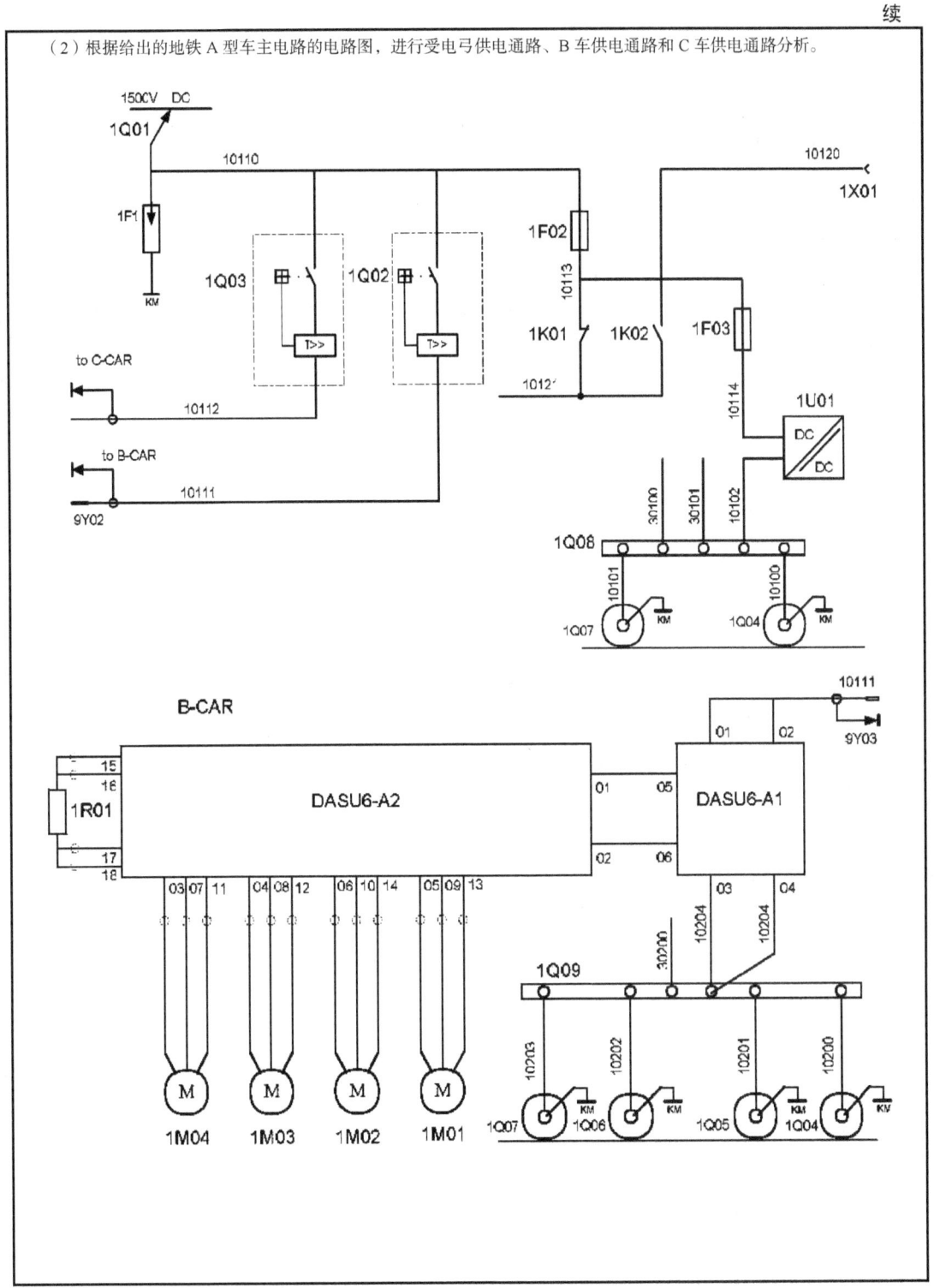

续

（2）根据给出的地铁 A 型车主电路的电路图，进行受电弓供电通路、B 车供电通路和 C 车供电通路分析。

续

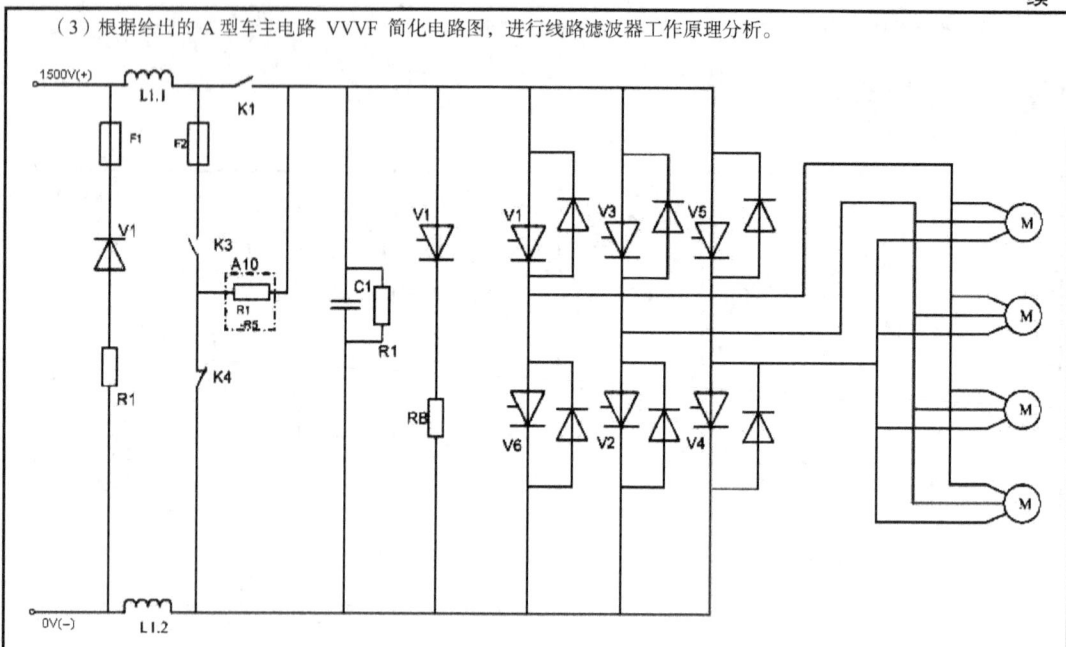

（3）根据给出的 A 型车主电路 VVVF 简化电路图，进行线路滤波器工作原理分析。

（4）根据给出的牵引电机检查作业指导，对牵引电机技术状况进行检查并填写检查结果。

作业前准备工作：确认受电弓在降弓位，确认接触网已办理隔离手续、无电，确认无车间电源供电，确认蓄电池开关（03S01）在断开位，确认车辆已断高压电 5min，将高压隔离接地开关 Q1、Q2 置接地位，并用小锁将 Q2 锁住，检查 MCM 及 ACM 模块时应佩戴 ESD 腕带。

作业项目、内容	作业标准及要求	检查（作业）手段	检查（作业）结果
检查过滤器和消声器	用压缩空气进行吹扫，吹扫后无污染、无堵塞	目视检查	
检查牵引电机（无电作业）			
检查牵引电机外部	外部无损坏，有损坏则修补或更换，机械连接良好，如有油漆损坏则喷漆处理	目视检查	
清洁电机外部	对一般的污染采用抹布清洁，否则使用清洗剂擦洗，确保电机外壳表面具有良好的散热能力	清洁检查	
检查外部螺栓和电气连接螺栓	（1）检查牵引电机与转向架构架间紧固状态良好，无松动、腐蚀、损坏、丢失 （2）牵引电机橡胶套是否有裂纹，裂纹深度不能超过衬套长度的 10% （3）电气连接状态良好，无过热、松动	手动、目视检查	
对轴承进行重新润滑	（1）清洁连接螺栓的周围区域 （2）移去螺钉帽 （3）清洁油脂枪喷嘴 （4）使用 KLUBER ISOFLEX TOPASL152 油脂对每个轴承进行润滑，每个轴承涂抹的油脂为 25g （5）重新安装螺钉帽	润滑	

续

四、实训小结

_____
_____
_____

五、成绩评定

1. 学生评价

评价等级	A—优	B—良	C—中	D—及格	E—不及格
学生自评					
组内互评					
他组互评					

2. 教师评价

评价等级	A—优	B—良	C—中	D—及格	E—不及格
专业能力					
方法能力					
社会能力					
评价结果					

3. 综合评价

评价等级	A—优	B—良	C—中	D—及格	E—不及格
评价结果					

注：按照学生自评占10%、组内互评占10%、他组互评占20%、教师评价占60%比例计分，其中：A—100分、B—85分、C—75分、D—60分、E—50分。

4. 评价量规

等　　级	行为表现描述
A	能圆满高效地完成实训任务的全部内容
B	能顺利完成实训任务的全部内容
C	能完成实训任务的全部内容，但需要一些帮助和指导
D	自己只能完成实训任务的部分内容，但在现场的指导下，能完成任务的全部内容
E	不能完成实训任务的全部内容

思考与练习

（1）列车主电路系统设备的组成有哪些？

（2）简述列车主电路系统的电路原理。

（3）常见的列车高压设备有哪些？

（4）线路滤波器有哪些部分组成？

（5）结合电路图说明线路滤波器的工作原理？
（6）牵引逆变器有哪些部分组成。
（7）结合电路图说明牵引逆变器的工作原理。
（8）牵引逆变器的主要技术参数有哪些。
（9）结合电路图说明列车受电弓供电通路原理。
（10）结合电路图说明列车B车供电通路原理。
（11）结合电路图说明列车C车供电通路原理。

项目八　列车照明电路

列车照明系统是指地铁列车完成正常运行时所必需的车辆照明系统。该系统包括列车运行时所必需的外部照明系统（如图 8.1 所示）、客室照明系统（如图 8.2 所示）及列车操作过程中所必需的工作照明系统。它们应具备列车运行过程及检修过程所必需的所有照明功能。

正常情况下，受电弓从接触网取得电能，由列车辅助逆变器提供全部照明电源；当辅助逆变器无法正常工作时，由列车主蓄电池提供部分必需的照明电源。

图 8.1　列车外部照明系统　　　　图 8.2　客室照明系统

任务一　认知列车照明系统设备

学习目标

（1）了解照明的基本概念、常用光源、照明系统布置原则。
（2）掌握列车照明系统设备的组成及作用。
（3）掌握列车照明系统设备的种类和分布。

学习任务

认知列车照明系统设备，主要包括照明的基本概念、常用光源、照明系统布置原则、列车照明系统设备的组成及作用、列车照明系统设备的种类和分布的认知。

工具设备

带完整照明设备的城市轨道交通车辆车厢一节，城市轨道交通车辆模型若干个，城市轨道交通车辆照明系统设备实物若干套，以及计算机多媒体设备、课件、图片、示教板等。

教学环境

理实一体化教室或轨道交通综合实验室。

基础知识

一、照明的基本概念、常用光源、照明系统布置原则

1. 照明的基本概念

1）光

光是能引起视觉的辐射能，它是一种电磁波，又称为可见光。其波长一般在380～780nm范围内，不同波长的光给人的颜色感觉不同。

2）光通量

光源在单位时间内，向周围空间辐射并引起视觉的能量，称为光通量，单位为1m（流明）。一个100W的白炽灯，在220V的电压下发出的光通量为1250lm；一个40W的荧光灯，在220V的电压下发出的光通量为2440lm。

3）发光效率

光通量与该光源所消耗的电功率之比称为发光效率，单位为lm/W（流明/瓦）。例如，100W白炽灯的发光效率（12.5lm/W）比40W荧光灯的发光效率（61lm/W）要低。

4）发光强度

光源在某一特定方向上单位立体角内辐射的光通量。

5）照度

单位面积上接收的光通量称为照度，单位为lx（勒）。在1lx的照度下，我们仅可以看见四周的情况。工作场所必需的照度为20～100lx。

6）亮度

发光体在给定方向单位投影面积上的发光度称为亮度，单位为sb（熙提）。煤油灯火焰的亮度约为1.5sb，钨丝白炽灯的亮度约500～1500sb。当发光表面的亮度相当高时，对视觉也会引起不愉快的眩光。眩光是指由于亮度分布不适当，或亮度的变化幅度太大，或由于在时间上相继出现的亮度相差过大，造成观看物体时感觉不舒适或视力减低的视觉条件。眩光按其引起的原因分直射眩光和反射眩光两种。

为限制眩光可采用以下几种办法。

（1）限制光源的亮度、降低灯具的表面亮度。例如，对亮度太大的光源，可用磨砂玻璃等限制眩光。

（2）局部照明的照明器应采用不透光的反射罩，且照明器的保护角应不小于30°；若照明器安装高度低于工作者的水平视线时，照明器的保护角应为10°～30°。

（3）正确地选用照明器型号，合理布置照明器位置，并选择好照明器的悬挂高度是消除或减弱眩光的有效措施。照明器悬挂高度增加，眩光作用就减小。为了限制直射眩光，室内一般照明用的照明器对地面的悬挂高度，应不低于2m。

7）色表与显色性

作为照明光源，还要求它发出的光具有良好的颜色。所谓光源颜色的显示性，一是人眼直接观察光源所看到的颜色，称为光源的色表；另一是指光源照射到物体上所产生的客观效果，即颜色的显色性。如果各色物体受照的效果和标准光源（标准昼光）照射时一样，则认为该光源的显色性好（显色指数高）；反之，如果物体在受照后失真，则该光源的显色性就差（显色指数低）。显色性最优的用显色指数 100 表示，其余光源的显色指数小于 100。常用光源的显色指数如表 8.1 所示。

表 8.1 常用光源的显色指数

光　　源	白炽灯	日光色荧光灯	白色荧光灯	高压汞灯	氙灯
显色指数	97	75～94	55～85	22～51	95～97

8）阴影

有害的阴影：由于方向性照明及障碍物造成的阴影（如手的挡光）会使被照对象的亮度和亮度对比下降，对视觉工作是不利的。为克服不利的阴影要注意合理地布置灯具，提高照明的扩散度。有利的阴影：适度的阴影能表现出物体的立体感、实体感和材质感。物体上最亮部分和最暗部分的亮度比称为亮暗比。亮暗比小于 2∶1 时有平板感，大于 10∶1 时又过分强烈，而在 3∶1 时最理想。

9）照明方式

（1）一般照明：不考虑特殊局部的需要，为照亮整个工作面而设置的照明。

（2）局部照明：为满足某些部位的特殊需要而设置的照明。

（3）混合照明：一般照明与局部照明共同组成的照明。

2．常用电光源

1）白炽灯

白炽灯是靠电能将灯线（钨丝）加热至白炽而发光。

2）碘钨灯

碘钨灯是一种充碘的白炽灯，应用了钨的再生循环原理，大大减少了钨的蒸发，灯丝的工作温度可提高 3000～3200K，发光效率可以达 20～30lm/W。

3）荧光灯

荧光灯是一种管壁涂有荧光物质（如卤磷酸钙）的低气压水银放电灯。

4）高压汞灯

高压汞灯是一种高气压水银放电灯。

5）氙灯

氙灯是一种内充高纯度氙气的弧光放电灯。由于放电所发出的光非常接近于日光，故有"小太阳"之称。

6）高压钠灯

高压钠灯也是一种强弧光放电灯。

3．照明系统布置原则

（1）在灯具的悬挂高度较低（4m及以下）又需要较好的视看条件的场所，宜采用荧光灯。

（2）照明开闭频繁、照度要求较低时，宜采用白炽灯，因为白炽灯的开关次数对其寿命没有什么影响。

（3）正常照明一般单独使用，也可与紧急事故照明、值班照明同时使用，但控制线路必须分开。

（4）紧急事故照明是在正常照明因故障熄灭的情况下，供继续工作或人员疏散用的照明，照明必须采用能瞬时可靠点燃的光源，一般采用白炽灯或卤钨灯。

（5）保证照明的质量：首先是要在量的方面，创造合适的照度（或亮度）；而在质的方面，要解决眩光、光的颜色、阴影等问题。

（6）保证光源的显色性和色温。

（7）保证照度的稳定性。

二、列车照明系统设备的组成及作用

城市轨道交通车辆的照明主要由前照灯、尾灯、运行灯、司机室照明及客室照明组成。

1．前照灯

前照灯是用于列车运行过程中前进方向的照明需要，便于列车司机观察前方路况及信息。前照灯要能照射足够的距离，以保证行车安全。前照灯由头灯和尾灯两盏灯安装在同一个灯体内组成，位于Mc车的1位端前端墙的两侧，如图8.3椭圆圈和图8.4的下方所示。

图8.3 列车前照灯及运行灯

列车前照灯采用氙气灯照明，能提供"强光"和"弱光"两种照明强度，并且在水平和垂直方向上能进行适当调节。头灯在视觉清晰的天气情况下（没有其他光源照明），离列车前端215m处选择"亮"位时,照度不小于2lx(勒克斯)(包括在直线隧道内)。前照灯由 DC 110V 供电。

2. 运行灯

列车运行灯是用于显示列车运行状态的指示灯。运行灯位于 Mc 车的 1 位端前部上方的两侧,如图 8.3 方形圈和图 8.4 的上方所示。在距车辆215m远露天处清晰地看到运行灯(视觉清晰的天气状况下),包括在直线隧道内。

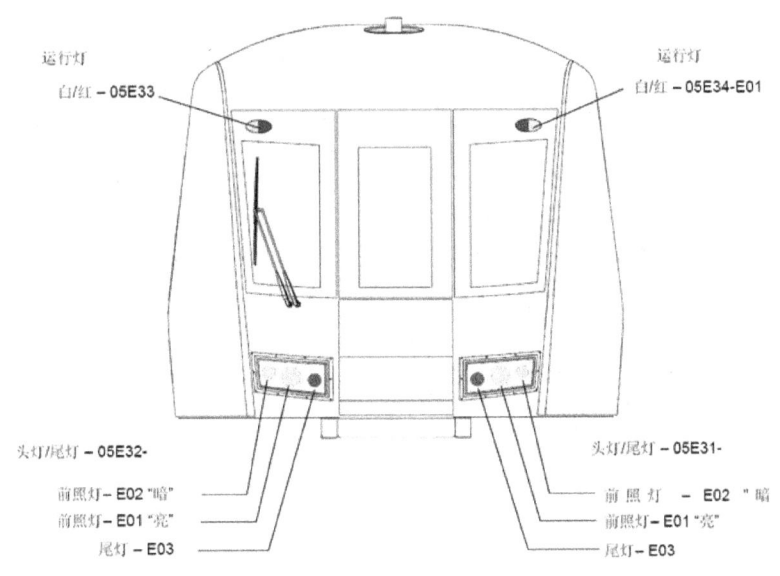

图 8.4 列车外部照明设备

运行灯分为两组,一般有红色和白色两种颜色,红色灯安装在外侧,白色灯安装于内侧,均由相应颜色的 LED 组成,由 DC 110V 供电,红色灯亮表示本车为列车尾端或本车方向行驶。白色灯亮表示本车为列车前进方向或为主控制室端。

3. 尾灯

如图 8.4 的下方所示,尾灯的作用是显示列车尾部所在位置,尾灯安装在头灯相邻位置,其形状大小与头灯类似,照度要求在 215m 处能见到尾灯亮,尾灯颜色为红色。尾灯灯罩为红色,灯泡为 25~60W 的白炽灯。

4. 客室照明

如图 8.5 所示,列车的客室照明是用于列车在运营过程中为乘客提供舒适的视觉照明。

列车客室采用三基色荧光灯照明,由 40W 顶灯组成两条灯带作为主照明,灯带分正常照明和紧急照明两路控制。正常照明由辅助逆变器输出的 AC 220V 交流电供电,紧急照明由 DC 110V 直流母线供电(SIV 故障时,由蓄电池通过直流母线供电)。紧急照明均匀设在客室内上方区域,数量为占全部荧光灯管的 1/3,正常照明情况下紧急照明灯也处于工作状态。

客室顶灯平行纵向布置于车辆顶部两侧形成两条灯带，每组灯带都采用双灯管，并采用双透光区。其光源大部分为40W荧光灯（只有在Tc车二位端端头两侧有20W荧光灯）。其中，在门区的每侧都有一盏故障照明灯，故障照明光源为双灯管中的一盏。故障照明电源为DC 110V，其余电源皆为AC 220V。除镇流器和逆变器外，故障照明灯和正常照明灯在结构上具有互换性。

列车客室照明采用电子式镇流器，镇流器提供给荧光灯管工作电源。

贯通道灯为10W的LED射灯，电源为DC 110V。

图8.5 客室照明

5. 司机室照明

司机室照明灯具位于司机室中央顶部，司机室内顶板照明采用两盏15W的荧光灯照明，由DC 110V供电，该照明设备在列车启动阶段、列车停车期间和车辆维修时使用，列车正常运行过程中不开启，如图8.6所示。

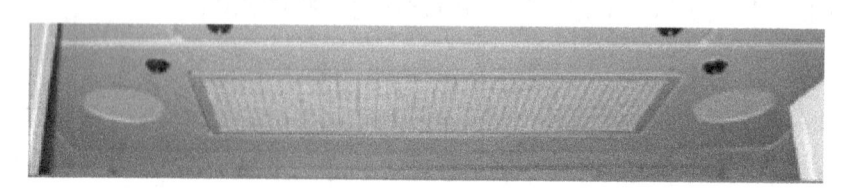

图8.6 司机室车顶灯

司机室阅读灯位于司机室驾驶台上，如图8.7所示，为低压24V/5W白炽灯。它的主要功能在列车运行过程中，司机对驾驶台面板的观察及在特殊情况下填写各类报表。

当SIV不能工作，仅蓄电池供电状态时只能提供紧急照明。

6. 照明的维护

当照明出现问题时，通常是灯管出现了问题，因此，首先需要更换灯管；当更换灯管不起作用时，可能是镇流器或电源转换器出现了故障。

当更换镇流器或电源转换器不起作用时，可能是开关出现了故障。

图 8.7 司机阅读灯

任务二　认知列车照明电路

学习目标

（1）掌握列车头灯/尾灯照明电路构成及控制原理。
（2）掌握列车客室照明电路构成及控制原理。
（3）掌握司机室照明电路构成及控制原理。

学习任务

认知列车照明电路，主要包括列车头灯/尾灯照明电路构成及控制原理、列车客室照明电路构成及控制原理、司机室照明电路构成及控制原理的认知。

工具设备

带完整照明电路及照明设备的城市轨道交通车辆车厢一节，城市轨道交通车辆模型（可模拟真实列车照明控制过程）一套，以及计算机多媒体设备、课件、图片、列车照明电路示教板等。

教学环境

理实一体化教室或轨道交通综合实验室、地铁车辆检修基地现场。

基础知识

一、客室照明灯控制

正常客室照明是由 21 盏 36W 的日光灯组成、分为两组供电，并由两个不同的微型断路器进行保护，如图 8.8 及图 8.9 所示。客室照明灯可由按钮 05S01 接通和关闭。当蓄电池接通时可以从任一司机室接通和关闭客室照明灯，不必使用司机台钥匙，如图 8.10 所示。

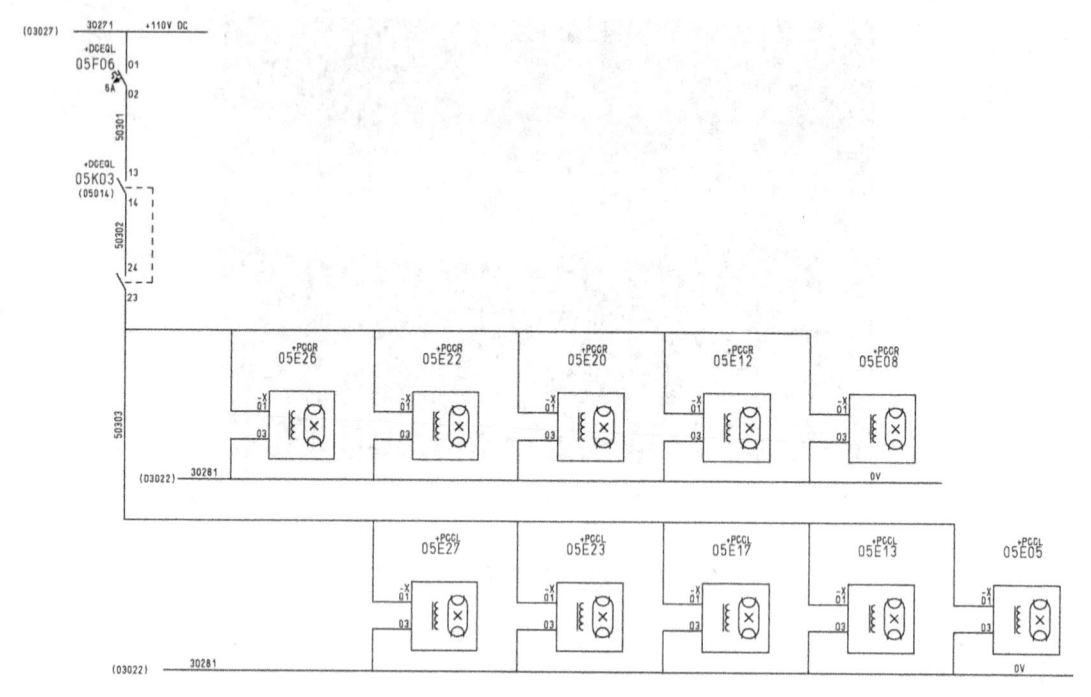

图 8.8 客室照明灯一

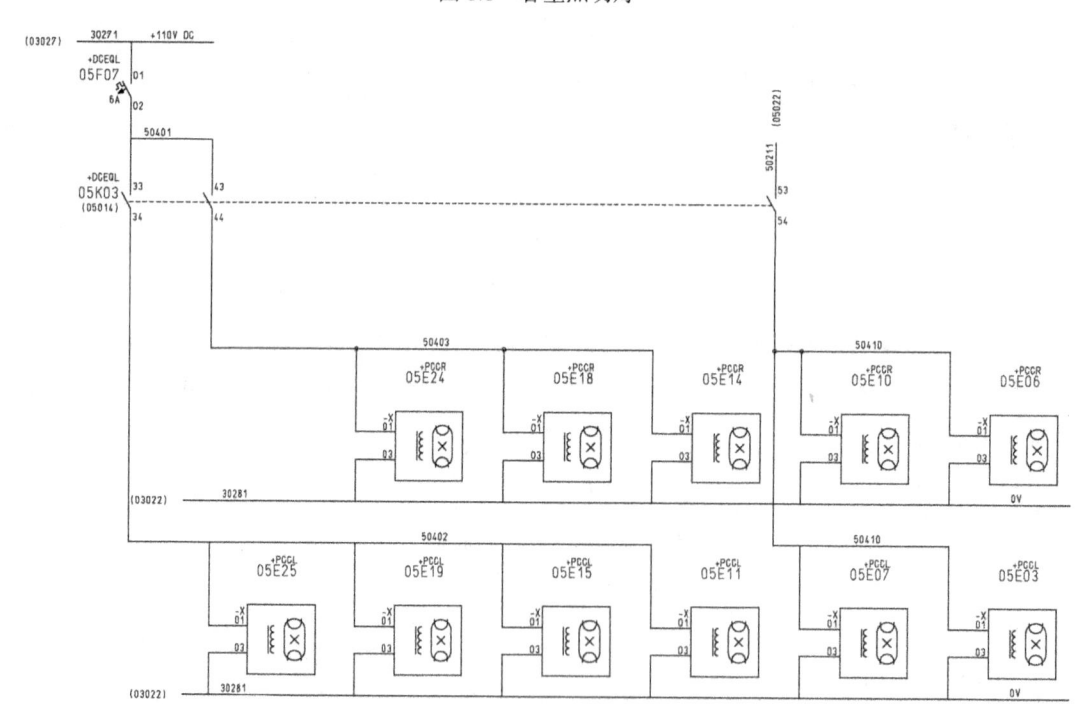

图 8.9 客室照明灯二

1. 客室照明接通

05S01 开关处于 ON（接通）位置时，所有车辆的"照明灯—接通"列车线被接通，紧急照明灯继电器 05K01 通电，并通过它的 13—14 触点（在 A 车内）进入自保持或锁紧位置，因此"照明灯—接通"列车线一直被接通，这时 05S01 开关返回到正常位置。

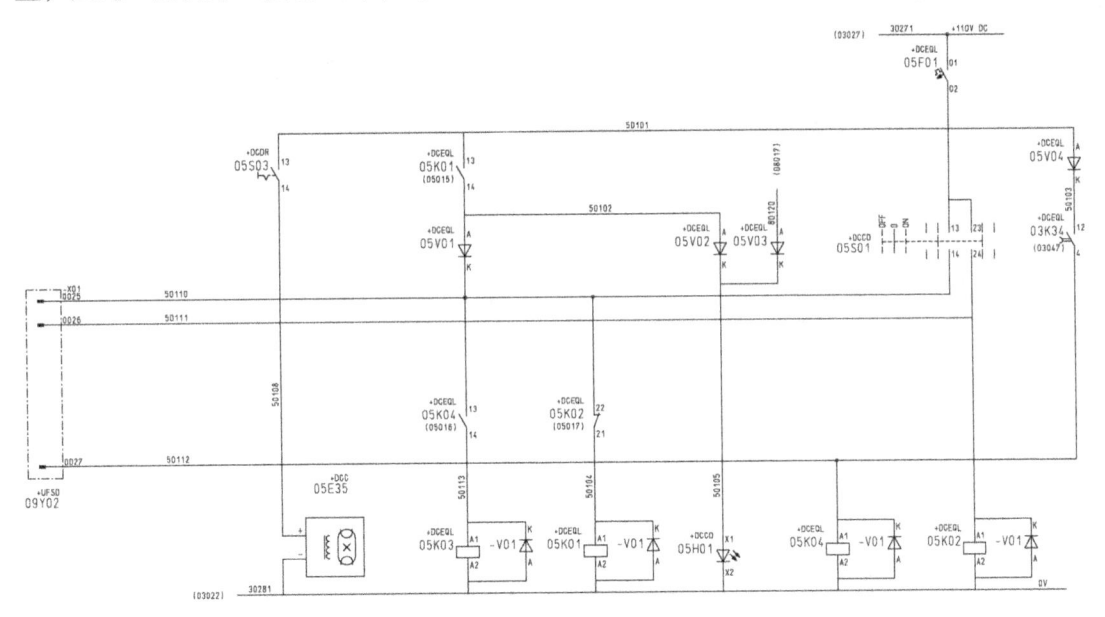

图 8.10 客室照明控制电路

2. 客室照明关闭

05S01 开关处于 OFF（关闭）位置时，"照明灯—关闭"列车线被接通，照明灯关闭继电器 05K02（只在 A 车内）通电，并通过触点 22—21 断开继电器 05K02，以缓解上述提到的自保持。

3. 继电器作用

紧急照明灯继电器 05K01 接通每辆车的紧急照明灯。

照明继电器 05K03 用来接通正常客室照明灯，它是被 A 车的"照明—接通"列车线闭合的。

至少有一个蓄电池充电器无故障的情况下，照明继电器 05K03 才能被通电（通过继电器 05K04 的触点 13—14）。

监控蓄电池充电器的继电器 05K04 与延时继电器 03K34 一起控制这个功能。

蓄电池充电监控回路和紧急照明灯继电器 05K01 的触点 83—84 使 B 车和 C 车的照明继电器 05K03 得电。

司机室照明灯 05E35 可被开关 05S03 打开和关闭，不必使用司机台钥匙。

二、紧急照明灯

A 车的紧急照明是由 6 盏普通的 36W 日光灯组成，B 车和 C 车的紧急照明是由 7 盏普通的日光灯组成，如图 8.11 所示。

紧急照明分为两组供电，并由两个不同的微型断路器进行保护。

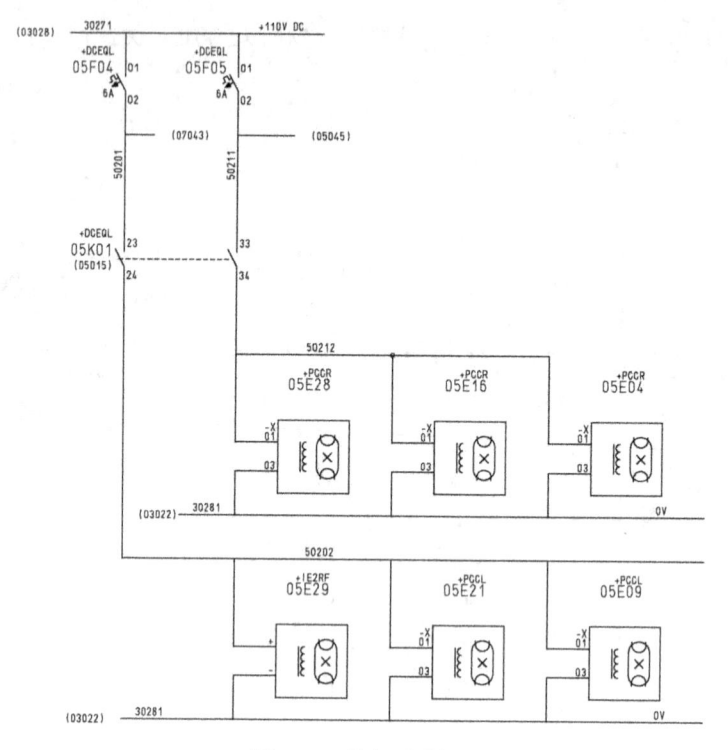

图 8.11　紧急照明灯

三、司机室照明

如图 8.12 所示，变压器 05G01 将 DC 110V 转换成 DC 24V。照明电压所需要的仪器有 07P01（双针压力表）和 04P01（速度计）。05E36 灯（阅读灯）的工作电压也是 DC 24V。

司机室蜂鸣器是由 04A25 单元（MMI）激活或触发。

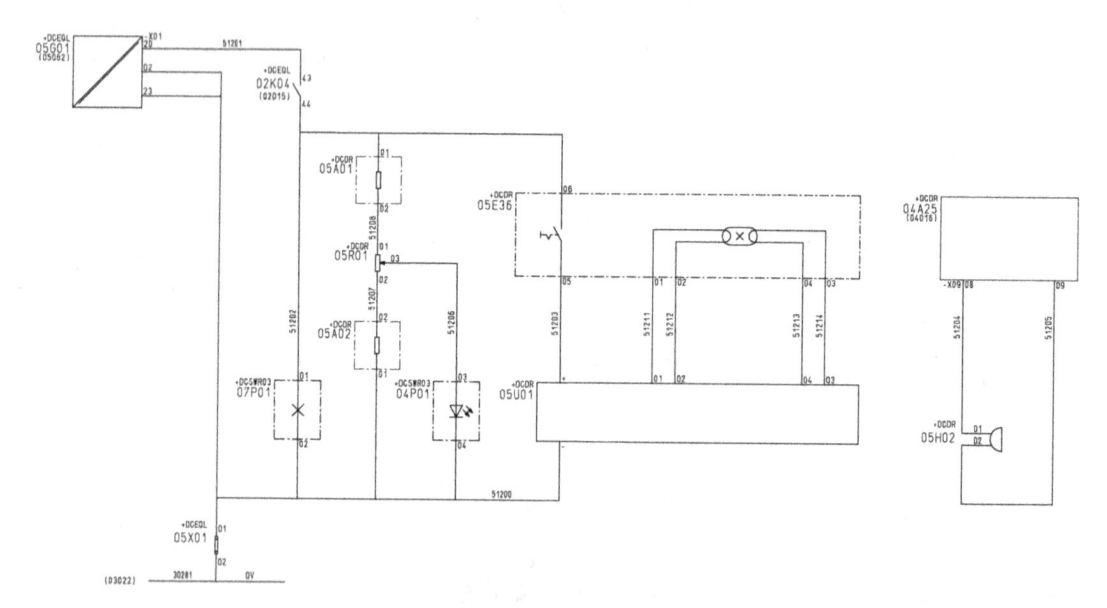

图 8.12　司机室照明控制电路

四、车辆头灯和尾灯

如图 8.13 所示，向前行驶时，头车 A 车的列车头灯是由继电器 02K14 的触点 53—54 接通，折返行驶时列车头灯通过继电器 02K02 的触点 13—14 和继电器 02K12 的触点 14—13 接通。

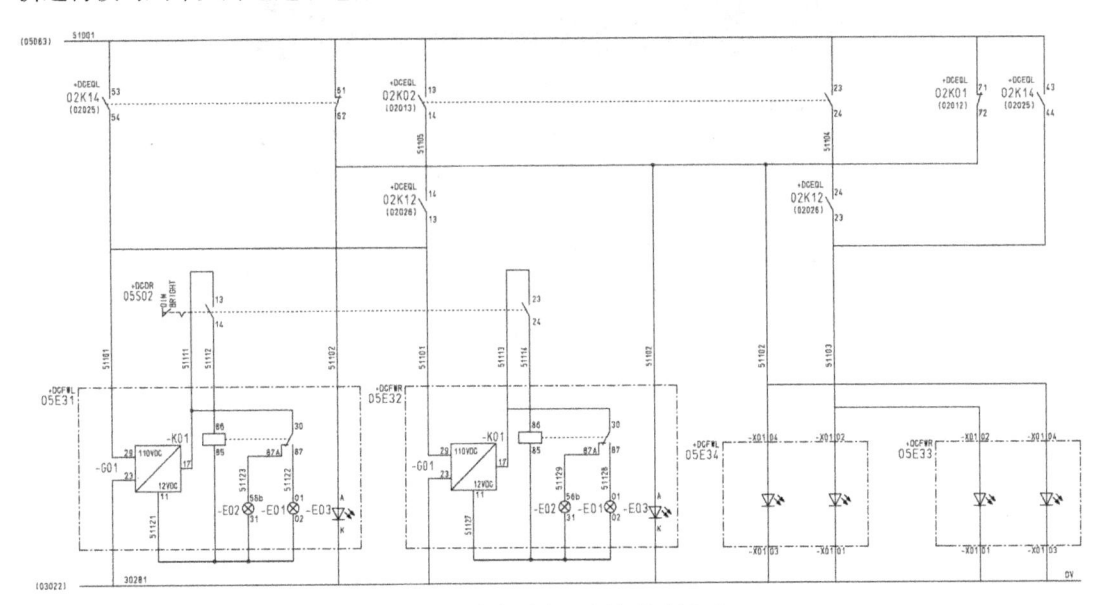

图 8.13 车辆头灯和尾灯控制电路

前灯（头灯）所需要 DC 12V 是由电压变压器 05E31—G01/05E32—G01 生成的。

司机通过调光器 05S02 可以在强光和暗光两者之间进行转换。

非头车 A 车的 05E31—E03/05E32—E03 尾灯由继电器 02K01 的触点 71—72 接通或者每当向前行驶的方向无效时，就由继电器 02K14 的触点 61—62 接通。

头车 A 车的列车"运行灯—白色"（05E33/05E34），当车辆向前行驶时由继电器 02K14 的触点 43—44 接通，当车辆折返行驶时，由继电器 02K02 的触点 23—24 和继电器 02K12 的触点 24—23 接通。

非头车 A 车的列车"运行灯—红色"（05E33/05E34）由继电器 02K01 的触点 71—72 接通或每当向前行驶的方向无效时，由继电器 02K14 的触点 61—62 接通。

相关案例

地铁车厢内的照明有时候在运行过程中会突然熄灭，过一会儿又恢复正常。我们在乘坐地铁列车的时候，常常会遇见这样的情形：当列车通过道岔或进出站时，客室的照明突然熄灭，仅有个别几盏灯在亮，同时空调器也关闭了，很多乘客会被这突如其来的情况吓得惊慌失措，以为地铁列车坏掉了。但列车行进一会儿后一切又恢复正常，很多乘客虽然缓过神来，但仍然认为刚才发生的短暂一幕属于列车的小故障，恢复正常只不过是及时排除了故障而已。事实上这样的认识是错误的，解释这个问题还要先讲解列车上的一个部件——母线断路耦合器（BHB），如图 8.14 所示。

图 8.14　母线断路耦合器

出现以上情况的列车一般都是第三轨取电的列车。我们知道，供电轨（第三轨）是沿着行车轨道敷设的，但是当线路遇到道岔的时候，三轨就不能敷设了，否则会造成侵界，酿成出轨事故。这就意味着列车在通过道岔时受电靴无法接触到供电轨，那么列车就不能获取电能，这个时候列车只能依靠惯性通过道岔区域。为了解决这个问题，我们在列车上安装了母线断路耦合器（BHB），BHB 开启的时候，列车可以从辅助电源取电，以保证照明、空调器等设备的正常运转。但是，如果 BHB 呈关闭状态，那么列车就不能在失去外部供电的时候启动辅助电源，只能利用应急电源（蓄电池）来维持应急照明，这个时候就出现了文中开头说的那个诡异现象，其实一点都不神秘，只不过是一个设备的开闭而已。

当出现文中开头所说的那种情形时，列车内的照明是应急照明，亮着的那几盏灯就是应急灯。这个时候请乘客切莫慌张，只要安静等待几秒钟即可恢复正常。最后，BHB 还有个技术规程，那就是列车在进入停车库、列检库等处所的时候，一定要关闭 BHB，否则会造成列车带电，容易引发触电事故。

任务三　列车照明电路的故障诊断操作运用案例

【操作运用案例】　列车照明系统设备的认知及检查

1. 实训项目教师工作活页

实训项目教师工作活页　　　　　　　　　　　　　　NO：_____

实训项目	列车照明系统设备的认知及检查		
学　时	2	班　级	略
实训场所	轨道交通实验室或地铁车辆电气系统检修基地现场		
工具设备	带完整照明设备的城市轨道交通车辆车厢一节，城市轨道交通车辆照明系统设备实物若干个，城市轨道交通车辆模型（可模拟真实列车照明控制过程）一套城市轨道交通车辆常用的高速断路器模型各 1 套，条件许可的话，可增加例如城市轨道交通车辆常用的 UR6 型高速断路器、TSE1250-B-I 型高速断路器等实物，计算机多媒体设备、课件、图片、列车照明电路（含客室照明、头尾灯照明电路等）示教板等。		

续

教学目标	专业能力	（1）能说出列车照明系统设备的组成及作用。 （2）能说出列车照明系统设备的种类和分布。 （3）能指认列车照明系统设备，说出照明系统设备名称。 （4）能说出列车头灯/尾灯照明电路构成及控制原理。 （5）能说出列车客室照明电路构成及控制原理。 （6）能说出司机室照明电路构成及控制原理。
	方法能力	（1）能综合运用专业知识，通过利用专业书籍、多媒体课件和图片资料获得帮助信息。 （2）能根据实训项目学习任务确定实训方案，从中学会表达及展示活动过程和成果。
	社会能力	（1）能在实习训练活动中保持积极向上的学习态度。 （2）能与小组成员和教师就学习中的问题进行交流沟通。 （3）能与他人共享学习资源，具有较好合作能力和团队协作精神。
教学活动	略（详见教学活动设计）	
教学评价	学生活动：① 以5~7人小组为单位开展实训活动，根据本组同学在实训过程中的能力表现及结果进行自评组内互评；② 根据其他小组同学在成果展示活动中的表现及结果进行互评。 教师活动：① 教师组织学生开展评价活动和总结；② 对学生在本实训项目中的单元成绩做出综合评价。	
教学资料	（1）城市轨道交通电气结构与检修教材。 （2）城市轨道交通车辆等参考书。 （3）实训项目学生学习活页（附页）。	
指导教师		教学时间　　　年　　月　　日

2. 实训项目学生学习活页

实训项目学生学习活页　　　　　　　　　　　NO：_____

实训项目　　列车照明系统设备的认知及检查

班级：_____　姓名：_____　学号：_____　时间：_____

一、实训目标

1. 专业能力目标

（1）能说出列车照明系统设备的组成及作用。

（2）能说出列车照明系统设备的种类和分布。

（3）能指认列车照明系统设备，说出照明系统设备名称。

（4）能说出列车头灯/尾灯照明电路构成及控制原理。

（5）能说出列车客室照明电路构成及控制原理。

（6）能说出司机室照明电路构成及控制原理。

2. 方法能力目标

（1）能综合运用专业知识，通过利用专业书籍、多媒体课件和图片资料获得帮助信息。

（2）能根据实训项目学习任务确定实训方案，从中学会表达及展示活动过程和成果。

3. 社会能力目标

（1）在实习训练中保持积极向上的学习态度。

（2）能与小组成员和教师就学习中的问题进行流沟通。

（3）能与他人共享学习资源，具有较好合作能力和团队协作精神。

续

二、知识总结

（1）简要说出列车照明系统设备的组成及作用。

（2）简要说出列车照明系统设备的种类和分布。

三、操作运用

（1）指认下图城市轨道交通车辆高速断路器组成部件，并填出 1～23 号部件名称：

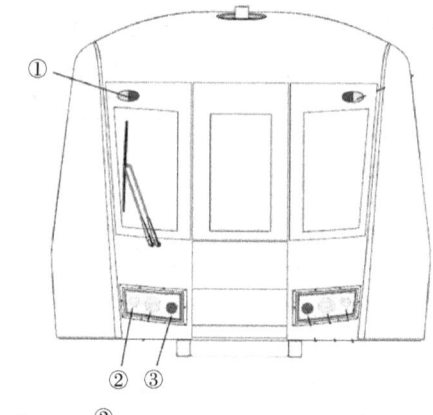

① _____；② _____；

③ _____。

（2）根据给出的客室照明控制电路图，对客室照明灯进行接通—关闭过程分析。

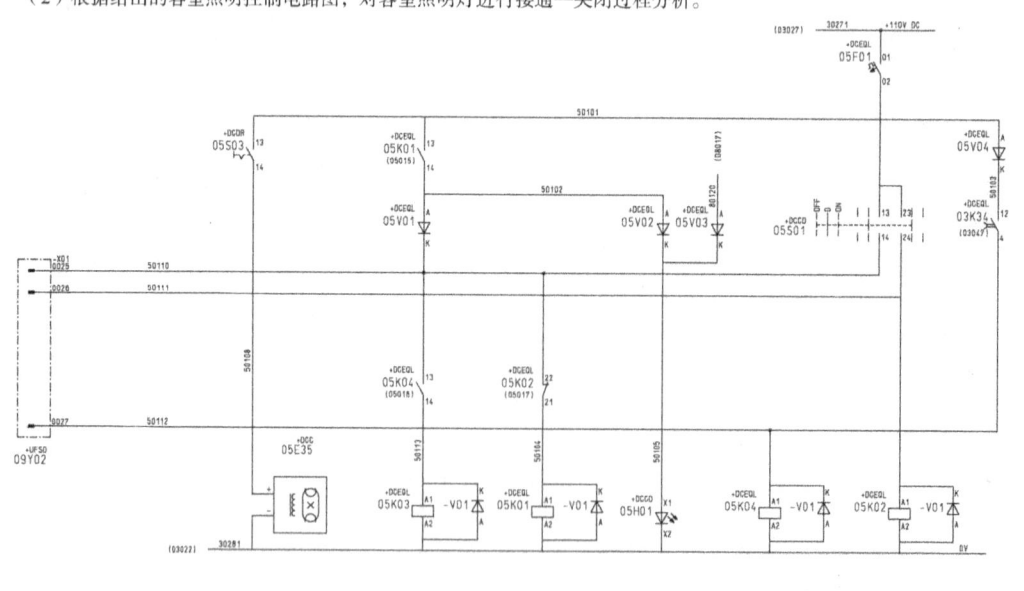

续

（3）根据给出的头灯/尾灯控制电路图，进行头灯/尾灯接通-关闭过程分析。

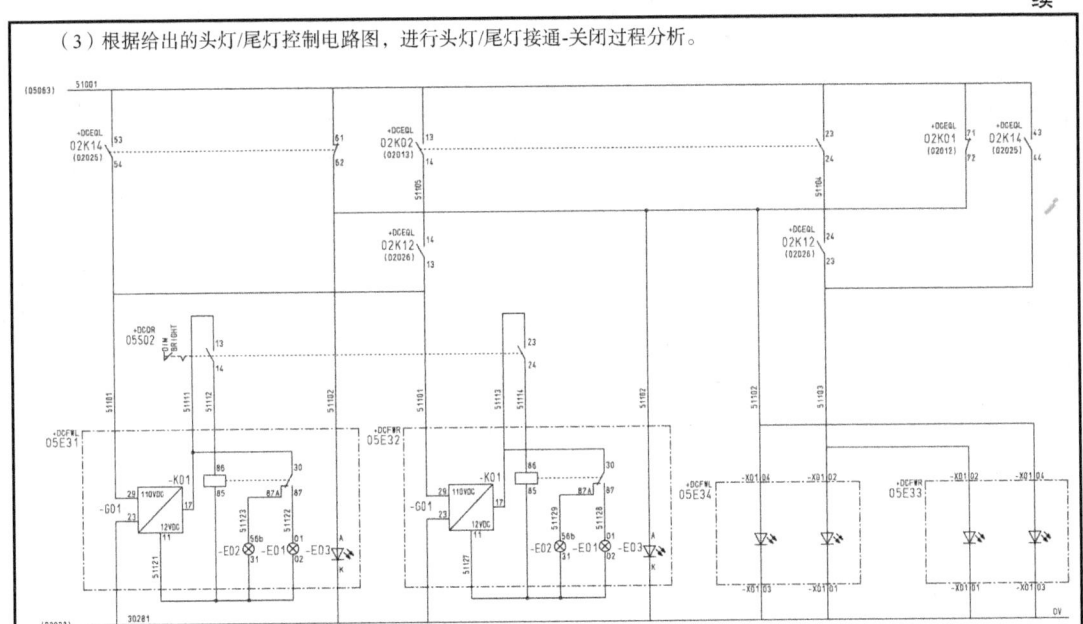

（4）根据给出的照明系统检查作业指导，进行照明系统设备技术状况检查并填写检查结果。

作业前准备工作：首先激活列车，司机台解锁，升弓并开启客室照明；然后打开司机室到客室的间隔门。

作业项目、内容	作业标准及要求	检查手段	检查结果
外部照明检查	（1）方向手柄置"前"位，将头灯 5SA01 分别置"亮"位和"暗"位，"亮"位和"暗"位的相应头灯亮起 （2）操作方向手柄，分别置"前"位和"后"位，检查头、尾、运行灯状态。置"前"位，列车前端的头灯和白色运行灯亮，后端的尾灯和红色运行灯亮；置"后"位，前端和后端的头灯、尾灯、白色运行灯和红色运行灯均亮	操作检查	
客室照明检查	分别旋转客室照明开关 5SA03 至"半开"、"全开"及"关断"位，客室各照明功能正常	操作检查	
司机室照明检查	（1）闭合、断开两端司机室灯 5SA02，司机室照明功能正常 （2）闭合、断开阅读灯开关，阅读灯功能正常 （3）两端司机室仪表照明正常	操作检查	

四、实训小结

_____
_____
_____

五、成绩评定

1．学生评价

续

评价等级	A—优	B—良	C—中	D—及格	E—不及格
学生自评					
组内互评					
他组互评					

2. 教师评价

评价等级	A—优	B—良	C—中	D—及格	E—不及格
专业能力					
方法能力					
社会能力					
评价结果					

3. 综合评价

评价等级	A—优	B—良	C—中	D—及格	E—不及格
评价结果					

注：按照学生自评占10%、组内互评占10%、他组互评占20%、教师评价60%比例计分，其中：A—100分、B—85分、C—75分、D—60分、E—50分。

4. 评价量规

等 级	行为表现描述
A	能圆满高效地完成实训任务的全部内容
B	能顺利完成实训任务的全部内容
C	能完成实训任务的全部内容，但需要一些帮助和指导
D	自己只能完成实训任务的部分内容，但在现场的指导下，能完成任务的全部内容
E	不能完成实训任务的全部内容

思考与练习

（1）列车照明系统设备的组成有哪些？

（2）列车照明系统设备是什么？

（3）列车照明系统设备的种类有哪些？

（4）列车照明系统设备是如何分布的？

（5）列车照明系统设备的一般维护方法是什么？

（6）结合电路图说明列车头灯/尾灯照明电路构成及控制原理。

（7）结合电路图说明列车客室照明电路构成及控制原理。

（8）结合电路图说明司机室照明电路构成及控制原理。

（9）结合电路图说明列车紧急照明灯电路构成及控制原理。

（10）列车照明系统的布置原则是什么？

项目九 辅助逆变器的结构认知与检修

每节车都有一个辅助逆变单元 DC/AC（共六个）；把 1500V 的直流电转换为三相 380V 交流电提供给空压机、空调设备、设备通风装置、司机室通风装置及 220V 方便插座。每个 B 车有一个 DC/DC（共两个），与 B 车辅助逆变器集成在一个箱体，把 1500V 的直流电转换为 110V 直流电，为整列车提供 110V 直流电源，并负责给列车蓄电池充电。

任务一 认知辅助逆变器的作用和结构组成

学习目标

（1）理解辅助逆变器的用途。
（2）掌握辅助逆变器的位置和结构组成。
（3）了解辅助逆变器的主要技术参数。

学习任务

认知辅助逆变器的作用类型和结构组成，主要包括辅助逆变器的用途、辅助逆变器的位置和结构组成、辅助逆变器的主要技术参数的认知。

工具设备

带辅助逆变器的城市轨道交通车辆车厢一节，城市轨道交通车辆各类辅助逆变器模型一套，城市轨道交通车辆辅助逆变器模型及实物各一套，以及多媒体设备课件、图片、示教板、计算机多媒体设备等。

教学环境

理实一体化教室或轨道交通综合实验室。

基础知识

辅助逆变器是把直流电转变成交流电（一般为 220V、50Hz 正弦或方波），如图 9.1 所示。应急电源一般是把直流电逆变成 220V 交流电。通俗地讲，辅助逆变器是一种将直流电（DC）转化为交流电（AC）的装置。它由逆变桥、控制逻辑和滤波电路组成。

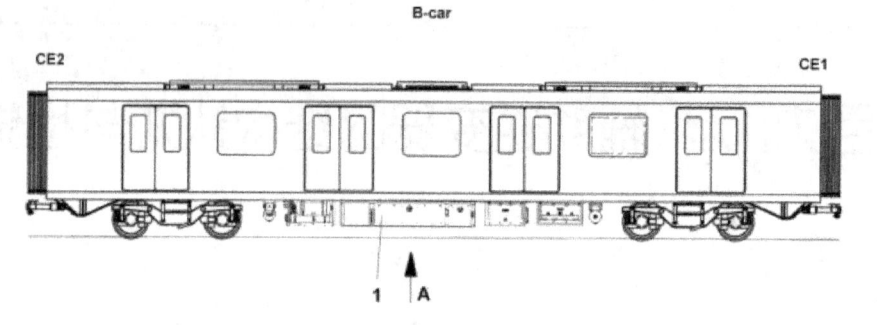

图 9.1　辅助逆变器的位置

一、辅助逆变器的位置

辅助逆变器是 B 车地板下设备的一部分，相关解释如表 9.1 所示。

表 1　辅助逆变器识别解释

识别项目	辅助逆变器
零件识别代码	-HB-T201
位置代码	+B73
位置	B 车地板下设备

二、技术参数

1．机械参数

总体积（长×宽×高）：3400 mm×1960 mm×687mm；

安装点数：16；

重量：2385 kg；

环境温度范围：−10～40℃；

最高工作海拔高度：1200 m；

储存温度：−40～85℃；

冷却类型：强制风冷；

外部喷漆：RAL 7026 黑灰色。

2．电气参数

输入电压：DC 1500 V；

额定电压：DC 1500 V；

最低电压：DC 1000 V；

最高电压（连续满负载）：DC 1800 V；

最高电压（短时满负载）：DC 1950 V（5min 以内）；

额定输出功率：144 kW；

输出 1 和输出 4：三相交流 400 V、50 Hz；

输出电压：三相交流 400 V；

输出频率：（1±1%）50 Hz；

额定输出：144 kV·A；

输出 3：DC 110 V；

输出电压：DC 110 V；

电压限值：DC 77~137.5 V；

额定输出：2×16 kW；

输出电流：2×145 A。

任务二　认知辅助逆变器的组成部件

学习目标

（1）理解辅助逆变器的各个部件用途。

（2）掌握辅助逆变器部件的安装位置和结构组成。

（3）了解辅助逆变器各个部件的主要技术参数。

学习任务

认知辅助逆变器的组成部件，主要包括辅助逆变器的各部件用途和类型、辅助逆变器各部件的结构组成、辅助逆变器各部件的主要技术参数的认知。

工具设备

带辅助逆变器的城市轨道交通车辆车厢一节，城市轨道交通车辆各类辅助逆变器模型一套，城市轨道交通车辆辅助逆变器模型及实物各一套，以及多媒体设备课件、图片、示教板、计算机多媒体设备等。

教学环境

理实一体化教室或轨道交通综合实验室。

基础知识

一、部件描述

1. 应用

（1）辅助逆变器包含供电系统所需的所有零部件，也包括充电器。辅助逆变器设备箱装在 B 车的地板下面，它包含两个几乎完全冗余的辅助逆变器，如图 9.2 所示。两个蓄电池充电器模块共同向蓄电池输出电路馈电。如果其中一个充电器发生故障，第二个充电器仍可提供额定功率的直流电。辅助逆变器接口、紧急启动蓄电池、蓄电池充电器输出电路和三相交流耦合接触器没有采用冗余设计。

（2）辅助逆变器在运行时直接与架空牵引线相连接。辅助逆变器的两个部分都是由

1500 V 架空线并行供电的。辅助逆变器向列车上的风扇、空调器设备及所有其他的三相负载输出三相交流 400V 电压。辅助逆变器 1 还能输出直流 110V 辅助电源，用于蓄电池充电及控制单元的电源需求。

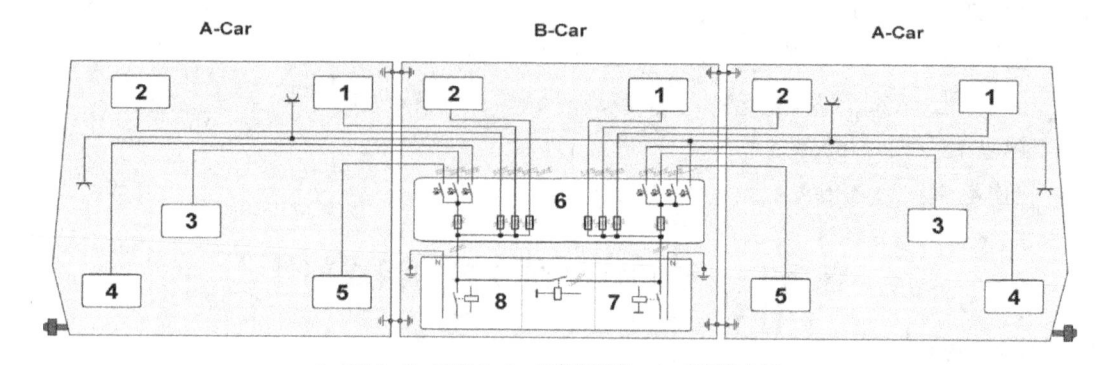

1—VA 1；2—VAC 2；3—空气压缩机；4—牵引设备箱 1
5—牵引设备箱；6—辅助装置箱；7—辅助逆变器 1；8—辅助逆变器 2

图 9.2　三相交流 400 V 电路

（3）辅助逆变器将来自架空线的电源转变为以下输出电压。
① 输出 1：三相交流 400V、50Hz（144kV·A），用于空调设备及其他不同的负载。
② 输出 3：直流 110V（2×16kW），用于向蓄电池供电。
③ 输出 4：三相交流 400V、50Hz（144kV·A），用于空调设备及其他不同的负载。

2．辅助逆变器设备箱内的零件布置

供电模块在设备箱中的位置如图 9.3 所示。设备箱中零件的位置如图 9.4 所示。各安装板在设备箱中的位置如图 9.5 所示。

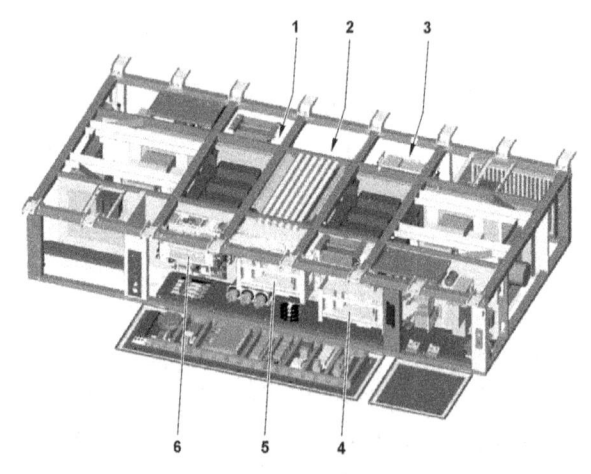

1—脉宽调制逆变器 T22；4—脉宽调制逆变器 T2；2—脉宽调制逆变器 T21；
5—脉宽调制逆变器 T1；3—蓄电池充电器 T23；6—蓄电池充电器 T3

图 9.3　供电模块在设备箱中的位置

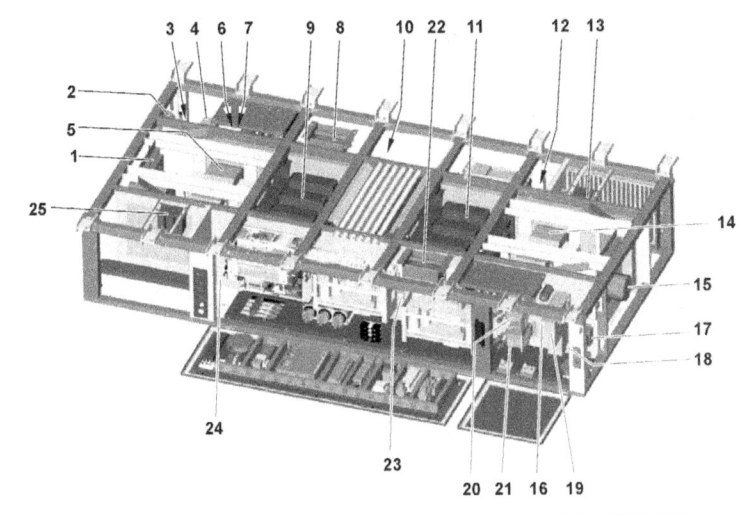

项目九　辅助逆变器的结构认知与检修

1—风扇 M21；2—EMC 过滤器铁氧体磁芯组件 V29；3—直流输入电压传感器 T29；
4—直流主接触器 Q21；5—管线节气门 R24；6—EMC 过滤器电容 V31、V32；
7—交流输出接触器 Q22；8—OVP 电阻 R33、R34；9—主变压器 T24；
10—半直流连接电压传感器 T30；11—主变压器 T24；12—进风口温度传感器 R40；
13—BC 管线节气门 R35；14—管线节气门 R4；15—风扇 M1；16—EMC 过滤器电容 V11、V12；
17—EMC 过滤器铁氧体磁芯组件 V9；18—直流输入电压传感器 T9；19—直流主接触器 Q1；
20—交流输出接触器 Q2；21—交流输出接触器 Q3；22—OVP 电阻 R13、R14；
23—半直流连接电压传感器 T10；24—进风口温度传感器 R20；25—BC 管线节气门 R15

图 9.4　设备箱中零件的位置

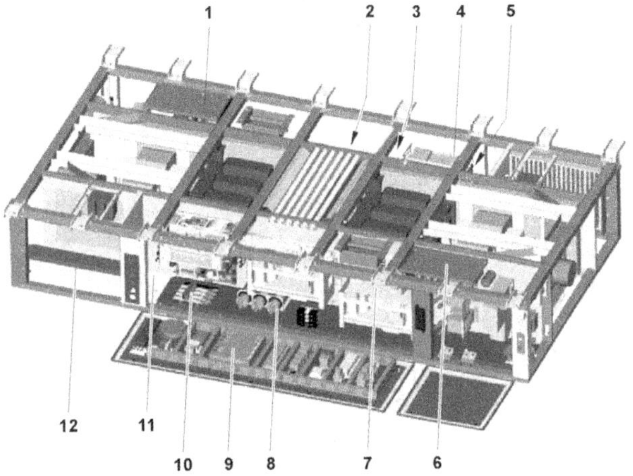

1—安装板 A13；2—安装板 A15；3—安装板 A11；4—电容器组件 A19；5—安装板 A16；6—安装板 A3；
7—安装板 A6；8—安装板 A1；9—安装板 A5；10—安装板 A4；11—电容器组件 A9；12—应急蓄电池

图 9.5　各安装板在设备箱中的位置

3. 易进入性（如图 9-6 所示）

（1）辅助逆变器的模块系统，如图 9.6 所示，可以通过两个大的维护盖板 2、5 及两个小的维护盖板 1、4 很容易地进入。使用一个方钥匙打开窗扇扣件就可以打开这些维护盖板。

（2）两个进气栅 3、6 及两个底部的盖板 7、8 使用六角螺钉固定，为便于维修也可以拆下来。

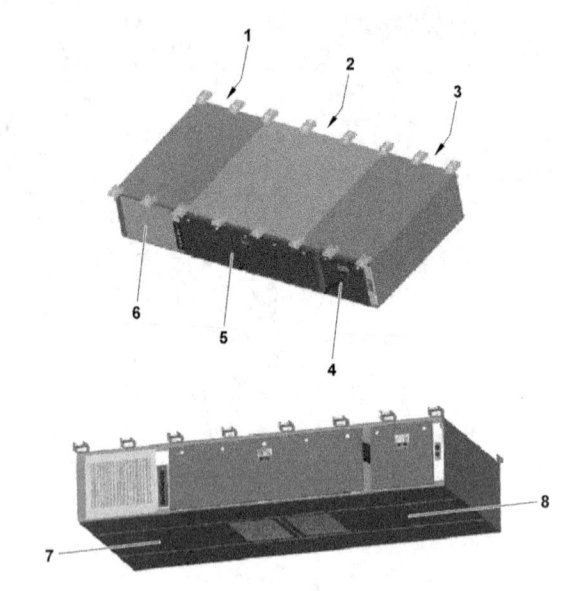

1—小维护盖板；2—大维护盖板；3—进风栅；4—小维护盖板；
5—大维护盖板；6—进风栅；7—底部盖板；8—底部盖板

图 9.6　辅助逆变器的易进入性

4．冷却

（1）辅助逆变器采用强制风冷，如图 9.7 所示。

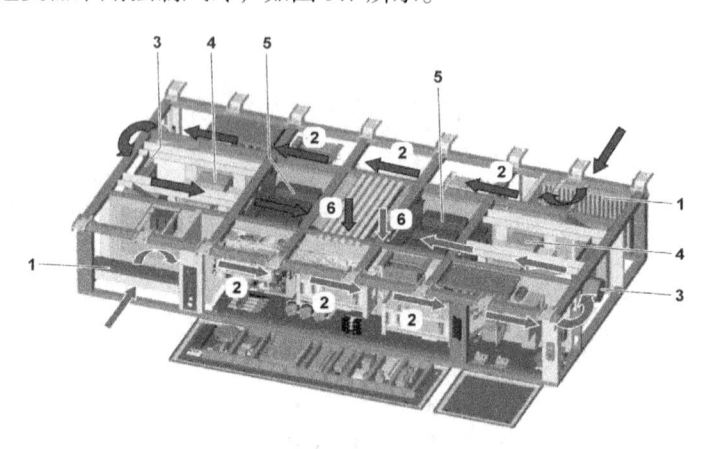

1—进风栅；2—散热片；3—风扇；4—管线节气门；5—主变压器；6—进风

图 9.7　辅助逆变器中的主要气流

（2）辅助逆变器设备箱中的气流分别被导向辅助逆变器的两个部分。其中一部分气流的流动路径：空气通过沿着车体排布的进气栅被吸入逆变器设备箱。由于电源模块的散热片延伸到风道，因此空气沿着设备箱的侧边流到风扇。鼓动空气通过设备箱中间的管线节气门和主变压器，然后向下通过出气栅排出。

任务三　认知辅助逆变器的运行模式及操作流程

学习目标
（1）理解辅助逆变器的运行模式。
（2）掌握辅助逆变器的操作流程。

学习任务
认知辅助逆变器的运行模式和操作流程，主要包括辅助逆变器的四个运行模式、辅助逆变器的操作流程的认知。

工具设备
带辅助逆变器的城市轨道交通车辆车厢一节，城市轨道交通车辆各类辅助逆变器模型一套，城市轨道交通车辆辅助逆变器模型及实物各一套，以及多媒体设备课件、图片、示教板、计算机多媒体设备等。

教学环境
理实一体化教室或轨道交通综合实验室。

基础知识

一、运行模式

1. 正常运行
（1）辅助逆变器通过受电弓直接从架空线受电，架空线的额定直流电压为1500V。
（2）辅助逆流器的两个组成部分总是并行与架空线接触。
附注：辅助逆变器的两个部分从VCU单独运行。
（3）要使辅助逆变器的某一部分运行，需要满足以下条件：
① 输入信号"APCx_Inverter_On"激活，该信号是从VCU发送到辅助逆变器的主控制器；
② 辅助逆变器没有瑕疵或者故障；
③ 一旦满足这些条件，直流预充电的接触器和半导体闸流管将关闭，串行连接的两个PWM组件打开并且加速。如果PWM输出上的功率在预定范围内，则输出接触器关闭。辅助控制器通知VCU：3AX输出已经准备好运行。然后接通蓄电池充电器，并且向列车控制系统发出一个信号；
④ 输出的三相交流400 V是在PWM模块之后，经过变压器、sinus过滤器、EMV过滤器提供的400 V三相交流电，每个输出的功率为144 kV·A；
⑤ 蓄电池充电器通过变压器运行，生成DC 110 V输出，为DC 110 V列车设备供电，并且给蓄电池充电。

2. 冗余运行
（1）辅助逆变器被设计为一个双辅助逆变器，如果其中一个发生故障，冗余运行的逆变器就会被激活。

（2）如果一个逆变器发生故障，故障信号就被发送到受影响的那个逆变器的控制系统。

（3）辅助逆变器会尝试若干次重新启动发生故障的逆变器，如果不能成功，辅助逆变器就会切换到冗余运行的逆变器。故障部分的控制系统将取消"ACPx_Inverter_Ok"信号。

（4）辅助逆变器的故障部分被关闭，并且通过一个负载开关将故障部分从三相电路上断开。

（5）两个三相电路（输出1和输出4）通过一个耦合开关互连在一起。

（6）在冗余运行期间，辅助逆变器的正常部分为列车的主要三相交流400V负载供电，在这种情况下，某些三相负载通过ZSG的负载管理系统被关断。DC 110V输出与正常运行模式相同。

附注：在某些异常情况下，VCU有可能不允许进入冗余运行模式（"降级运行"）。这样会阻止辅助逆变器的第二部分被耦合。

3. 紧急启动

（1）如果蓄电池没电了，可以进行紧急启动，紧急启动必须由司机手动操作。这时辅助逆变器内部电子系统的电源来自应急蓄电池，应急蓄电池也装在辅助逆变器设备箱中。

（2）为了使本部分辅助逆变器能够实现紧急启动（使用来自应急蓄电池的电源），控制系统还必须同时设置信号"APCx_Emergency_Start"和"ACPx_Inverter_On"。

（3）启动两个串行的PWM模块，速度增加。蓄电池充电器在这个速度下开始工作。主控向VCU发出信号，指示直流输出可以接受负载。

（4）现在可以取消信号"APCx_Emergency_Start"，辅助逆变器切换到正常运行状态。

注意：蓄电池在没有连接好的状态下不允许运行。

4. 蓄电池充电器

注意：辅助逆变器的每一个部分都带有一个蓄电池充电器。

（1）如图9.8所示，充电器将输入电压转换成电位分离的直流110V输出电压。在正常运行模式下，设备给蓄电池充电，同时也为输出端连接的负载供电。

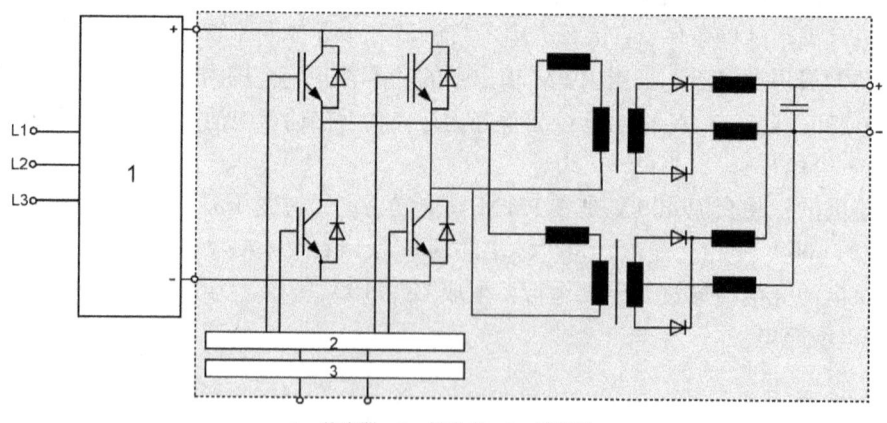

1—整流器；2—操纵板；3—控制器

图9.8 带SIBCOS-M2000控制器的蓄电池充电器的框

（2）使用一个整流器，通过一个中频发射器，直流输入电压以一个12kHz的切换频率被发送出去，在二次侧产生的自由电位交流电压经由输出整流器补偿。由于输出端和冷凝器端的感应器，输出电压变得平稳。

（3）充电器的数字、电子、开环和闭环控制都是由集成在模块中的SIBCOS-M2000控制器进行控制的。特殊应用参数（如充电电压）可通过软件进行设置。与高层控制的连接是通过CAN总线接口实现的。

注意：充电器决不能在未连接蓄电池的情况下运行。

5. 蓄电池的充电特性

（1）如图9.9所示，列车上使用的蓄电池是额定电压为110 V的镍铬蓄电池。

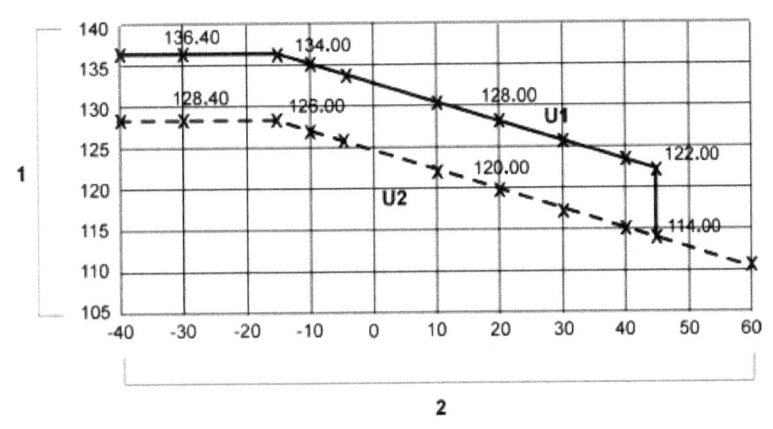

1—充电电压；U1—快速充电的电压极限值；2—电解温度；U2—浮动充电的电压极限值

图9.9 蓄电池的电压—温度特性

（2）最大设备电流为2×145A。

（3）最大蓄电池充电电流为26A。

（4）U1：1.6V/电池单元（128V）在 20℃时，快速充电默认值为（可调范围：1.525～705V/电池单元，122.0～136.4V），温度补偿为-0.003V/℃/电池单元

U2：1.5V/电池单元（120V）在 20℃时，持续载荷默认值为（可调范围：1.425～1.605V/cell，114.0～128.4V）

（5）电池单元总数=80。

（6）温度传感器：NTC 10kΩ（25℃），温度传感器直接装载在蓄电池上，并通过控制线路与充电器相连。

（7）快速充电：在开始时以最大电流（26A）对蓄电池充电，直至U1。然后在恒定的U1下持续充电（不降低充电电流），当温度大于45℃时，充电电压限值为U2。

（8）维护性充电：如果充电电流低于5.5A就会从U1切换为U2，充电过程继续（同时充电电流还会降低）。

（9）切换回快速充电：如果充电电流回升以后高于7.5A，就会切换回到快速充电

状态。

注意：如果蓄电池温度传感器上的铅封已破除，充电器将会继续运行。充电电压恒定保持在114V（1.425V/cell）。

二、操作辅助逆变器

1. 在正常运行模式下开启辅助逆变器

（1）在正常运行模式下，辅助逆变器不需要任何特殊操作。在以下条件，辅助逆变器的两个部分会自动地、互相独立地启动：

① 有"APCx_Inverter_On"输入信号；

② 输入电压在有效范围内；

③ 辅助逆变器没有发生故障。

2. 在正常运行模式下关闭辅助逆变器

（1）如果 VCU 重新设置辅助逆变器两个部分的输入信号"PCx_Inverter_On"，辅助逆变器两个部分会自动关闭。

（2）PWMI 和充电器模块也被关闭，所有脉冲停止输出，输出和输入开关打开。在切除开关信号后，微处理器控制器将继续运行 5min，使辅助逆变器在需要的情况下能够迅速启动。5min 以后，所有的控制都将被完全关闭，以防消耗蓄电池能量。

（3）危险：即使在输入电压已经被切断，直流连接和蓄电池连接也被隔离之后，存储电容器中仍然带有危险电压。如果此时触摸电容器，可能会导致严重伤害，甚至会有生命危险。至少等待 5min，使这些电容放电。

3. 在紧急运行模式下开启辅助逆变器

在这种运行模式下，由司机负责开启辅助逆变器。如果列车控制系统发送"APCx_Emergency_Start"信号（该信号由司机触发）和信号"APCx_Inverter_On"，辅助逆变器将进行紧急启动。

注意：司机应该长时间按下紧急启动开关，直到辅助逆变器的一部分显示其 DC 110V 输出已经准备好接受负载。这意味着充电器已经运转，而且已经向 VCU 发出"APCx_Load_Enable_DC"信号。

任务四　认知辅助逆变器的拆卸

学习目标

（1）掌握辅助逆变器的拆卸所需工具。

（2）掌握辅助逆变器结构组成的拆装步骤。

项目九 辅助逆变器的结构认知与检修

学习任务

认知辅助逆变器的拆卸,主要包括辅助逆变器的拆卸所需工具、辅助逆变器结构组成的拆装步骤的认知。

工具设备

带辅助逆变器的城市轨道交通车辆车厢一节,城市轨道交通车辆各类辅助逆变器模型一套,城市轨道交通车辆辅助逆变器模型及实物各一套,以及多媒体设备课件、图片、示教板、计算机多媒体设备等。

教学环境

理实一体化教室或轨道交通综合实验室。

基础知识

一、辅助逆变器的拆卸

1．专用工具

(1)叉车 [W98]。

(2)木制托盘 [H53]。

(3)润滑油及工具:不适用。

2．准备工作

(1)用制动闸瓦固定列车,以防列车意外移动。

(2)按照维护手册所述,切断列车的辅助电源。

(3)按照维护手册所述,将列车停用。

(4)按照维护手册所述,断开电池连接。

(5)要求在辅助逆变器的两边留出至少 5m 的自由空间以便于安装零件,其中一面必须能允许叉车进入。

3．步骤

(1)从辅助逆变器上断开面向车体侧边的连接器(-HB-T201-X100),如图 9.10 所示。

(2)用方钥匙打开大/小四个维修盖板,如图 9.6 所示的 1、2、4、5。

(3)将三相交流 400V 的输出端(-X1)上的四个电缆连接(-X1.1～-X1.4)从安装板 A1 上断开,如图 9.10 所示。

(4)将 DC 110V 的输出端(-X3)上的三个电缆连接(-X3.1～-X3.3)从安装板 A4 上断开,如图 9.10 所示。

(5)用剪钳去掉所有电缆扎带。

(6)从法兰盘上松开并拆下六角头螺钉。

(7)从辅助逆变器中连同法兰盘一起,取出已经断开连接的电缆。

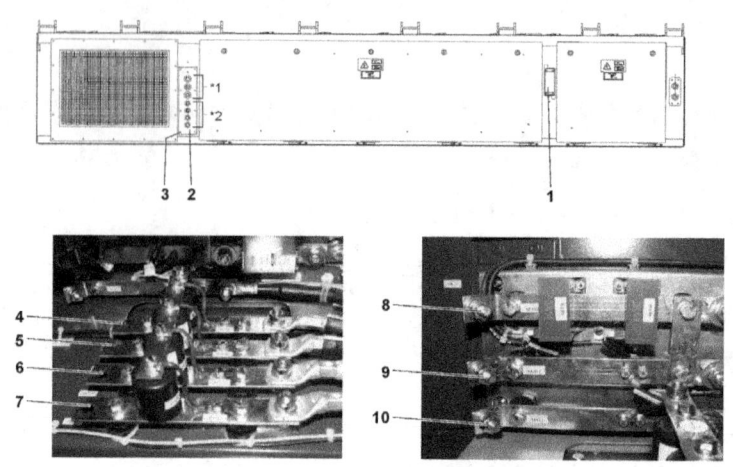

1—连接器（-HB-T201-X100）；2—法兰盘；3—六角头螺钉；4—电缆连接（-X1.1）（31N·m）；
5—电缆连接（-X1.2）（31N·m）；6—电缆连接（-X1.3）（31N·m）；7—电缆连接（-X1.4）（31N·m）；8—电缆连接（-X3.3）；
9—电缆连接（-X3.2）；10—电缆连接（-X3.1）；*1—直流110V输出（-X3）；*2—三相交流400V输出（-X1）

图9.10　直流110V输出和三相交流400V输出

8. 将三相交流400 V的输出端（-X4）上的四个电缆连接（-X4.1～-X4.4）从安装板A11上断开，如图9.11所示。

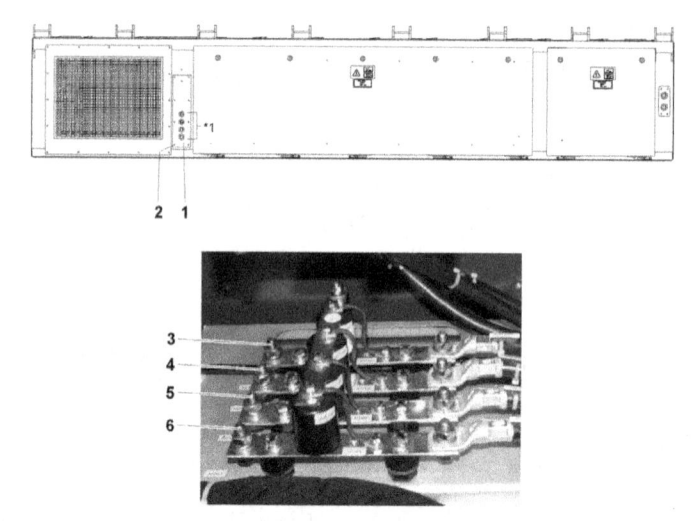

1—法兰盘；2—六角头螺钉；3—电缆连接（-X4.4）（31N·m）；4—电缆连接（-X4.3）（31N·m）；
5—电缆连接（-X4.2）（31N·m）；6—电缆连接（-X4.1）（31·Nm）；*1—三相交流400V输出（-X4）

图9.11　三相交流400V输出的连接

（9）用剪钳去掉所有电缆扎带。

（10）从法兰盘上松开并且拆下六角头螺钉。

（11）从辅助逆变器中连同法兰盘一起，取出已经断开连接的电缆。

（12）将辅助逆变器中DC 500 V的输出端（-X2）的四个电缆连接（-X2.1～-X2.2）断开，如图9.12所示。

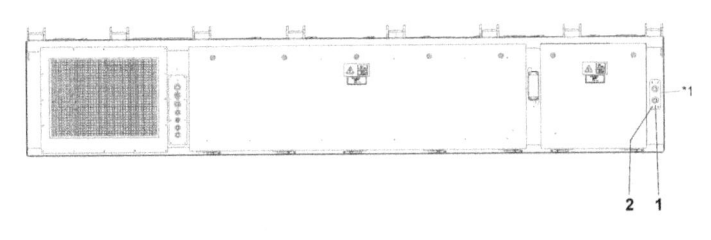

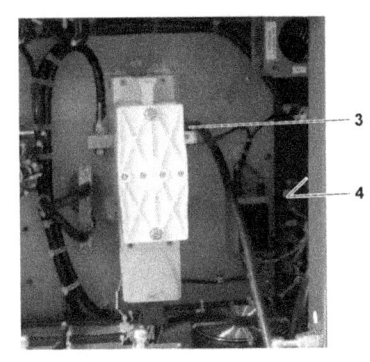

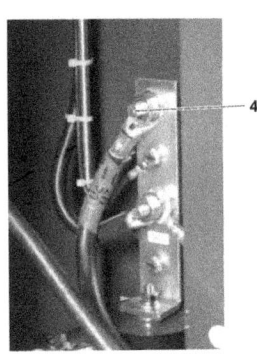

项目九　辅助逆变器的结构认知与检修

1—法兰盘；2—六角头螺钉；3—电缆连接（-X2.1）（50N·m）；
4—电缆连接（-X2.2）（50N·m）；*1—直流1500V输入（-X2）

图9.12　DC 1500V 输入（第一部分）

（13）从法兰盘上松开并且拆下六角头螺钉。

（14）从辅助逆变器中连同法兰盘一起，取出已经断开连接的电缆。

（15）将辅助逆变器中DC 500 V 的输出端（-X5）的两个电缆连接（-X5.1～-X5.2）断开，如图9.13所示。

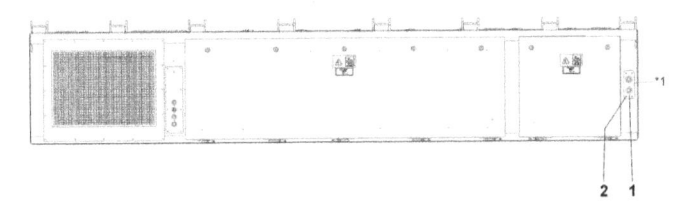

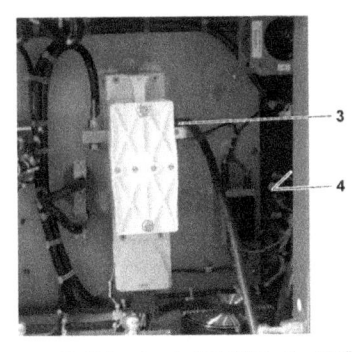

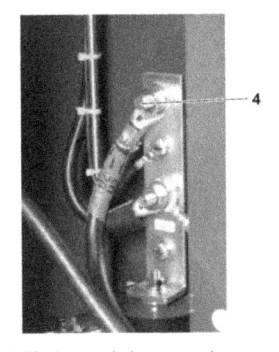

1—法兰盘；2—六角头螺钉；3—电缆连接（-X5.1）（50N·m）；
4—电缆连接（-X5.2）（50N·m）；*1—直流1500V输入（-X5）

图9.13　DC 1500V 输入（第二部分）

（16）用方钥匙锁上大/小四个维护盖板。

（17）如图9.14所示，分别拆下所有与辅助逆变器的安装臂和车体连接的接地电缆。

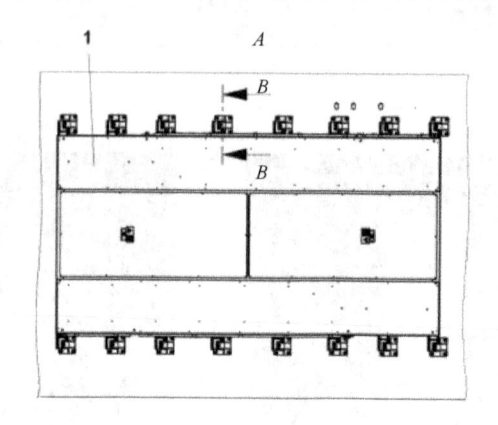

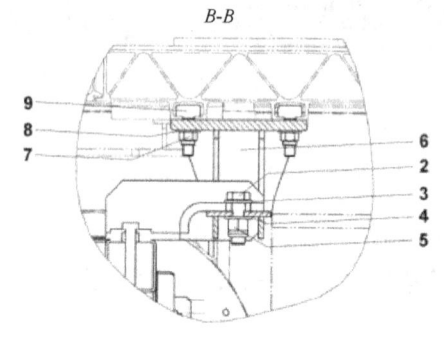

1—辅助逆变器；2—六角头螺钉；3—垫圈；4—垫圈；5—六角螺母（140N·m）；
6—工具架；7—六角螺母（58N·m）8—垫圈；9—六角头螺钉

图9.14 拆下接地电缆

（18）移动叉车时，辅助逆变器下面要垫一个木制托盘。该托盘必须足够大以便支撑辅助逆变器。叉车的叉子长度要和辅助逆变器的宽度相同。

（19）旋松六角螺母，将其连同六角头螺钉、垫圈和SKM垫圈一起拆下。

（20）从B车中取出辅助逆变器。

任务五 认知辅助逆变器的安装

学习目标

（1）理解辅助逆变器的安装所需材料和准备工作。

（2）掌握辅助逆变器的安装工艺过程和调试说明。

学习任务

认知辅助逆变器的安装，主要包括辅助逆变器的安装所需材料和准备工作、辅助逆变器的安装工艺流程和调试说明的认知。

工具设备

带辅助逆变器的城市轨道交通车辆车厢一节,城市轨道交通车辆各类辅助逆变器模型一套,城市轨道交通车辆辅助逆变器模型及实物各一套,以及多媒体设备课件、图片、示教板、计算机多媒体设备等。

教学环境

理实一体化教室或轨道交通综合实验室。

基础知识

1. 安装所需材料

① 六角螺母(7个);
② 六角头螺钉(9个);
③ SKM 垫圈(8个);
④ 六角头螺钉(2个);
⑤ 六角螺母(5个);
⑥ 垫圈(3个);
⑦ SKM 垫圈(4个);
⑧ 密封胶带;
⑨ 密封条;
⑩ 专用工具;
⑪ 叉车[W98];
⑫ 木制托盘[H53];
⑬ 润滑油和工具 Molykote G-Rapid-Plus [H5];
⑭ 标记笔[H34];
⑮ 电缆绑扎带[H54]。

2. 准备工作

(1)要求在辅助逆变器的两边留出至少 5m 的自由空间以便于安装零件,其中一面必须能允许叉车进入。

(2)检查六角螺母上的标记。如果螺钉连接发生松脱,必须更换相应的六角螺母、六角头螺钉和 SKM 垫圈。在安装前在螺纹上涂一层 Molykote G-Rapid-Plus[H5],紧固六角螺母的扭力至 58 N·m。

(3)工具架不能有变形或者锈蚀,如有必要可以更换损坏的零件。

(4)检查电缆、插头、接地电缆是否有诸如绝缘损坏或者热压变形。如有必要可以更换相应的电缆。

3. 步骤

小心:切勿将辅助逆变器放在没有托盘的叉车上,这样会损坏辅助逆变器的设备箱。

（1）用叉车将辅助逆变器放在 B 车地板下面，[W98]辅助逆变器一定要置于适当的木制托盘上[H53]。

（2）用 Molykote G-Rapid-Plus [H5]在新的六角头螺钉的螺纹上涂一层。

（3）用新的六角头螺钉、新的六角螺母、垫圈和 SKM 垫圈将辅助逆变器安装到地板下面。紧固新的六角螺母的扭力至 140N·m。

（4）检查辅助逆变器安装臂上的接地点是否清洁。如有必要，可以刮去油漆层。

（5）将所有接到辅助逆变器安装臂上的接地电缆分别装到车体上。

（6）用方钥匙打开大/小四个维修盖。

（7）如果法兰盘上的密封胶带损坏或者老化，更换新的胶带。

（8）通过安装孔将三相交流 400 V 输出电缆（-X1）和 DC 110 V 输出电缆（-X3）插入辅助逆变器的设备箱，将法兰盘对准安装孔。

（9）用六角头螺钉固定法兰盘。

（10）重新将三相交流 400V 输出（-X1）的四个电缆连接（-X1.1 ~ -X1.4）接到安装面板 A1 上，紧固电缆连接的扭力至 31 N·m。

（11）重新将 DC 110 V 输出（-X3）的三个电缆连接（-X3.1 ~ -X3.3）接到安装面板 A4 上，紧固电缆连接的扭力至 31 N·m。

（12）插上连接器（-HB-T201-X100）。

（13）如果法兰盘上的密封胶带损坏或者老化，更换新的胶带。

（14）通过安装孔将三相交流 400 V 输出电缆（-X4）插入辅助逆变器的设备箱，将法兰盘对准安装孔。

（15）用六角头螺钉固定法兰盘。

（16）重新将三相交流 400 V 输出（-X4）的四个电缆连接（-X4.1 ~ -X4.4）接到安装面板 A11 上，紧固的扭力至 31N·m。

（17）如果法兰盘上的密封胶带损坏或者老化，更换新的胶带。

（18）通过安装孔将 DC 1500V 输入电缆（-X2）插入辅助逆变器的设备箱，将法兰盘对准安装孔。

（19）用六角头螺钉固定法兰盘。

（20）在辅助逆变器中重新接上 DC 1500V 输入（-X2）的两个电缆连接（-X2.1 ~ -X2.2），接到安装面板 A1，紧固电缆连接的扭力至 50N·m。

（21）如果法兰盘上的密封胶带损坏或者老化，更换新的胶带。

（22）通过安装孔将 DC 1500V 输入电缆（-X5）插入辅助逆变器的设备箱，将法兰盘对准安装孔。

（23）用六角头螺钉固定法兰盘。

（24）在辅助逆变器中重新接上 DC 1500V 输入（-X5）的两个电缆连接（-X5.1 ~ -X5.2），紧固电缆连接的扭力至 50N·m。

（25）将所有电缆收起来，用合适当电缆胶带将其捆扎[H54]。

（26）紧固所有的螺钉连接之后，在其最终位置上做一个标记[H34]。
（27）检查大小四个维修盖的密封是否有损伤，如有必要可以更换新的密封胶带。
（28）用方钥匙关上大小四个维修盖。

4．调试说明

注意：首次启动辅助逆变器时，应检查熔断器 A5–F1 是否已经插上。
在启动辅助逆变器之前请检查以下各项。
（1）检查气流是否被维修口、盖子阻碍或完全阻塞。
（2）已经采取了所有运转部件或带电部件上的触电防护措施，如绝缘试验。
（3）确认所有安装/紧固件都已经紧固良好。
（4）所有连接器（–HB–T201–X100）都已经接好，而且用螺钉固定好。
（5）两个 DC 1500V 输入，两个三相交流 400V 输出和 DC 110V 输出都是通过电缆密封套插入辅助逆变器的设备箱。所有维修盖子和底盖都已经关闭密封而且紧固良好。
（6）按照维护手册《MM 0002 切断列车电源》所述，连接电池。
（7）按照维护手册《MM 0002 切断列车电源》所述，激活列车。
（8）按照维护手册《MM 0002 切断列车电源》所述，将列车连接到辅助电源上。
（9）调试时没有必要对辅助逆变器进行特殊操作。在满足下列条件的时候辅助逆变器将自动启动。
① 输入信号"APCx_Inverter_On"存在。
② 输入电压在有效范围。
③ 辅助逆变器无故障。

任务六　认知辅助逆变器的检查维护

学习目标

（1）理解辅助逆变器的检查维护方法。
（2）掌握辅助逆变器的维护后的注意事项。

学习任务

认知辅助逆变器的维护，主要包括辅助逆变器的检查维护方法、辅助逆变器维护后注意事项的认知。

工具设备

带辅助逆变器的城市轨道交通车辆车厢一节，城市轨道交通车辆各类辅助逆变器模型一套，城市轨道交通车辆辅助逆变器模型及实物各一套，以及多媒体设备课件、图片、示教板、计算机多媒体设备等。

教学环境

理实一体化教室或轨道交通综合实验室。

基础知识

一、辅助逆变器的维护

1. 目视检查

（1）检查是否有损伤，是否清洁，是否透气，如图9.15所示。

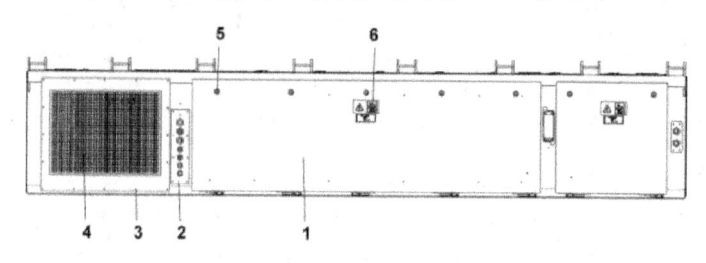

1—盖板；2—电缆密封套；3—六角头螺钉（6.5N·m）；
4—进气栅；5—压力闭锁；6—警告标志

图9.15 辅助逆变器的目视检查

（2）在辅助逆变器的盖子、空气过滤器或者电缆密封套上没有可见的外部损伤，如有必要可以更换零件。

（3）紧固所有螺栓连接的底座，检查标记，如有必要，重新紧固所有松动的连接。在紧固件的最终位置上用标记笔[H34]进行标记。

（4）紧固底座，检查接地电缆上是否有裂缝之类的损伤。如有必要可以更换接地电缆或将它们重新紧固。

（5）检查所有维修盖的密封是否有可见的损伤。损坏的部分必须用新的密封胶带修好。

（6）在警告标志上不能有污渍。如果有污渍可以用清洁剂[H41]和一块没有绒的软布擦干净[H55]。

（7）紧固底座，保证所有警告标签的可读性。如果发生损坏，换上新的警告标签。

（8）检查压力插销是否容易操作，如果操作感觉滞涩可以分别涂一些润滑油 Renolit HLT 2[H22]到各压力插销上。打开和关闭压力插销若干次，使油脂散开。如果发生损毁，应更换压力插销，如图9.15所示。

（9）紧固六角头螺钉和六角螺母的底座，如果螺钉连接发生松动，应更换六角头螺钉、六角螺母、垫圈和SKM垫圈。紧固新的六角螺母的扭力至140N·m。在紧固件的最终位置上做一个标记。

（10）紧固所有的电缆密封套，重新紧固松脱的电缆密封套，用密封材料 Terostat 92[H56]将电缆密封套密封好。

（11）检查是否有损坏的油漆表面，如果有，应使用清洁剂[H41]清理损坏零件的表面。

2. 清洁进气口

辅助逆变器的每一个长边上的进气口都配备了一个进气栅。请按以下步骤清洁进气栅。

(1)松开六角头螺钉,从辅助逆变器上拆下进气栅。
(2)用高压清洁器[W11]来清洁进气栅。
(3)对进气栅进行除湿,检查上面是否有裂缝等损伤。
(4)用真空清洁器[W100]从里面清洁进气口区域。
(5)用 Loctite 8150 [H95]润滑六角头螺钉的螺纹。
(6)用六角头螺钉将清洁好的进气栅装到辅助逆变器上,紧固六角头螺钉至 6.5N·m。

3. 检查接触器

(1)按照以下步骤检查直流主接触器 Q21、Q1,如图 9.16 所示。

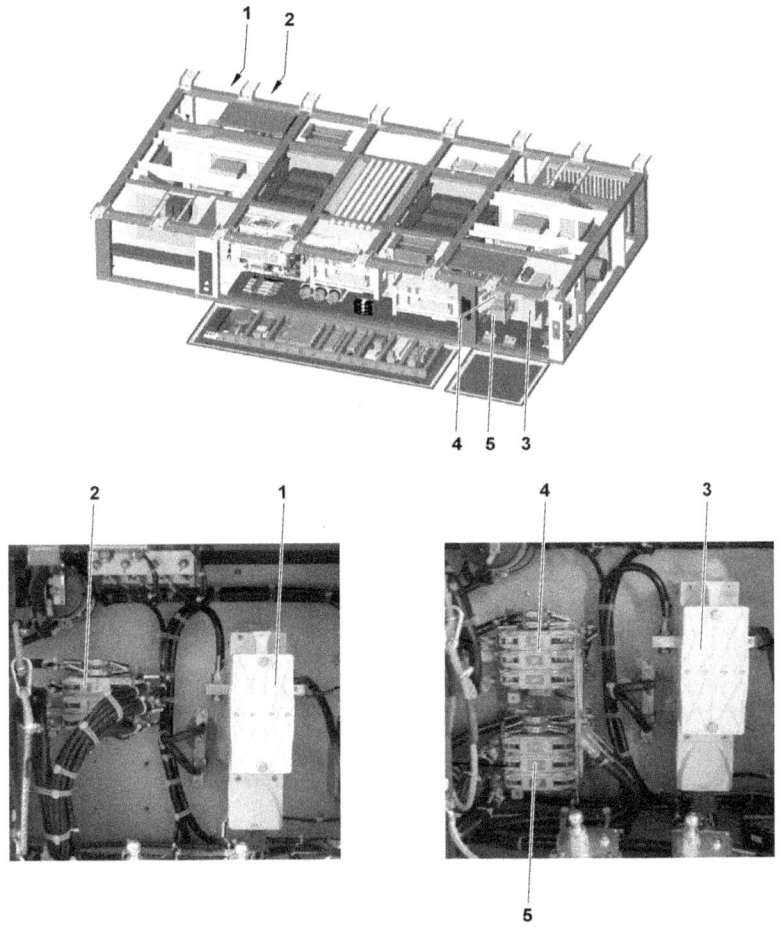

1—直流主连接器 Q21;2—交流输出连接器 Q22;
3—直流主连接器 Q1;4—交流输出连接器 Q2;5—交流输出连接器

图 9.16 连接器的位置

(2)松开固定螺钉,将其连同电弧室一起从直流主接触器上取下,如图 9.17 所示。
(3)用螺丝刀拧下移动接触器支架,手动关闭直流主接触器。移动接触器支架的运动中应该不受任何阻碍。

（4）在测试电压下用 Mega-欧姆计[W109]测量两个灭弧柱的电阻如图 9.18 所示。将测量结果与以下数值比较：测试电压——500V，最低绝缘数值——10MΩ，如图 9.19 所示。

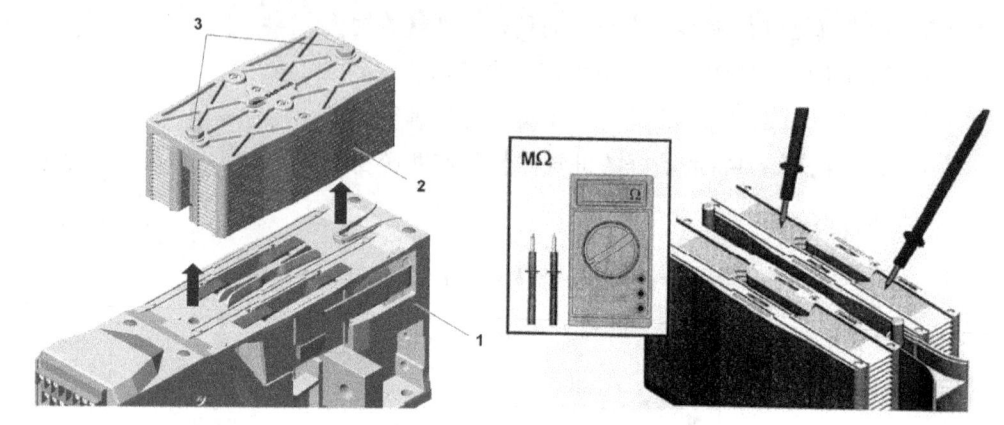

1—直流主连接器；2—电弧室；3—固定螺钉（13N·m）

图 9.17　直流主连接器的电弧室

图 9.18　电弧室上的电阻测量

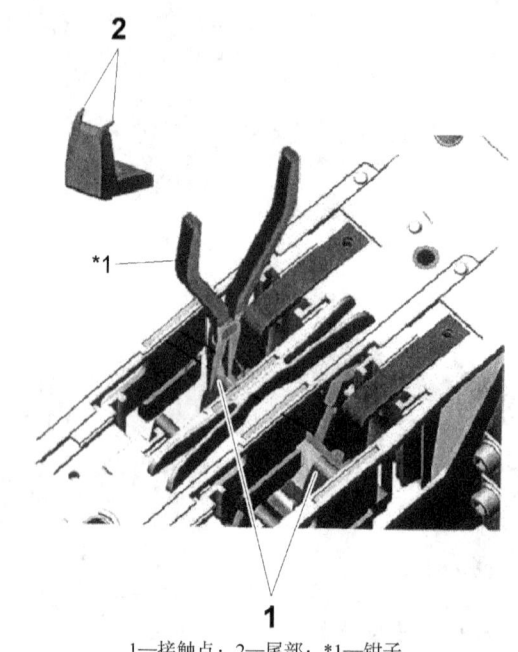

1—接触点；2—尾部；*1—钳子

图 9.19　接触点检查

（5）清洁电弧室。从上到下用压缩空气清洁电弧室金属零件之间的间隔。如果发现损坏就要更换电弧室，如图 9.20 所示。

（6）清洁并检查接触点。如果接触点的边缘已经变毛，用钳子将其拆下，如图 9.20 所示。

（7）更换一个新的电弧塞。如果要拆下四个电弧塞，首先将角状物提升几毫米，这样就可以抓住每一个板子。如果不容易将角状物移开，可以用螺丝刀作为一个杠杆，如图 9.20 所示。

（8）更换直流主接触器中的四个火花保护装置，如图9.21所示。

（9）用固定螺钉把电弧室安装到接触器上。拧紧紧固螺钉的扭力至13N·m，如图9.21所示。

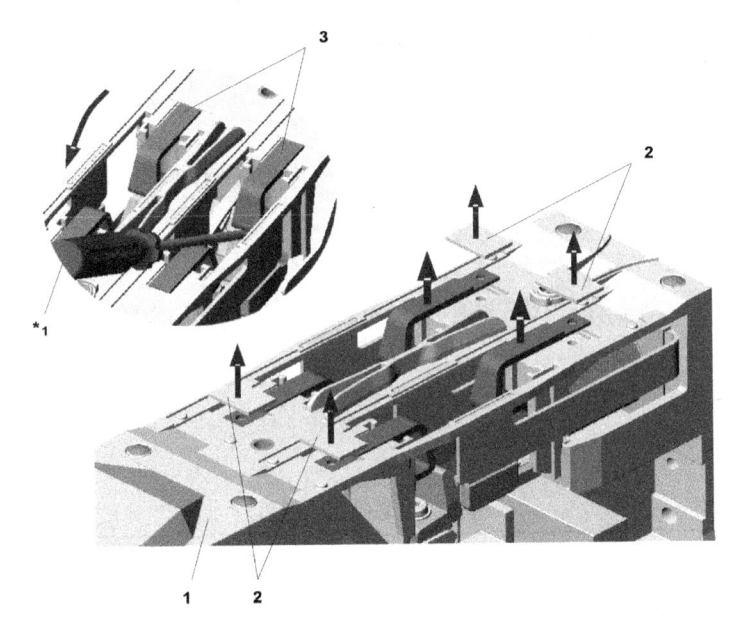

1—直流主接触器；2—电弧塞；3—角状物；*1—螺丝刀

图9.20　更换电弧塞

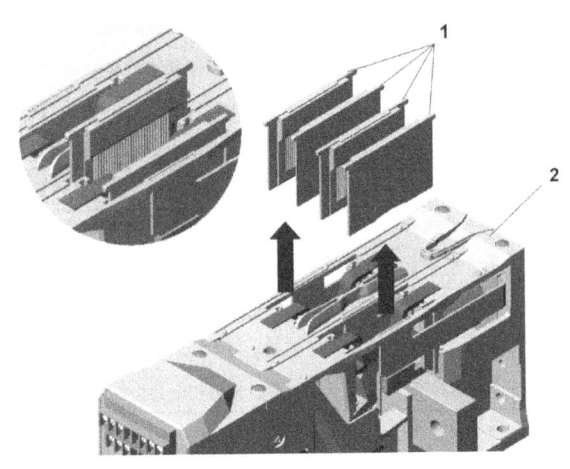

1—火花保护装置；2—直流主接触器

图9.21　更换火花保护装置

（10）检查并再次核查交流输出接触点Q22、Q2、Q3上的电源触点是否磨损，有无跳火的迹象。只有取下电弧室才能够看见这些接触点，它们是用塑料螺钉固定的。如果这些接触点磨损严重或者有跳火的迹象，用新的交流输出接触器将其更换。然后重新安装并拧紧电弧室。

二、维护后注意事项

（1）在启动辅助逆变器之前，应检查气流是否被维修门、盖子阻挡或完全阻碍。
（2）从辅助逆变器上拆除三端子接地短路装置。
（3）用方钥匙关闭大小四个维修盖。
（4）按照维护手册切断列车电源所述，激活列车。
（5）按照维护手册切断列车电源所述，将列车连接到辅助电源上。
（6）移除制动闸瓦。

任务七　辅助逆变器的结构认知与检修操作运用案例

【操作运用案例】　辅助逆变器的结构认知与检修

1. 实训项目教师工作活页

实训项目教师工作活页　　　　NO:_____

实训项目	城市轨道交通车辆辅助逆变器结构认知与检修		
学　时	2	班　级	略
实训场所	辅助逆变器设备实验室或地铁车辆辅助逆变器检修基地现场		
工具设备	城市轨道交通车辆常用的辅助逆变器模型各1套，条件许可的话，可增加城市轨道交通车辆列车用的辅助逆变器实体等，以及多媒体设备课件、图片、示教板、计算机多媒体设备等。		
教学目标	专业能力	（1）能说出城市轨道交通车辆辅助逆变器的用途。 （2）能说出城市轨道交通车辆辅助逆变器的结构。 （3）能指认城市轨道交通车辆辅助逆变器主要部件，说出部件名称。 （4）能说出城市轨道交通车辆辅助逆变器电路构成及原理。 （5）能解释城市轨道交通车辆辅助逆变器的主要技术参数。	
	方法能力	（1）能综合运用专业知识，通过利用专业书籍、多媒体课件和图片资料获得帮助信息。 （2）能根据实训项目学习任务确定实训方案，从中学会表达及展示活动过程和成果。	
	社会能力	（1）能在实习训练活动中保持积极向上的学习态度。 （2）能与小组成员和教师就学习中的问题进行交流沟通。 （3）能与他人共享学习资源，具有较好合作能力和团队协作精神。	
教学活动	略（详见教学活动设计）		
教学评价	学生活动：① 以5~7人小组为单位开展实训活动，根据本组同学在实训过程中的能力表现及结果进行自评组内互评；② 根据其他小组同学在成果展示活动中的表现及结果进行互评。 教师活动：① 教师组织学生开展评价活动和总结；② 对学生在本实训项目单元中的成绩做出综合评价。		
教学资料	（1）城市轨道交通电气结构与检修教材。 （2）城市轨道交通车辆检修等参考书。 （3）实训项目学生学习活页（附页）。		
指导教师		教学时间	年　月　日

项目九　辅助逆变器的结构认知与检修

1. 实训项目学生学习活页

实训项目学生学习活页　　　　　　　　NO：_____

实训项目　　辅助逆变器的结构认知与检修

班级：_____　姓名：_____　学号：_____　时间：_____

一、实训目标

1. 专业能力目标

（1）能说出城市轨道交通车辆辅助逆变器的用途及结构。

（2）能说出辅助逆变器的主要参数。

（3）能说出辅助逆变器的常见故障处理方法。

（4）能规范检查辅助逆变器的基本技术状况。

2. 方法能力目标

（1）能综合运用专业知识，通过利用专业书籍、多媒体课件和图片资料获得帮助信息。

（2）能根据实训项目学习任务确定实训方案，从中学会表达及展示活动过程和成果。

3. 社会能力目标

（1）在实习训练中保持积极向上的学习态度。

（2）能与小组成员和教师就学习中的问题进行交流沟通。

（3）能与他人共享学习资源，具有较好合作能力和团队协作精神。

二、知识总结

（1）简要说出城市轨道交通车辆辅助逆变器常见故障的处理方法。

（2）简要说出城市轨道交通车辆辅助逆变器的主要技术参数。

（3）简要说出城市轨道交通车辆辅助逆变器故障检测方法。

三、操作运用

1. 根据给出的蓄电池检查作业指导，对蓄电池技术状况进行检查并填写检查结果。

作业项目、内容	作业标准及要求	检查手段	检查结果
检查辅助逆变器箱外观	（1）要求无变形 （2）无腐蚀损坏	目视检查	
箱体检查	（1）检查箱体紧固件无松动 （2）接地线底座无松动 （3）检查固定电缆密封套的底座无裂纹、裂缝 （4）拆下灭弧罩检查是否有无机械损坏或金属粉末淀积	目视检查	

续续

作业项目、内容	作业标准及要求	检查手段	检查结果
盖外观检查	（1）检查主变压器和线路扼流圈外观完好，螺钉紧固，并使用干抹布清洁灰尘及杂物 （2）检查防腐袋外观完好，绑扎紧固，如有破损则更换 （3）使用压缩空气清洁进风口格栅和功率模块散热片 （4）清除箱内灰尘及杂物，清洁和并使用橡胶保护剂润滑盖板密封条 （5）查主风扇的安装支架，无裂纹，紧固螺栓无松动	目视、手动检查加清洁	

（2）操作演示怎样进行城市轨道交通车辆辅助逆变器的拆装与维护（在轨道交通实验室城市轨道交通车辆辅助逆变器仿真模型或者实物实操区域中操作演示）。

四、实训小结

五、成绩评定

1. 学生评价

评价等级	A—优	B—良	C—中	D—及格	E—不及格
学生自评					
组内互评					
他组互评					

2. 教师评价

评价等级	A—优	B—良	C—中	D—及格	E—不及格
专业能力					
方法能力					
社会能力					
评价结果					

3. 综合评价

评价等级	A—优	B—良	C—中	D—及格	E—不及格
评价结果					

注：按照学生自评占10%、组内互评占10%、他组互评占20%、教师评价占60%比例计分，其中：A—100分、B—85分、C—75分、D—60分、E—50分。

续

4. 评价量规

等　　级	行为表现描述
A	能圆满高效地完成实训任务的全部内容
B	能顺利完成实训任务的全部内容
C	能完成实训任务的全部内容，但需要一些帮助和指导
D	自己只能完成实训任务的部分内容，但在现场的指导下，已经能完成任务的全部内容
E	不能完成实训任务的全部内容

思考与练习

（1）说明辅助逆变器的功能。

（2）简要说出城市轨道交通车辆辅助逆变器故障检测方法。

（3）辅助逆变器需要维护哪些质量关键点？

（4）辅助逆变器有哪几种运行模式？

（5）简要说出城市轨道交通车辆辅助逆变器的主要技术参数。

（6）辅助逆变器采用什么冷却方式？

（7）简要说出城市轨道交通车辆辅助逆变器常见故障的处理方法。

附录A 广州地铁A型车车辆电器代号识别

表A.1 电器代号中字母与数字表示的意义

字　母	表示的意义	数　字	表示的意义
A	模块（单元）、手柄	1	主电路
B	扬声器、传感器	2	牵引与制动电路
E	照明灯	3	辅助系统电路
F	微型断路器（MCB）、熔断器	4	监控与信号电路
G	充电器、蓄电池	5	照明电路
H	指示灯	6	空调电路
K	接触器、继电器	7	其他电路
S	开关、按钮	8	车门电路
Y	电磁阀、车钩	9	车钩电路
V	二极管		
P	气表、电表		
X	插座		

表A.2 气路系统代号及意义

字　母	表示的意义	字　母	表示的意义
A	风源系统部分	U	受电弓系统部分
B	制动系统部分	W	车钩系统部分
C	基础制动部分	X	车间供风系统部分
G	防滑系统部分	S	刮雨器与汽笛部分
L	空气弹簧系统部分		

表A.3 主台的电气设备代号与名称对照

代　号	名　称	元件类型
2A01	主控制器	组合电器
62A01-1	主控制器手柄	手柄
2A01-2	方向手柄	手柄
2A01-3	主控制器钥匙开关	钥匙开关
2S08	紧急制动按钮	红色击打按钮
5S02	头灯亮度调节开关	黑色转动开关
5S03	司机室灯开关	黑色转动开关

续表

代　号	名　称	元件类型
5S01	客室灯开关	黑色自复式转动开关
5H01	客室灯开指示灯	白色指示灯
4S07	广播按钮	黑色按钮
4S08	司机室对讲按钮	黑色按钮
4S03	ATO 启动按钮	绿色指示灯按钮
2H04	旁路指示灯	红色指示灯
7H01	疏散门未锁指示灯	红色指示灯
2H01	空气制动指示灯	红色指示灯
2H02	空气制动缓解指示灯	绿色指示灯
2H03	电制动指示灯	黄色指示灯
2S03	高速断路器合（主断合）指示灯按钮	绿色指示灯按钮
2S04	高速断路器分（主断分）指示灯按钮	红色指示灯按钮
7S02	解钩指示灯按钮	白色指示灯按钮
8S07	左门开指示灯按钮	红色指示灯按钮
7S01	风笛按钮	黑色按钮
2S11	慢行/自动开门/工作状态转换开关	三位置黑色转换开关
4A05	彩色显示屏	—
4P01	速度表	动圈式
7P01	双针压力表	动圈式
4S06	自动折返指示灯按钮	黄色指示灯按钮
4S04	强行开门按钮	黑色按钮
4S05	RM 模式指示灯按钮	红色指示灯按钮
2S12	试灯按钮	黑色按钮
8S06	右门重开按钮	黑色按钮
8S04	右门关指示灯按钮	绿色指示灯按钮
8S02	右门开指示灯按钮	红色指示灯按钮
S02.1	刮雨器	节流阀

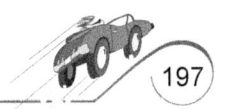

表 A.4　副台的电气设备代号与名称对照

代　号	名　称	元件类型
S02.2	刮雨器	节流阀
2S07	紧急制动按钮	红色击打按钮
4S02	ATO 启动指示灯按钮	绿色指示灯按钮
2S01	受电弓升指示灯按钮	绿色指示灯按钮
2S02	受电弓降指示灯按钮	红色指示灯按钮
7S03	挡风玻璃加热器开关	黑色旋转开关
2S05	停车制动缓解指示灯按钮	红色指示灯按钮
2S06	停车制动施加指示灯按钮	红色指示灯按钮
6S04	A 车空调合指示灯按钮	绿色指示灯按钮
6S03	列车空调合指示灯按钮	绿色指示灯按钮

续表

代号	名称	元件类型
6S02	列车空调分指示灯按钮	红色指示灯按钮
8S01	左门开指示灯按钮	绿色指示灯按钮
8S03	左门关指示灯按钮	绿色指示灯按钮
8S05	左侧门重开按钮	绿色按钮

表 A.5 A 车电气柜的电气设备代号与名称对照

代号	名称	元件类型	代号	名称	元件类型
7D01	里程计	指示器	8F01	车门命令	MCB
3P01	蓄电池电压表	指示器	8F09	左门未锁	MCB
2S13	车门旁路开关	旋转开关	8F10	右门未锁	MCB
2S09	疏散门旁路开关	旋转开关	2F10	基准值变换器	MCB
2S10	停车制动旁路开关	旋转开关	2F12	ECU 电源	MCB
2S14	空气制动旁路开关	旋转开关	3F05	110V 永久列车线	MCB
3S01	列车总控开关	自复式旋转开关	4F01	CFSU 电源	MCB
4S01	ATP 切除钥匙开关	钥匙开关	4F04	ATP 电源	MCB
3X03	220V 外置插座	插座	4F05	ATO 电源	MCB
2F01	列车总控	MCB	4F06	ATO 外围设备	24V MCB
2F30	受电弓高速断路器	MCB	4F07	ATO 外围设备	110V MCB
2F33	受电弓主控	MCB	2F02	车辆主控	MCB
2F36	B 车高速断路器主控	MCB	2F03	向前运行灯	MCB
2F37	C 车高速断路器	MCB	2F04	紧急停车	MCB
2F40	制动状态指示器	MCB	2F05	速度等于 Vmin	MCB
3F10	压缩机和空气干燥计	MCB	2F06	后退运行灯	MCB
3F21	辅助逆变换器	MCB	2F31	受电弓升	MCB
3F22	直流变换器	MCB	2F32	受电弓降	MCB
4F02	广播	MCB	2F34	高速断路器通	MCB
4F03	无线电	MCB	2F35	高速断路器断	MCB
4F08	KLLP 信号	MCB	2F38	停车制动缓解	MCB
5F01	客室灯	MCB	2F39	停车制动施加	MCB
5F04	紧急照明 I	MCB	3F06	列车辅控	MCB
5F05	紧急照明 II	MCB	3F07	列车辅控断	MCB
5F06	客室灯 I 和 II	MCB	3F11	空气压缩机	MCB
5F07	客室灯 III 和 IV	MCB	5F02	客室灯通	MCB
5F08	司机室灯和运行灯	MCB	5F03	客室灯断	MCB
6F01	空调控制	MCB	8F03	左门解锁	MCB
6F10	紧急通风 I	MCB	8F04	右门解锁	MCB
6F12	紧急通风 II	MCB	8F05	左门开	MCB
6F16	司机室风扇	MCB	8F06	右门开	MCB
7F01	辅助系统	MCB	8F07	左门重开	MCB
7F04	12V 24V 直流电源	MCB	8F08	右门重开	MCB

附录 A 广州地铁 A 型车车辆电器代号识别

表 A.6 B/C 车电气柜的电气设备代号与名称对照

代号	名称	元件类型	代号	名称	元件类型
7D01	里程计	指示器	2F11	DCU 电源	MCB
3XO3	220V 外置插座	插座	2F12	ECU 电源	MCB
2F13	VVVF 逆变器电源	MCB	2F02	车辆主控	MCB
2F14	DCU 接触器	MCB	2F15	缓解线	MCB
2F40	制动控制	MCB	2F38	停车制动缓解	MCB
3F12	牵引逆变器风扇开	MCB	2F39	停车制动施加	MCB
3F21	DC/AC 逆变器开	MCB	5F02	客室灯	MCB
4F08	KLIP 信号	MCB	8F03	左门解锁	MCB
5F04	紧急照明Ⅰ	MCB	8F04	右门解锁	MCB
5F05	紧急照明Ⅱ	MCB	8F05	左门开	MCB
5F06	客室照明Ⅰ和Ⅱ	MCB	8F06	右门开	MCB
5F07	客室照明Ⅲ和Ⅳ	MCB	8F07	左门重开	MCB
6F01	空调控制	MCB	8F08	右门重开	MCB
6F10	紧急通风单元Ⅰ	MCB	9F01	车钩监控	
6F12	紧急通风单元Ⅱ	MCB	8F11	关门警报	MCB
8F09	左侧门	MCB	3S02	解钩确认	指示灯按钮
8F10	右侧门	MCB			

表 A.7 地铁一号线电器名称对照表

代号	名称	代号	名称
1K01	受电弓电源连锁继电器	3K11	列车控制继电器
1K02	车间电源接触器	3K12	车辆控制继电器
2K01~2K05	司机台激活继电器	3K13	分断激活继电器
2K06	牵引指令继电器	3K14	车辆电气激活继电器
2K07	车辆控制继电器	3K15	启动限制继电器
2K08	警惕延时继电器	3K16	启动时间继电器
2K09	警惕按钮继电器	3K17	空压机使能继电器
2K10	紧急制动继电器	3K18	空压机使能时间继电器
2K11	速度监控继电器	3K19	空压机使能接触器
2K12	后退指示继电器	3K20	空压机有效接触器
2K13	V<0km/h 继电器	3K21	空压机锁闭继电器
2K14	前进指示继电器	3K22	空压机启动接触器
2K15	VVVF 使能线路继电器	3K23	交直流逆变器有效接触器
2K16	常用制动继电器	3K24	制动电阻通风机接触器
2K17	快速制动继电器	3K25	制动控制接触器
2K20	DCU 接触器	3K31	B 车 DC/AC 接触器
2K21	逆变器接触器	3K32	A 车 DC/AC 接触器
2K31	升弓继电器	3K33	C 车 DC/AC 接触器
2K32	降弓继电器	3K34	DC/DC 变换器合时间继电器

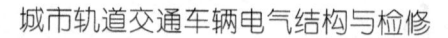

续表

代号	名称	代号	名称
2K33	升弓保持继电器	4K01	AC 控制板
2K34	高速断路器合继电器	4K02	AC 控制板
2K35	高速断路器分继电器	4K03	AR 模式继电器
2K36/37	高速断路器启动限制时间继电器	4K04	ATO 模式继电器
2K38/39	高速断路器启动接触器	4K05	自动制动模式继电器
2K40/41	高速断路器封锁接触器	5K01	客室紧急照明接触器
2K50/51	停车制动监控继电器	5K02	A 车关灯接触器
2K52	气制动监控（缓解）继电器	5K03	开灯接触器
2K53	气制动监控（施加）继电器	6K01	A/C 开继电器
2K54	气制动监控（全缓解）继电器	6K02	A/C 关继电器
2K55	全部制动缓解监控继电器	6K03	DC/AC 变换接触器紧急通风 1
2K56	主风缸压力继电器	6K04	DC/AC 变换接触器紧急通风 2
2K57	所有停车制动缓解继电器	6K05	控制台
3K01	1500V 电源接触器	6K06	控制台
3K02	1500V 电源接触器	6K07	A 车 AC 关继电器
3K03	110V 接触器	6K09/10	单元车 1/2 通风接触器
3K04	110V 永久线接触器	6K11/12	压缩机单元 1/2 启动继电器
3K05	蓄电池欠压继电器	6K15/16	压缩机单元 1/2 三相接触器
3K06	蓄电池接触器	6K21	单元 1 冷凝风扇接触器 1
3K07	车间电源接触器	6K22	单元 1 冷凝风扇接触器 2
3K08	车间电源控制继电器	6K23	单元 2 冷凝风扇接触器 1
6K24	单元 2 冷凝风扇接触器 2	8K29	17/19 门乘务员钥匙开门继电器
8K01	整车左边门使能继电器	8K30	18/20 门乘务员钥匙开门继电器
8K02	整车右边门使能继电器	8K31	左边 1/3 门未切除继电器
8K03	整车左边开门继电器	8K32	右边 2/4 门未切除继电器
8K04	整车右边开门继电器	8K33	左边 5/7 门未切除继电器
8K05	整车左边门延时继电器	8K34	右边 6/8 门未切除继电器
8K06	整车右边门延时继电器	8K35	左边 9/11 门未切除继电器
8K07	整车左边门未锁继电器	8K36	右边 10/12 门未切除继电器
8K08	整车右边门未锁继电器	8K37	左边 13/15 门未切除继电器
8K09	整车左边门锁闭继电器	8K38	右边 14/16 门未切除继电器
8K10	整车右边门锁闭继电器	8K39	左边 17/19 门未切除继电器
8K11	左边 1/3 门开、关继电器	8K40	右边 18/20 门未切除继电器
8K12	右边 2/4 门开、关继电器	8K41	整车左关门报警启动继电器
8K13	左边 5/7 门开、关继电器	8K42	整车关门报警电闪继电器
8K14	右边 6/8 门开、关继电器	8K43	整车右门报警启动继电器
8K15	左边 9/11 门开、关继电器	8K45	单车左关门报警继电器
8K16	右边 10/12 门开、关继电器	8K46	单车右门报警继电器
8K17	左边 13/15 门开、关继电器	8K47	整车左边门开继电器

续表

代　号	名　称	代　号	名　称
8K18	右边 14/16 门开、关继电器	8K48	整车右边门开继电器
8K19	左边 17/19 门开、关继电器	8K49	整车门关好监测继电器
8K20	右边 18/20 门开、关继电器	9K01	车钩连接继电器
8K21	单车左边门解锁继电器	9K02	车钩全连接好继电器
8K22	单车右边门解锁继电器	9K03	解钩继电器
8K23	单车左边开门继电器	9K05	电气连挂继电器
8K24	单车右边开门继电器	2S01	升弓按钮
8K25	单车左边门重开继电器	2S02	降弓按钮
8K26	单车右边门重开继电器	2S03	主断合按钮
8K27	单车左边门监控继电器	2S04	主断分按钮
8K28	单车右边门监控继电器		

表 A.8　设备的位置代号的意义

位置代号	表示的意义	位置代号	表示的意义
UF	车体底架	PC	客室
UFAC	底架自动车钩部分	PCCL	客室天花板左侧
UFAEA	底架辅助设备箱 A 车	PCCR	客室天花板右侧
UFAEB	底架辅助设备箱 B 车	PCEL	客室电子柜
UFAEC	底架辅助设备箱 C 车	PCEQL	客室电气柜
UFAI	底架辅助逆变器	PCSL	客室内左侧
UFBB	底架蓄电池箱	PCSR	客室内右侧
UFBR	底架制动电阻箱	PCSX	客室座位下
UFBS1	底架转向架 1	BG I	转向架 1 端
UFBS2	底架转向架 2	BG II	转向架 2 端
UFCS	底架中央部分	CBFL	车体外部左侧
UFDC	底架直流变换器	CBFR	车体外部右侧
UFHS	底架高速断路器	CBRF	车体外顶部
UFLF	底架线路滤波器	CBSL	车体内侧左边
UFPP	底架空气控制屏	CBSR	车体内侧右边
UFSC	底架半自动车钩部分	RSAC1	车顶空调 1 单元
UFSD	底架半永久牵引杆	RSAC2	车顶空调 2 单元
UFTI	底架牵引逆变器	RSP	车顶受电弓区域
UFWS	底架车间电源	DCEL	驾驶室电子柜
UFXS	底架车钩盒	DCEQL	驾驶室电气柜
DC	驾驶室	DCFL	驾驶室外左侧
DCC	驾驶室天花板	DCFR	驾驶室外右侧
DCCD	驾驶室副司机台	DCSL	驾驶室内侧左边
DCDR	驾驶室司机台	DCSR	驾驶室内侧右边